Découvrez l'histoire par les archives de presse

RETRONEWS

Le site de presse de la BnF

www.retronews.fr

BULLETIN

DE LA

SOCIÉTÉ SCIENTIFIQUE, HISTORIQUE

ET

ARCHÉOLOGIQUE

DE

LA CORRÈZE

SIEGE A BRIVE

Reconnue d'utilité publique (Décret du 30 novembre 1888)

——

TOME TRENTE-SEPTIÈME

AVEC PLANCHES ET FIGURES DANS LE TEXTB

——

1ʳᵉ et 2ᵐᵉ LIVRAISONS

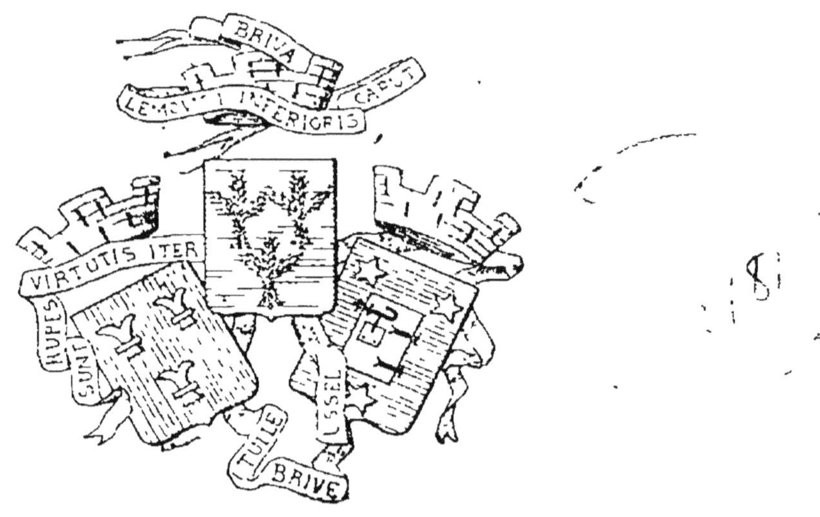

BRIVE

ROCHE, IMPRIMEUR DE LA SOCIÉTÉ

——

Janvier-Juin 1915

TABLE DES MATIÈRES

de la 1ᵉ et 2ᵐᵉ livraisons

TEXTE

Pages

1. Antoine de Chabannes (1408-1488), sa Famille et ses Souvenirs, à Dammartin-en-Goële, par M. Noel-Cadet.............................. 5

2. Histoire d'une famille bourgeoise depuis le xviᵉ siècle, par M. René Fage...................... 59

3. Les Aventures de quelques Limousins dans l'émigration, par M. Jean de Saint-Germain........ 87

4. Les Annales de Larche en Bas-Limousin, par le Docteur Raoul Laffon......................... 111

5. Études sur les divers Ateliers monétaires connus de la Basse-Lemovicensis, par M. J.-B. Finck.. 141

6. Nécrologie : M. Champevel, de Vyers, par M. Julien Lalande................................... 155

7. Procès-verbal de la séance de la Société du 27 juin 1915, par M. le colonel de Conchard 158

GRAVURES

Dammartin vers l'an 1600, p. 16. — Portail de l'église Notre-Dame de Dammartin, p. 28. — Tombeau d'Antoine de Chabannes, p. 35. — Plan du château de Dammartin, p. 41. — Etat actuel des ruines du château de Chabannes, pp. 47 et 50. — Aspect des ruines du château de Chabannes à Dammartin, vers 1810, p. 55.

BULLETIN

DE LA

SOCIÉTÉ SCIENTIFIQUE, HISTORIQUE

ET

ARCHÉOLOGIQUE

DE

LA CORRÈZE

BULLETIN

DE LA

SOCIÉTÉ SCIENTIFIQUE, HISTORIQUE

ET

ARCHÉOLOGIQUE

DE

LA CORRÈZE

SIÉGE A BRIVE

Reconnue d'utilité publique (Décret du 30 novembre 1888)

TOME TRENTE-SEPTIÈME

AVEC PLANCHES ET FIGURES DANS LE TEXTE

1re et 2me LIVRAISONS

BRIVE

ROCHE, IMPRIMEUR DE LA SOCIÉTÉ

—

Janvier-Juin 1915

ANTOINE DE CHABANNES

(SUITE ET FIN)

A cette nouvelle, le roi craignant de voir la guerre civile se rallumer en France, envoya Antoine de Chabannes sur les lieux pour parer à cette éventualité. Le 22 décembre 1471, il lui écrivait de Montils-lès-Tours pour qu'il s'opposât au rétablissement du comte d'Armagnac dans ses biens. Chabannes, faute de forces suffisantes, ne put obéir. Pendant ce temps, le duc de Guienne malade à Bordeaux, rendait au comte d'Armagnac ses comtés de Rodez et d'Armagnac dont il lui donnait une nouvelle investiture.

Louis XI se hâta alors d'envoyer au comte de Dammartin un grand renfort de troupes ; mais le duc mourut le 25 mai 1472 et Chabannes, à la tête de son armée, entra en Guienne ; il y fut reçu sans aucune résistance dans toutes les villes où il se présenta. Peu après, le roi, seul héritier de la province, quitta Plessis-lès-Tours et vint retrouver le comte de Dammartin à qui il confia le commandement des gens de guerre de la Guienne.

: Aussitôt après la mort du duc de Guienne, les serviteurs de ce prince s'empressèrent presque tous de passer au service du roi ; celui-ci, de son côté, ne négligeait rien pour les attirer à lui : parmi ceux qu'il gratifia, on remarque le neveu du comte de Dammartin, Gilbert de Chabannes, seigneur de Curton et sénéchal de Guienne, qui reçut, le 28 mai 1472, une compagnie de gens d'armes.

Les affaires de Guienne à peine terminées, la guerre allait éclater de nouveau entre Louis XI et le duc de Bourgogne ; la trève avec le roi qui, signée pour trois mois le 4 avril 1471, avait été successivement prolongée, ne finissait que le 15 juin de cette année 1472, mais le duc n'attendit pas ce moment : il entra dans le royaume, jurant de tout mettre à feu et à sang afin de venger, disait-il, la mort de Monsieur de Guienne (1).

---

(1) A ce moment le bruit avait été répandu que Louis XI avait fait empoisonner son frère.

Pendant ce temps Louis XI se trouvait en Bretagne, où il s'était rendu en quittant la Guienne.

A la tête d'une formidable armée, le duc de Bourgogne marche d'abord sur Nesle qu'il fait incendier, puis emporte Roye en deux jours ; c'était, on s'en souvient, une des villes gagnées par Dammartin pendant la campagne précédente.

Le 10 juin 1472, Louis XI écrivait de Montreuil-Bellay au comte de Dammartin pour le presser de rejoindre au plus tôt le connétable de Saint-Pol en Picardie, et le 19 juin, il lui envoyait d'Angers un nouveau message dans lequel il disait : « J'ai été averti comment, pendant la trève, le duc « de Bourgogne a fait prendre Nesle et tué tous ceux qu'il « a trouvé dedans ; de laquelle chose je désire bien être « vengé. Et pour ce, je vous en ai bien voulu avertir, afin « que si vous pouvez trouver moyen de lui faire le cas pareil « en son pays, vous le fassiez et partout où vous pourriez, « sans y rien épargner. J'ai bien espérance que Dieu nous « aidera à nous en venger. »

Le comte de Dammartin avec des troupes suffisantes se rendit d'abord à Compiègne que le duc de Bourgogne paraissait menacer. Suivant les ordres du roi, Chabannes, tout en devant chercher à harceler l'armée Bourguignonne et lui enlever ses vivres, devait bien se garder de hasarder aucune action décisive.

De son côté, Charles le Téméraire n'osait plus entreprendre le siège de Compiègne sachant cette place défendue par Dammartin ; il prit la route de Normandie et se rabattit tout-à-coup sur la ville de Beauvais qui était alors sans garnison ; le 27 juin, il se présenta devant ses murs et l'assiégea, mais les habitants se défendirent vaillamment et, soutenus par Guillaume de Vallée qui arriva pendant l'attaque avec deux cents lances, ils repoussèrent les Bourguignons ce jour-là.

Dès que le comte de Dammartin sut les projets du duc, il se hâta d'envoyer ses lieutenants devant Beauvais ; ceux-ci y entrèrent le 29 juin avec trois cents lances et Antoine les y rejoignit deux ou trois jours après.

La ville de Paris apprenant la situation dans laquelle se

trouvait Beauvais et sentant quelle importance il était pour elle de sauver cette ville, y envoya le bâtard de Rochechouard à la tête d'une troupe de 60 arbalétriers avec toutes sortes de munitions. De son côté, le connétable de Saint-Pol, qui se trouvait alors à Creil, envoya des charpentiers et des manœuvres pour fortifier et défendre Beauvais.

Pendant ce temps les Bourguignons avaient tenté plusieurs attaques mais sans succès.

Le 8 juillet, le duc de Bourgogne désespéré de voir la plupart de ses convois attaqués et enlevés, et son camp, par suite, éprouvé par les horreurs de la disette, résolut de donner encore un assaut. Il fit combler les fossés de la ville avec des fagots de bois, mais pendant la nuit le comte de Dammartin, sans que l'ennemi ne s'en aperçut, fit répandre de la poudre à canon sur ces fagots.

Dès le lendemain matin, le duc de Bourgogne commença à faire tirer son artillerie; ses troupes dressèrent des échelles contre les remparts de la ville, puis donnèrent l'assaut contre les murs de la porte de l'Hôtel-Dieu, et tentèrent l'escalade. Le comte de Dammartin avait prit lui-même la charge de défendre cette partie des remparts. Il fit d'abord mettre le feu à la poudre répandue pendant la nuit dans les fossés, ce qui arrêta le combat un instant et permit à la défense de s'organiser; à ce moment une grande quantité de Bourguignons fûrent brûlés, beaucoup périrent sur place, d'autres moururent peu après.

Cependant le duc de Bourgogne, après avoir ramené plusieurs fois ses soldats à la charge, fut obligé de se retirer. L'attaque néanmoins avait été vive et opiniâtre; commencée à 7 heures du matin, elle s'était terminée à 11 heures et demie; les Bourguignons perdirent dans cet assaut 1.500 hommes; la chronique prétend qu'il n'y eut que quatre hommes tués du côté des assiégés.

Le duc de Bourgogne n'en continua pas moins à rester devant Beauvais, espérant arriver à s'emparer de la ville, mais le 22 juillet, ce prince craignant de ruiner totalement son armée, levait « honteusement » le siège qui durait depuis 24 jours. Charles-le-Téméraire prenait alors sa route vers la Normandie, brûlant et saccageant tout sur son passage pour se venger de l'affront qu'il venait de recevoir.

Bientôt le comte de Dammartin apprit que le duc de Bourgogne mettait en cendres tout le beau pays de Caux; il résolut de s'y rendre afin d'arrêter ces ravages. Il quitta Beauvais le 29 juillet 1472 et rejoignit à Auffray le connétable de Saint-Pol et le maréchal Rouault.

Sans engager de combats, le connétable et Dammartin se contentaient de surprendre les convois du duc, de lui couper les vivres et de gêner sa marche. La lutte contre Charles le Téméraire devenait de plus en plus ardente; celui-ci déjà avait pris les villes d'Eu et de Saint-Valéry, avait brûlé Neufchatel et se disposait à assiéger Rouen ; mais Chabannes ne cessait de harceler le duc de Bourgogne afin de l'empêcher de rien entreprendre contre cette ville et le duc se vit bientôt dans la nécessité de s'en éloigner, car son armée manquait de tout et commençait à se mutiner, tous ses convois étaient dispersés ou enlevés.

Charles le Téméraire résolut alors d'aller mettre le siège devant Saint-Quentin (septembre 1472). Cependant, ayant rassemblé toute son armée sur les marches de la Picardie, il hésitait sur le chemin qu'il devait prendre et sur le siège qu'il devait tenter de faire, sentant toutes les places d'alentour garnies de gens d'armes et du nécessaire pour la défense. Sur ces entrefaites, le comte de Dammartin vint s'enfermer à Saint-Quentin et empêcha les Bourguignons de s'emparer de cette ville.

Le connétable de Saint-Pol, quoiqu'allié à Dammartin pour la défense du royaume, ne lui gardait pas moins depuis longtemps, une rancune sourde, à cause des grandes faveurs dontson ennemi était comblé par le roi. A partir de ce moment (octobre 1472), le connétable ne laissait pas échapper les occasions qu'il pouvait rencontrer de chercher à nuire à son rival et de le prendre en défaut, mais sans pouvoir y parvenir.

Le 25 novembre, cette même année 1472, une trève entre

le duc de Bourgogne et le connétable de Saint-Pol fut signée pour un an; le même jour le roi écrivait au comte de
Dammartin de venir auprès de lui à Plessis-les-Tours.

A partir du mois de juillet 1473, des conférences eurent
lieu à Senlis et à Compiègne pour y traiter de la paix entre
Louis XI et le duc de Bourgogne.

Sur ces entrefaites, le connétable de Saint-Pol, lieutenant
du roi en Picardie, s'était emparé de Saint-Quentin et avait
chassé les gens du roi, notamment Gilbert de Chabannes,
seigneur de Curton, et semblait vouloir se rapprocher du
duc de Bourgogne. Au mois de décembre, les conférences
pour la paix se tenaient toujours à Compiègne et le roi écrivait à ses ambassadeurs, présidés par le comte de Dammartin, pour leur expliquer la conduite qu'ils devaient tenir en
présence des menées du comte de Saint-Pol; il leur disait
que si le connétable veut rendre la ville de Saint-Quentin,
et faire serment sur la vraie croix de Saint-Lô, il serait
content de lui pardonner.

Après Compiègne, les conférences se tinrent à Bouvines,
près de Namur; là, les députés de France et de Bourgogne
finirent par conclure un traité qui sacrifiait le comte de
Saint-Pol. Louis XI, toutefois, hésitait encore, et le 20 janvier 1474, on décidait une entrevue entre le roi et le connétable. Cette entrevue eut lieu le 14 mai suivant, en présence
de cinq ou six personnes parmi lesquelles Antoine de Chabannes. Le connétable s'y présenta en costume de guerre et
commença par demander pardon au roi de paraître ainsi
armé en sa présence; il n'avait pris, disait-il, cette précau-
tion que parce qu'il n'ignorait pas que le comte de Dammartin, son ennemi, devait assister à la conférence. « Je veux
« faire votre paix avec lui », dit le roi, et il les obligea à
s'embrasser. Mais ce ne fut qu'une feinte de réconciliation,
car le connétable ne pouvant se résoudre à surmonter sa
jalousie à l'égard du comte de Dammartin, était bien décidé
à s'allier au duc de Bourgogne.

Au mois de décembre 1474. le roi et la cour furent les hôtes
d'Antoine de Chabannes dans son château de Dammartin.

Au mois de janvier 1475, le comte de Dammartin fut chargé par Louis XI de repousser des bandes de Bourguignons qui ravageaient alors l'Ile de France.

Cette même année, Antoine de Chabannes vit se terminer la procédure concernant l'entière remise de ses biens entre ses mains : le 14 août, il avait obtenu de la cour du Parlement un arrêt le mettant hors de cour et de procès contre le Procureur général du Parlement, et annulant l'arrêt rendu contre lui en 1468; ce nouvel arrêt fut mis à exécution en vertu de commission de la cour, le 9 mai 1475. En conséquence, le comte fut établi en parfaite possession de tous ses biens et seigneuries, tels que Dammartin, Saint-Fargeau, Saint-Maurice-sur-Aveyron, Toucy, Moret, Crécy, etc.

Après l'expiration de la trève de Senlis, Chabannes reçut la mission de défendre la Picardie et se tint, au mois de mai 1475, du côté de Soissons et de la Fère, pour surveiller les démarches du connétable de Saint-Pol. Le roi, de son côté, s'occupait à Reims de réunir toutes ses forces, afin de pouvoir, le moment venu, résister au duc de Bourgogne et aux Anglais ses alliés, qui venaient de débarquer à Calais.

Le 29 août suivant, le comte de Dammartin assista à l'entrevue des rois Louis XI et Edouard IV d'Angleterre à Picquigny. Charles le Téméraire qui avait épousé la sœur de son allié le roi d'Angleterre, fut naturellement fort mécontent de cette entrevue des deux souverains. Gilbert de Chabannes, seigneur de Curton, qui avait été envoyé à cette époque par Louis XI en ambassade auprès du duc de Bourgogne, entendit le duc déclarer qu'il n'avait épousé la princesse d'Angleterre que pour se venger du roi de France, mais qu'elle n'était qu'une fille publique, une « putain »; Gilbert rapporta ces paroles à Louis XI dès son retour à la cour, comme preuves du dépit du duc à la nouvelle de l'entrevue de Picquigny.

A cette époque, le roi informé des « faits et pratiques » du comte de Saint-Pol, et ayant de fortes raisons de craindre qu'il n'entra réellement dans le parti du duc de

Bourgogne, comme le bruit en courait, cherchait à le faire arrêter et condamner.

De son côté le connétable, dont la vie était ainsi marchandée entre Louis XI et le duc de Bourgogne, ne pouvait se résigner à croire que sa ruine fut inévitable, et cherchait tous les moyens possibles d'y échapper. Il imagina alors d'adresser, le 30 octobre 1475, au comte de Dammartin, pendant si longtemps son mortel ennemi, un appel désespéré : « Monseigneur le Grand Maître, lui écrivait-il, je me re-« recommande à vous tant que je le puis, vu que le bruit de « mon abandonnement court toujours de plus en plus et j'en « suis averti chaque jour tant d'un parti que de l'autre. Je « vous requiers et vous prie donc tant comme je puis, si be-« soin est, comme en cas pareil je voudrais faire pour vous, « et comme nous sommes tenus l'un envers l'autre par le « serment solennel fait à la réception de l'Ordre (1) ». Le comte de Dammartin resta sourd à cet appel ou ne put obtenir la grâce du coupable ; le connétable, réfugié à Mons, ne tarda pas à être livré au roi par l'ordre même du duc de Bourgogne. Amené à Paris le 29 novembre 1475, il fut jugé par le Parlement, condamné à mort le 19 décembre et exécuté le même jour.

Au mois de juin 1476, le duc de Bourgogne fut battu par les Suisses à Granson et à Morat et s'enfuit à Jongne. Pendant ce temps Louis XI travaillait de son côté à débaucher sous main les principaux officiers du duc.

Cette même année 1476, Antoine de Chabannes s'était retiré dans son château de Dammartin où Louis XI lui envoyait courrier sur courrier, tant pour le mettre au courant des événements qui se passaient que pour lui demander des conseils.

Au mois de janvier 1477, Charles le Téméraire mourut devant Nancy, et Louis XI reprit de suite ses projets de conquête. Il envoya le comte de Dammartin en Hainaut avec ordre de soumettre ce pays à la domination royale,

____

(1) L'Ordre de Saint-Michel.

puis se rendit de sa personne en Picardie et en Artois, et le 4 mars il s'emparait d'Arras. Il alla ensuite sous les murs d'Avesnes rejoindre le comte de Dammartin et ne tarda pas à se rendre maître de cette ville.

Après la prise d'Avesnes, Louis XI avait quitté le Hainaut et était revenu vers Péronne et Saint-Quentin, laissant Dammartin seul à la tête de l'armée. Celui-ci, pour continuer ses conquêtes, alla mettre le siège devant Saint-Omer; mais Chantereine qui en était gouverneur, s'y défendit si bien qu'Antoine de Chabannes dut se retirer sans résultat.

Les campagnes de Gand et de Bruges étaient en même temps en insurrection; Antoine fut envoyé pour les soumettre. Louis XI, pour faire redouter sa puissance aux peuples de l'ancienne domination de Bourgogne, s'imagina de faire couper les moissons. Tout en déplorant d'avoir à faire exécuter des mesures aussi rigoureuses, le comte de Dammartin se vit contraint d'obéir; il ne pouvait se résoudre à accomplir dans leur entier des ordres si cruels. Il dut cependant faire couper les moissons aux environs de Douai et de Valenciennes, mais ce qu'il avait prévu arriva, et ces dévastations, loin de produire en Flandre et en Hainaut l'abattement et la soumission, redoublèrent dans ce pays l'horreur qu'on avait du roi.

Antoine de Chabannes reçut ensuite la garde du Quesnoy; il fit fortifier cette ville et la maintint contre les attaques des Flamands alors sous les ordres du duc Maximilien d'Autriche.

Au mois de juin 1478, il y avait quinze mois que le comte de Dammartin défendait le Quesnoy. A ce moment, le duc Maximilien envoya 8.000 Flamands sous les murs de cette ville pour tenter de s'en emparer. Chabannes indigné d'une telle bravade et n'écoutant que son courage, résolut de marcher droit à la rencontre de l'ennemi. Sortant le 6 juin à la tête de ses troupes, il se dirigea contre les Flamands qui, à sa vue, se hâtèrent de battre en retraite; les chargeant alors vigoureusement il leur donna la chasse jusqu'à la vue de l'armée même de Maximilien. Lés pertes furent grandes du côté de l'ennemi et très minimes pour le comte de Dammartin. Maximilien étonné de l'audace d'Antoine de Chabannes et connaissant, par ce qui venait de se passer, l'infériorité de ses troupes, n'osa plus hasarder aucune entreprise.

Bientôt Louis XI négocia un traité avec le duc, par lequel il fut stipulé que le Quesnoy lui serait livré. Antoine quitta donc cette place après l'avoir remise à Jean de Daillon, seigneur du Lude, gouverneur du Dauphiné, suivant les ordres du roi. Le nouveau gouverneur la rendit ensuite entre les mains des députés de Maximilien.

A ce moment, des seigneurs jaloux de la puissance du comte de Dammartin auprès du roi, imaginèrent une intrigue contre lui afin de l'éloigner de la cour. Ils l'accusaient, parait il, d'avoir envoyé auprès de Charles le Téméraire, du vivant de ce prince, quelques-uns de ses officiers chargés d'un message contraire aux intérêts du roi. Rien n'était plus faux que cette accusation qui, lancée par les envieux du comte, ne lui en portait pas moins un coup funeste et faisait pénétrer la méfiance dans l'esprit du roi. Chabannes, à la première nouvelle de la chose, s'était hâté naturellement de demander au roi l'autorisation de poursuivre ses accusateurs, mais Louis XI avait refusé, disant que l'on savait bien que c'était une calomnie lancée contre lui par ses envieux.

Cependant ces faux bruits avaient fait sur l'esprit méfiant de Louis XI une impression que ni les services du Grand-Maître, ni sa conduite passée n'avaient pu détruire.

Au printemps de 1479, le roi, plus encore par méfiance que par économie, résolut de casser plusieurs compagnies d'ordonnance, dont les capitaines, parmi lesquels Antoine de Chabannes, avaient cessé de lui plaire. Toutefois, à l'égard du comte de Dammartin, Louis XI, soit qu'il voulut encore se le ménager, soit qu'il se reprocha son injustice à son endroit, n'osa point l'offenser d'une façon trop directe, et lui écrivit de Tours pour chercher à lui expliquer sa conduite :

« Monsieur le Grand-Maître, lui disait-il, pour ce que je

« sais la peine et le service que vous avez toujours portés
« tant envers feu mon père qu'envers moi, j'ai avisé pour
« vous soulager, de ne vous faire plus homme de guerre,
« nonobstant que j'entends bien que je n'ai homme en mon
« royaume qui entende mieux le fait de la guerre que vous,
« et où gît plus ma confiance s'il me venait quelque grande
« affaire. Touchant votre pension et l'état de Grand-Maître
« que vous avez de moi, ajoutait-il, je ne vous les ôterai
« jamais, mais je vous les augmenterai plutôt. Je n'oublierai
« jamais, disait-il en terminant, les grands services que
« vous m'avez faits, pour quelque homme qui en veuille
« parler. »

Bien que préparé à sa disgrâce, le comte de Dammartin,
malgré ses 70 ans sonnés, se sentait encore la force et le
courage de bien servir à la guerre. Il ne feignit donc point
de se laisser prendre aux flatteries du roi, et lui répondit
tout franchement de Saint-Maurice : « Sire, j'avais bien su
« qu'il était bruit que vous aviez volonté de m'enlever la
« charge de la compagnie qu'il vous avait plu me bailler à
« conduire, mais je ne le pouvais croire, et me tenais aussi
« sûr de cet état que de rien que j'aie. Considérez que j'ai lon-
« guement servi, et qu'il vous a plu me faire cet honneur de
« me donner votre Ordre ; que les miens ont servi le feu Roi
« votre père en ses grandes affaires, et y ont fini leurs jours,
« savoir : feu mon père à la bataille d'Azincourt ; mon frère
« Etienne à Crevant, et mon frère dernier en Guyenne(1).
« Quant à moi, Sire, depuis que j'ai pu monter à cheval, j'ai
« servi le Roi votre père et vous le mieux que j'ai pu, et si
« ce n'a pas été aussi bien que j'en ai eu vouloir en ma vie,
« du moins, grâce à Dieu, vous n'y avez eu perte ni dom-
« mage, et je ne vous ai point fait de faute.

« Toutefois, Sire, ajoutait-il, puisqu'en cela tout est à
« vous, que votre bon plaisir en soit fait. Mais c'est bien rai-
« son, Sire, que je vous supplie très humblement que votre
« bon plaisir soit que je demeure en votre bonne grâce, et

____

(1) Jacques Iᵉʳ de Chabannes, mort après Castillon, le 20 oct. 1453.

« qu'au moins je puisse vivre sous vous selon l'office et état
« qu'il vous a plu me donner. »

Ces plaintes respectueuses ne parvinrent pas à fléchir la
volonté du roi; toutefois le comte de Dammartin resta encore dans un grand état; outre ses biens qui étaient considérables, son office de Grand-Maitre qu'il conserva, lui rap-
portait 10.000 livres par an; l'ordre de Saint-Michel 4.000
livres; les gouvernements de Montivilliers, d'Harfleur et de
Château-Gaillard, 2.000 livres; de plus, il avait 4,000 ducats,
soit 8.000 livres tournois, assignés par an sur les revenus du
pays de Brie, payables le jour de la Chandeleur, et 12.000
livres de pension sur le trésor; total 36.000 livres, auxquelles il faut ajouter comme ayant été touchée jusqu'alors, la
somme de 1.200 livres par an pour le commandement de sa
compagnie de cent lances,

Tenu à l'écart par le roi, le comte de Dammartin se retira
alors dans ses châteaux de Dammartin et de Saint-Fargeau
restaurés ou agrandis par ses soins en 1467.

Le 30 août 1483, Louis XI mourait aux Plessis-les-Tours
et son successeur Charles VIII, appelait à Amboise le comte
de Dammartin qu'il confirmait le 13 septembre suivant, dans
la possession de son office de Grand-Maître, ainsi que dans
ses gouvernements et autres offices.

Le 23 octobre 1483, Antoine de Chabannes se trouvait à
Blois avec le roi, les ducs d'Orléans et d'Alençon, Gilbert de
Chabannes, etc. Le 8 décembre 1484, il reçut de Charles VIII
la charge de capitaine et gouverneur de la ville et du château de Sévérac, poste qu'il avait déjà occupé sous le règne
de Louis XI.

Au commencement du règne de Charles VIII, Antoine de
Chabannes assista aux Etats Généraux convoqués à Tours
au mois de janvier 1484; il occupait, comme Grand-Maître
de France, aux côtés des seigneurs de Rieux et de La Trémoille, le banc placé à droite du trône.

Au mois d'avril 1484, un arrêt du Conseil du roi enlevait
au comte de Dammartin la partie des comtés d'Armagnac et

de Rodez qui lui avait été donnée par Louis XI, et remise à
Charles d'Armagnac, héritier de Jean V d'Armagnac.

Le 6 juillet suivant, le nouveau roi Charles VIII, venant
se faire sacrer à Reims, fit son entrée dans Paris; il avait
couché à Saint-Denis, et le comte de Dammartin, âgé alors
de 76 ans, vint à sa rencontre avec les principaux princes du
sang, jusqu'à la chapelle Saint-Denis.

G. Lemarié, photo.   DAMMARTIN VERS L'AN 1600

En 1485, Antoine de Chabannes qui se trouvait définitivement propriétaire de tous les anciens domaines acquis par
lui des biens de Jacques Cœur dans le Puisaye et le Gatinais, racheta de Jacques Cothier, président en la Chambre
des comptes, la grande baronnie de Courténay en Gatinais,
pour la somme de 12.000 livres, et ajouta dès lors à son nom
et à son titre de comte de Dammartin, celui de seigneur de
Courtenay (1).

Antoine de Chabannes avait adopté à la Cour le parti
d'Anne de Beaujeu; cette princesse lui fit donner par lettres

____

(1) La terre de Courtenay resta jusqu'à la Révolution la propriété
de ses descendants.

du 2 février 1486, datées de Plessis-les-Tours, le gouvernement et la lieutenance de Paris et de l'Ile de France, en
remplacement du duc d'Orléans alors disgracié et retiré auprès du duc d'Alençon.

A partir de ce moment, Antoine de Chabannes partageait
son séjour entre son gouvernement de Paris et ses terres de
Saint-Fargeau et principalement Dammartin ; il s'occupait
lui-même des gestions de ses affaires avec ses intendants.
Malgré son grand âge, il continuait à s'intéresser aux événements qui se passaient autour de lui, et jamais la correspondance de Charles VIII avec lui ne fut plus active que pendant la dernière année de sa vie.

Antoine de Chabannes, comte de Dammartin, Grand-Maître d'Hôtel de France, Gouverneur de Paris, mourut dans
son château de Dammartin le jour de Noël, 25 décembre
1488, à l'âge de 80 ans. Il fut inhumé dans l'église Notre-
Dame de Dammartin qu'il avait fait construire en 1480, et
son cœur fut déposé dans l'église de Saint-Fargeau.

Comme on vient de le voir, Antoine de Chabannes fut un
des plus grands capitaines de son temps, et l'on peut dire
qu'il employa sa vie entière à combattre les ennemis de la
France et qu'il réussit bien des fois à leur fermer les portes
de l'invasion. Tout, d'ailleurs, l'avantageait pour ce rôle glorieux : sa force physique, sa volonté ferme et sa grande intelligence le faisaient redouter de ses adversaires. Le roi
Louis XI lui même, nonobstant la grande rancune qu'il lui
avait vouée, avant de monter sur le trône, sut reconnaître
les grandes capacités de ce capitaine et comprendre qu'il ne
pouvait faire périr un homme d'une valeur si éprouvée : il
l'attacha à sa personne et nous avons vu comment le comte
de Dammartin sut mériter la confiance de son roi en lui
rendant dès lors les plus grands services. Ses conseils
étaient très prisés par Louis XI qui, en roi très méfiant, lui
écrivait en langage convenu, dont la clef n'était connue que
d'eux seuls.

A la Cour de Charles VII, Antoine de Chabannes, qui

alliait à son caractère noble et franc, une physionomie très heureuse et une belle prestance, faisait l'admiration de tous, mais cette admiration lui attirait aussi bien souvent, la haine de chevaliers à l'esprit jaloux et envieux.

De tout ce qui touche à ce héros, rien ne doit rester dans l'ombre ; ses faiblesses mêmes doivent nous être sacrées. Nous croyons donc nécessaire, ici, de reproduire une note de M. Victor Offroy qui nous fait comprendre mieux que la plus belle dissertation sur ce sujet combien Antoine de Chabannes devait être séduisant de sa personne : « Agnès « Sorel (1) connut sa tendresse, nous dit M. Victor Offroy, « elle l'aimait parce qu'il était un des plus beaux et des plus « vaillants hommes de la cour de Charles VII. Chabannes « entrait chez elle à la faveur du déguisement ; un jour qu'il « s'y était introduit déguisé en marchand de livres, le dau- « phin qui le faisait espionner, courut en avertir le roi; ils « se rendirent aussitôt à la chambre d'Agnès qui, prévenue « par sa femme de chambre maîtresse d'un valet de Cha- « bannes, fit cacher son amant dans un coffre recouvert « d'une tapisserie; le roi, comme pour s'excuser, voulut pas- « ser la nuit avec Agnès, et Chabannes qui osait à peine « respirer, fut le témoin d'une scène où il devait jouer un « autre rôle. Quant le roi fut parti il s'évada secrètement de « la chambre d'Agnès, mais se voyant trahi, il n'y retourna « plus. »

Sans nous étendre plus avant dans les développements de cette petite chronique d'alcôve, reprenons la suite de notre récit.

En 1430, Charles VII qui venait de reprendre le château de Dammartin sur les Anglais, le rendit à Marguerite de Nanteuil ; quelques années plus tard celle-ci, qui désirait se marier, supplia le roi de lui trouver un époux parmi les

---

(1) Agnès Sorel, dame de Fromenteau et de Beauté, favorite de Charles VII, née au château de Fromenteau (Touraine) vers 1422, morte au château d'Armeville (Normandie) en 1450.

plus vaillants officiers de sa maison ; Charles VII, déférant à son désir, lui donna Antoine de Chabannes.

C'est ainsi qu'Antoine de Chabannes, âgé de 31 ans, épousa à Creil, le 20 septembre 1439, Marguerite de Nanteuil, comtesse de Dammartin-en-Goëlle, baronne de Thour en Champagne, vicomtesse de Breteuil, et dame de Marcy en Nivernais, âgée alors de 17 ans ; elle était fille unique de Renaud de Nanteuil, seigneur d'Acy-en-Multien, chevalier, et de Marie de Fayel, comtesse de Dammartin, vicomtesse de Breteuil, et apporta à son mari les terres de la maison de Chatillon-Porcéau qui lui venaient de sa mère. Par son contrat de mariage, elle abandonnait complétement et à toujours, tous ses biens à son mari.

La comtesse de Dammartin fut pour son mari une épouse accomplie. Nous avons vu avec quelle ardeur elle s'employa à le faire évader de la Bastille lorsqu'il y était retenu prisonnier. Sa vie d'épouse et de mère fut remplie d'inquiétudes et d'angoisses ; elle vit son mari emprisonné, ses deux filles toutes jeunes remises entre les mains d'un de ses plus cruels ennemis ; elle dut aussi se séparer de son fils, lorsque celui-ci, à l'âge de trois ans, fut conduit à son père. A toutes ces peines morales, la misère la plus profonde vint s'ajouter ; mais cette femme au cœur si élevé, subit ce dernier coup du sort avec un courage et une résignation vraiment héroïques.

Lorsque ses biens lui furent restitués, Marguerite de Nanteuil vécut, sans aucun luxe, tantôt à Dammartin, tantôt à Saint-Fargeau et ne s'occupa désormais qu'à faire la charité autour d'elle.

Cette noble femme, dont la vie ne fut qu'une longue épreuve, mourut le 13 octobre 1475, âgée de 53 ans, après 36 ans de mariage. Elle fut inhumée devant le maître-autel de l'église de Saint-Fargeau. Par son testament, elle laissait tous ses biens à son mari et ordonnait que le comté de Dammartin lui appartint sa vie durant.

Antoine de Chabannes eut, de son mariage avec Marguerite de Nanteuil, deux fils et trois filles, qui sont :

1° Gilbert de Chabannes qui ne vécut que sept mois.

2° Jean de Chabannes dont il est question plus loin.

3° Jeanne de Chabannes qui fut mariée deux fois : elle épousa en premières noces, le 9 novembre 1469, Marquès Rogier de Beaufort Canillac (1), chevalier, fils aîné de Louis de Beaufort, marquis de Canillac, comte d'Alais, vicomte de la Mothe et de Valence, chevalier, chambellan du roi, et de Jeanne de Nourry.

Marquès Rogier de Beaufort-Canillac mourut avant son père, sans enfants de son mariage avec Jeanne de Chabannes; celle-ci, devenue veuve, épousa en secondes noces, le 12 février 1485, Jacques d'Apchier (2), baron d'Apchier, chambellan de Louis XI, fils de Jean d'Apchier, premier du nom, seigneur d'Argens, de Recoux, de Villaret, de Montaleyrac et de Billières, lieutenant du comte de Clermont, et d'Anne de Ventadour (celle-ci était fille de Charles, comte de Ventadour, et de Marie de Pierre-Buffière).

Devenu veuf, Jacques d'Apchier, épousa en secondes noces (1497) Marie de Castelnau, fille de Jean de Castelnau et de Marie de Culant.

4° Jacqueline de Chabannes, dame d'Onzain, qui épousa en 1469, Claude dit Armand XIV, vicomte de Polignac, fils de Guillaume dit Armand XIII, vicomte de Polignac, seigneur des baronnies de Chalençon, Solignac et Randan, et d'Amélie de Saluces, dame de Camaragne, en Piémont.

Armand XIV de Polignac mourut le 24 août 1509 à l'âge de 59 ans; on ignore en quelle année est décédée Jacqueline de Chabannes, son épouse, mais elle n'a pas laissé d'enfants.

5° Anne de Chabannes qui épousa son cousin germain, Robert de Balzac, baron d'Entragues et de Saint-Amand, conseiller et chambellan du roi, sénéchal d'Aguénois et de Gascogne, troisième fils de Jean de Balzac et d'Agnès-Jeanne de Chabannes, sœur du comte de Dammartin.

Anne de Chabannes mourut sans postérité, et Robert de

----

(1) Ancienne famille du Limousin.
(2) Ancienne baronnie du Languedoc.

Balzac se remaria le 30 octobre 1474, à Antoinette de Castelnau, fille d'Antoine, seigneur de Castelnau, et de Catherine de Chauvigny.

Antoine de Chabannes eut aussi trois enfants naturels :

1º Jacques, bâtard de Chabannes, né dans le pays de Puisaye. Il mourut en 1495, dans la campagne pour la conquête du royaume de Naples, où il fut mortellement blessé dès le commencement des hostilités, à l'assaut de Mont-Saint-Jean.

Nous croyons cependant qu'Antoine de Chabannes eut deux fils naturels du prénom de Jacques. M. le comte H. de Chabannes nous cite Jacques de Chabannes comme archer dans la compagnie de Gilbert de Chabannes, neveu de son père, en 1472 et 1475, et Jacques de Chabannes, fils bâtard d'Antoine, âgé de 23 ans environ le 12 janvier 1490 (dont le P. Anselme dit par erreur qu'il avait 13 ans le 12 janvier 1489) suivant un acte de cette époque où l'on voit Jean de Chabannes, comte de Dammartin, son oncle (?), lui donner un curateur.

D'antre part, M. Victor Offroy nous signale un Jacques, fils naturel d'Antoine de Chabannes, qui mourut en 1489, un an après son père.

Il est peu probable que Jacques de Chabannes, âgé de 23 ans en 1490, soit le même que celui qui était archer dans la compagnie de Gilbert de Chabannes en 1472, car à cette époque il n'aurait eu que 7 ans environ.

Il faut donc admettre, et c'est aussi l'avis de M. le comte H. de Chabannes, qu'Antoine, comte de Dammartin, eut deux fils bâtards du même nom ; d'après nous, l'archer Jacques était l'aîné et le même cité par M. Offroy comme étant décédé en 1489, et Jacques de Chabannes, âgé de 23 ans en 1490, fut le cadet et le même qui mourut des suites de ses blessures en 1495.

2º Marie, bâtarde de Chabannes qui épousa François de Cugnac (1), écuyer, seigneur de Néelle. De cette

____

(1) Famille de noblesse d'épée, originaire du Périgord.

union naquit un fils, Louis de Cugnac, mort sans avoir été marié.

3° Hélène, bâtarde de Chabannes, sœur de père et de mère de la précédente, qui épousa en premières noces Pierre de Champdio, chevalier, écuyer d'écurie du roi, seigneur de Brimay, en Nivernais, gouverneur de la ville et du comté d'Auxerre, et en secondes noces, Jacques de Veilhan (2), chevalier, seigneur de Saint-Martial, de Veilhan et du Chassain au comté de Ventadour. Le contrat de mariage fut passé au château de Saint-Fargeau le 19 septembre 1490, en présence de Jean de Chabannes, comte de Dammartin et seigneur de Saint-Fargeau, demi-frère d'Hélène de Chabannes.

Jean de Chabannes, deuxième fils d'Antoine de Chabannes et de Marguerite de Nanteuil, naquit en 1462; dès 1470, il porta le titre de seigneur de Saint-Fargeau et en 1488, à la mort de son père, il devint comte de Dammartin.

Jean de Chabannes fut au service de la chambre du roi Louis XI; à la mort de ce prince, il passa comme chambellan à la cour du roi Charles VIII et servit également sous le roi Louis XII.

Jean cependant ne tarda pas à quitter la cour; son caractère naturellement sombre et mélancolique le portait à chercher le calme et la solitude. Il se retira donc dans ses terres, tantôt à Dammartin, tantôt à Saint-Fargeau où il s'adonnait à la chasse, son plaisir favori.

Jean de Chabannes mourut entre le mois de mai et le mois d'août 1503, et fut inhumé dans l'église de Saint-Fargeau; il avait épousé en premières noces, vers 1484, Marguerite de Calabre, fille naturelle mais légitimée de Nicolas d'Anjou, duc de Calabre, de Lorraine et de Bar, et arrière-petite-fille de René, Roi de Naples, de Sicile, de Jérusalem, d'Aragon, de Valence et de Majorgue. Elle mourut à la fin

---

(2) Famille originaire du Limousin, et connue anciennement sous le nom de Saint-Martial.

de décembre 1488 et fut inhumée, selon son désir, à l'abbaye de Chailly.

Devenu veuf, Jean de Chabannes s'était remarié avec Suzanne de Bourbon, comtesse de Roussillon, en Dauphiné, et de Ligny-en-Barrois, dame de Montpensier-en-Londunois, fille aînée de Louis légitimé de Bourbon, comte de Roussillon et de Ligny, amiral 'de France, et de Jeanne de France (fille légitimée en 1465, du roi Louis XI et de Marguerite de Sassenage, celle-ci veuve d'Amblard de Beaumont, seigneur de Montfort).

De son premier mariage avec Marguerite de Calabre, Jean eut trois filles : la première était Anne de Chabannes, née en 1485. A l'âge de 12 ans à peine, elle épousa (1496) Jacques II de Coligny, chevalier, conseiller et chambellan ordinaire des rois Charles VIII et Louis XII, prévôt de Paris, capitaine de cent hommes d'armes, fils de Jean III, seigneur de Coligny, et d'Éléonore de Courcelles.

Anne de Chabannes mourut, sans laisser d'enfants, le 12 juin 1500, âgée d'environ 16 ans, après moins de cinq années de mariage ; son corps dû être enseveli dans l'église Notre-Dame de Dammartin, aux côtés du Grand-Maître de Chabannes son aïeul. C'est, selon toute vraisemblance, les ossements de cette personne qui furent retrouvés dans le caveau voisin de celui d'Antoine de Chabannes lors des fouilles entreprises par le Conseil municipal de Dammartin en 1804 (1).

Les deux autres filles de Jean de Chabannes et de Marguerite de Calabre, Jacqueline et Anne de Chabannes, sont mortes jeunes.

De son second mariage avec Suzanne de Bourbon, Jean de Chabannes eut deux filles :

1° Avoye de Chabannes, née en 1493, qui hérita du comté de Dammartin ; elle fut mariée trois fois ; elle épousa : 1° à l'âge de 11 ans, par contrat du 19 octobre 1504, Edmond ou Aymon de Prie (lequel était veuf de Jeanne de Beauveau),

____

(1) Voir plus loin : « Eglise N.-D. de Dammartin. »

gentilhomme de la maison du roi, fils de Louis de Prie, seigneur de Buzançais, grand-queux de France, et de Jeanne de Salazart de Marcilly.

Edmond de Prie mourut au commencement de 1511. Avoye de Chabannes, âgée alors de 18 ans, se remaria en secondes noces, par contrat du 3 septembre de la même année, avec Jacques de la Trémoille, chevalier, capitaine de cent hommes d'armes des ordonnances, troisième fils de Louis Ier de la Trémoille, seigneur de la Trémoille, comte de Guines, de Benon, vicomte de Thouars, prince de Talmont, grand chambellan héréditaire de Bourgogne, et de Marguerite d'Amboise.

Jacques de la Trémoille étant mort en 1515, Avoye de Chabannes se trouvait ainsi veuve pour la seconde fois et sans enfants; elle épousa avant 1530, 3° Jacques de Brizay, chevalier de l'ordre du roi, capitaine de cinquante lances des ordonnances, lieutenant général du roi en Bourgogne, sénéchal de la Haute et Basse-Marche, fils d'Abel de Brizay, chevalier, seigneur de Beaumont, de la Tour-de-Brain, de Chivré, etc., écuyer d'écurie du roi Louis XI, et de Marguerite de Menou, dame de Villegongis.

Avoye de Chabannes mourut âgée à Mirebeau; elle eut de ce troisième mariage deux filles : A) Charlotte de Brizay, dame de Villegongis, mariée à Pierre de Neuchèze, seigneur de Beaudiment, des Francs, etc., auquel elle porta les biens de sa branche; B) Françoise de Brizay, Abbesse de Réconfort, morte en 1547.

2° Antoinette de Chabannes, dame de Saint-Fargeau, née en 1498; elle épousa en 1506, à l'âge de 9 ans environ, René d'Anjou, sénéchal du Maine, fils de Louis d'Anjou, bâtard du Maine, seigneur et baron de Mézières-en-Brenne, de Sainte-Néomoye, de Prée, de Senesches et de Vilaine-la-Juhez, sénéchal du Maine, grand-maître de l'artillerie et chef de la branche d'Anjou-Mézières, et d'Anne de la Trémoille.

René d'Anjou mourut à Avignon en 1521 à l'âge de 38 ans; Antoinette de Chabannes ne lui survécut guère, elle mourut en 1529, à l'âge de 31 ans, laissant deux fils et quatre filles, nés en six ans, savoir :

1° Louis d'Anjou, abbé de Pontlevoy et de Nesle-la-Reposte ;

2° Nicolas d'Anjou, marquis de Mézières qui épousa en 1541, Gabrielle de Mareuil ;

2° Françoise d'Anjou, morte sans alliance ;

4° Marie-Françoise d'Anjou, comtesse de Dammartin et dame de Courtenaye par donation de sa tante Avoye de Chabannes, à l'occasion de son mariage avec Philippe de Boulainvilliers qu'elle épousa à Cosne, en Bourbonnais, le 16 octobre 1516.

Philippe de Boulainvilliers était fils de Charles de Boulainvilliers et de Catherine Howard ; après la mort de cette dernière, Charles de Boulainvilliers, son époux, se remaria avec Suzanne de Bourbon, veuve de Jean de Chabannes, comte de Dammartin.

Philippe de Boulainvilliers était un des grands hommes de son temps. Il fut tué en 1536 dans Péronne assiégée par par le comte de Nassau. Marie-Françoise d'Anjou épousa en secondes noces Jean III, sire de Rambures, grand-maître des eaux et forêts de Picardie.

5° Renée, dite Aimée ou Edmée d'Anjou, demoiselle d'honneur de Louise de Savoie, mariée en premières noces, le 11 avril 1523, avec Hector de Bourbon, vicomte de Lavedan, fils de Charles, bâtard de Bourbon, et de Louise du Lion, dame de Lavedan, et en secondes noces, avec Gabriel de Baraton, seigneur de Montgauger ; elle mourut sans laisser d'enfants ;

6° Antoinette d'Anjou qui épousa en 1529 Jean de Bourbon, vicomte de Lavedan, frère d'Hector de Bourbon, cité ci-dessus. Elle mourut avant 1542.

Après la mort de Marie-Françoise d'Anjou, comtesse de de Dammartin, les enfants qu'elle eut de Philippe de Boulainvilliers, son premier époux, Philippe, René, Perceval et Anne de Boulainvilliers, vendirent le comté de Dammartin à Anne de Montmorency ; ceux qu'elle eut de sire de Rambures, son deuxième époux, Oudard, Philippe et Jean de Rambures, le vendirent à François de Lorraine, duc de

Guise; il y eut un grand procès à ce sujet, mais le comté resta au connétable de Montmorency en 1562.

Le comté de Dammartin appartint aux Montmorency jusqu'à la mort du maréchal Henri II de Montmorency, décapité à Toulouse le 30 octobre 1632, pour crime de rebellion, puis il passa entre les mains du prince de Condé, Henri II de Bourbon, dans la maison duquel il resta jusqu'en 1792; il était à cette époque la propriété de Louis-Antoine-Henri de Bourbon, duc d'Enghien, né en 1772, tué dans les fossés de Vincennes en 1804.

Louis-Henri-Joseph de Bourbon, qui mourut de mort violente le 27 août 1830, à l'âge de 74 ans, fut le dernier qui porta le titre de comte de Dammartin.

TROISIÈME PARTIE

Les Souvenirs d'Antoine de Chabannes à Dammartin

1° L'ÉGLISE NOTRE-DAME DE DAMMARTIN

C'est à Manassé, premier comte de Dammartin, que l'on attribue la fondation, vers 1030, de l'ancienne chapelle dédiée à Notre-Dame, et qui, dès cette époque, est devenue la patronne du pays.

Cette ancienne chapelle, placée sous les murs du château et exposée aux différents assauts qu'il eut à subir, fut ruinée en 1468.

Le prieuré-cure de Saint-Jean-Baptiste (1) était la seule paroisse du pays lorsqu'en 1480, Antoine de Chabannes, Grand-Maître de France et comte de Dammartin, voulut rétablir à ses frais l'église Notre-Dame, en faire une collégiale et y fonder un chapitre pour le repos de son âme et de celle de Charles VII son bienfaiteur.

Au moment où Chabannes était prisonnier à la Bastille, il se recommanda à la mère du Christ, et c'est alors qu'il fit le vœu de lui ériger un temple et d'y fonder un office canonial. Seize ans plus tard, retiré dans son château de Dammartin, après les plus glorieux exploits, il se ressouvint de son vœu et s'occupa de l'accomplir ; il racheta pour six cent vingts écus d'or, aux chanoines de Saint-Jean-Baptiste, les ruines et la place de l'ancienne chapelle de Notre-Dame, qui avait été détruite dans la guerre dite du Bien Public en 1468, et par acte de fondation en date du 30 janvier 1480, il

---

(1) L'église Saint-Jean-Baptiste fut fondée au commencement du xii° siècle par Hugues II, comte de Dammartin ; elle a été entièrement restaurée en 1907 grâce aux soins et à la générosité de M. Hémar, alors maire de Dammartin,

y fit construire la belle église qui existe encore aujourd'hui.
Au commencement de cet acte on lit ces belles paroles :
« Considérant les grands dangers qui nous sont survenus
« pendant le cours de notre vie, et dont malgré notre indi-
« gnité nous avons été sauvé par l'infinie clémence de Dieu,
« jugeant que de toutes nos œuvres mortelles et transitoires

PORTAIL DE L'ÉGLISE NOTRE-DAME DE DAMMARTIN

(*G. Lemarié, photo.*)

« nous n'emportons que notre seul mérite devant la face du
« juge éternel, sachant que le bienfait en cette vie est agréa-
« ble à Dieu et donne profit après la mort dont l'heure
« est toujours incertaine, craignant d'être prévenu par elle
« et de ne pas apporter d'œuvre méritoire à quoi les plus

« élevés sont les plus obligés, le tout à l'honneur et louange
« de Dieu, le tout puissant, et de la glorieuse Vierge, sa mère,
« nous avons institué le divin service pour chaque jour et à
« perpétuité, en une chapelle fondée en l'honneur de la
« Très-Sainte Vierge, située au lieu de Dampmartin, que nous
« avons fait réédifier, et qui est un secours et aide aux pa-
« roissiens du prieuré-cure de Saint-Jean-Baptiste, qui re-
« çoivent leurs sacrements dans la dite chapelle. A cet effet
« fondons un collège perpétuel de neuf personnes ecclésias-
« tiques ; c'est à savoir : un doyen qui sera le chef de la dite
« église, cinq chanoines, deux enfants de chœur et un mar-
« guillier, etc. »

Le 18 février 1488, l'église de Notre-Dame, reconstruite
par Antoine de Chabannes fut, selon son vœu, érigée en
collégiale par Messire Jean de Lavaur, évêque de Meaux, et
mise sous la protection spéciale de la Sainte-Vierge avec le
titre d'Assomption ; il fut réglé que la présentation des chanoines au chapitre, appartiendrait au fondateur, et à sa
mort à son plus proche parent, portant son nom et ses armes. Sixte IV avait approuvé la fondation par une bulle de
l'an 1483 ; Jean de Chabannes, fils du fondateur, la ratifia
en 1489.

L'église Notre-Dame de Dammartin se distingue par la
majesté de son chœur, l'un des plus beaux du diocèse, la
peinture de ses vitraux, le travail et la richesse de sa
grille (1), et la hardiesse du baldaquin de son maître-autel ;
elle possède un orgue de première dimension mais en vé-
tusté, et plusieurs tableaux remarquables, dont un représente saint Guillaume, archevêque de Bourges, au lit de
mort. Son ancienne tour s'élevait à 50 mètres, elle avait
quatre ouïes sur chaque face et renfermait deux horloges et
onze cloches. On remarque au milieu du chœur, le mausolée en pierre d'Antoine de Chabannes sur lequel il est repré-
senté en costume de guerre avec un phénix sous les pieds.

---

(1) Cette grille, véritable œuvre d'art, est aujourd'hui classée comme
monument historique.

Sa sculpture remonte à la fin du xve siècle ; on lit cette inscription, gravée en lettres gothiques sur le biseau de la pierre qui recouvre ce mausolée :

« *Ci gît puissant seigneur Messire Antoine de Chabannes,*
« *chevalier de l'ordre du Roi notre sire, en son vivant*
« *comte de Dammartin, baron de Toury et de Tours en*
« *Champagne, et seigneur de Saint-Fargeau, de Saint-*
« *Maurice, de Courtenaye et du pays de Puysaie, et grand-*
« *maître d'hôtel de France, et fut premier fondateur du*
« *chapitre et collège de l'église de céans, lequel trépassa le*
« *jour de Noël de l'an de grâce mil quatre cent quatre vingt*
« *et huit ; Dieu lui fasse pardon à l'âme et à tous autres*
« *trépassés. Amen. — Pater noster.* »

Et sur deux côtés du tombeau, on voit sculptées en relief et peintes les armes d'Antoine de Chabannes : « écartelé « aux 1 et 4 de gueules au lion d'hermine, armé, lampassé « et couronné d'or qui est Chabannes ; aux 2 et 3 fascé d'azur « et d'argent de six pièces, à la bordure de gueules, qui est « Dammartin, et sur le tout, en abîme, un écusson aux 1 et 4, « palé de gueules et de vair au chef d'or, chargé de quatre « merlettes, qui est Châtillon ; aux 2 et 3 palé d'argent et de « gueules. »

Ces armes, comme on le voit, diffèrent de celles que nous reproduisons d'autre part et qui sont celles que nous donne le comte H. de Chabannes : « écartelé aux 1 et 4 de gueules « au lion d'hermine, armé, lampassé et couronné d'or, qui « est Chabannes ; aux 2 et 3 fascé d'azur et d'argent de six « pièces, à la bordure de gueules, qui est Dammartin, et sur « le tout, de gueules à trois pales de vair au chef d'or, qui « est Châtillon. »

D'ailleurs dans différents documents relatifs au comte de Dammartin, les armoiries de ce seigneur présentent dans leur description des dissemblances ; mais toujours les armes de Chabannes et de Dammartin y figurent.

Puisque nous parlons des armoiries d'Antoine de Chabannes, ajoutons que l'on connaît plusieurs sceaux de ce comte.

Dans leur intéressant ouvrage sur la *Sigillographie du Bas-Limousin*, publié à Brive en 1886, (1) MM. Philippe de Bosredon et Ernest Rupin, nous donnent :

1° 1449-1456. — Un sceau rond de 34 millimètres, cire rouge, appendu à des quittances données, les 8 mai 1449, 13 août 1450, 2 décembre 1456, etc., par Antoine de Chabannes, comte de Dammartin, conseiller et chambellan du roi.

Légende. — SCEL ANTHOINE DE CHABANNES

Dessin. — Ecu penché à un lion couronné et à un lambel, surmonté d'un heaume cimé d'une tête de lévrier (?) dans un vol, supporté d'un aigle et d'un dragon ailé.

Contre sceau rond, de 14 millimètres. Pas de légende. Dessin indistinct.

Autre contre-sceau rond, de 21 millimètres. Pas de légende. *Dessin* : une bannière (?). Rinceaux dans le champ.

(Bibl. Nat., Mss. Clairambault, t. 147, fᵒˢ 3.735, 3.737,

3.739, etc., et pièces originales, Chabannes).

2° 1454. — Un fragment de sceau rond, de 53 millimètres, appendu à une quittance de l'an 1454.

Légende. — SEEL : D... ...BANNES
(SEEL DE CHABANNES)

Dessin. — Ecu écartelé de Chabannes et de Dammartin, penché, timbré d'un heaume à cimier et supporté d'un griffon et d'un lion.

Contre sceau rond, de 24 millimètres. Pas de légende. *Dessin* : Une feuille ou une espèce de bannière.

(Arch. Nat. Inventaire des sceaux, n° 694).

---

(1) Cet ouvrage nous a été communiqué par notre dévoué secrétaire du *Groupe d'Etudes limousines*, M. Louis de Nussac. C'est à ses connaissances approfondies de l'histoire du Limousin, que nous sommes redevable des notes et renseignements qui nous ont été d'une si grande utilité dans la composition de notre travail. Nous ne saurions trop le remercier, ici, du concours si précieux qu'il nous a prêté.

3° 1456. — Un signet rond, de 18 millimètres, appendu à une quittance délivrée au receveur général du Languedoc le 19 juillet 1456. — Pas de légende.

Dessin. — Un écu droit à un lion couronné, entouré de rameaux.

(Bibl. Nat. Mss. Clairambault, t. 147, f° 3.733).

4° 1473-1480. — Un sceau rond, de 60 millimètres, cire rouge, appendu à une quittance donnée, le 28 mai 1473 et le 10 mai 1480, par Antoine de Chabannes, comte de Dampmartin, grand-maître d'hôtel du roi, pour les gages de son office.

Légende. — ...NTHOINE ....
(ANTHOINE ......)

Dessin. — Ecu penché, écartelé : aux 1 et 4, de Chabannes, aux 2 et 3, de Dammartin ; sur le tout, un écusson palé, qui est Châtillon (1), surmonté d'un heaume dont la partie supérieure est détruite. Supports deux griffons.

Contre-sceau rond, de 23 millimètres. Pas de légende. *Dessin* : Ecu droit écartelé aux mêmes armes.

(Bibl. Nat., Mss. Clairambault, t. 147, f°s 3.737 et 3.739).

Reprenons notre récit sur le tombeau d'Antoine de Chabannes, dans l'église Notre-Dame de Dammartin.

Un caveau pratiqué sous ce mausolée renferme les cendres de ce héros fondateur, un gros mur en soutient la voûte et la divise en deux parties ; dans la première est un cercueil au dessus duquel on lit ces mots gravés sur une pierre plaquée sur le mur :

CE TOMBEAU RENFERME LES DÉPOUILLES D'ANTOINE DE CHABANNES, FONDATEUR DE LA COLLÉGIALE, MARIÉ EN 1439 A MARGUERITE DE NANTEUIL ET DÉCÉDÉ LE 25 DÉCEMBRE 1488. DANS LE CAVEAU VOISIN, SELON TOUTE VRAISEMBLANCE, SONT CELLES

----

(1) De gueules, à trois pals de vair, au chef d'or chargé de quatre merlettes de gueules.

d'Antoinette de Chabannes, sa petite-fille. Ces restes précieux que les Dammartinois vénèrent et qu'ils recommandent a la postérité, ont échappé aux fureurs du 18me siècle, par les soins de M. L.-J. Hubert Lavollée, maire de la ville, et de P. S. Lemire, pasteur de cette église, l'an 12 de la République, 1er du règne de Bonaparte.

Gravé par Bernat.

Dans la seconde partie de ce tombeau, nous dit M. Victor Offroy, est un cercueil en plomb renfermant les mânes d'Antoinette de Chabannes dont il est parlé dans l'inscription ; lorsqu'on ouvrit ce cercueil, en 1804, on remarqua que le cœur de cette personne s'était, dans son squelette, conservé tout entier.

Il est intéressant de reproduire ici le texte de la délibéraration du Conseil municipal de Dammartin, en date du 14 août 1804, concernant le tombeau d'Antoine de Chabannes, comte de Dammartin, et la découverte de ses restes.

Délibération du Conseil municipal de Dammartin concernant le tombeau d'Antoine de Chabannes, comte de Dammartin, et la découverte de ses restes (1).

Dammartin, 14 août 1804.

Aujourd'hui vingt-six thermidor, an XII de la République Française, premier du règne de Napoléon, premier empereur des Français, quatorze août mil huit cent quatre de l'Ere chrétienne, les soussignés :

Louis-Jean-Hubert Lavollée, maire de la ville de Dammartin,

Denis Bocquet, adjoint,

Denis-Stanislas Lemaire, juge de paix,

Louis Gouverneur, greffier,

Pierre-Simon Lemire, desservant de la succursale,

Pierre-François Ronsain le Roy, dernier doyen, membre du Conseil municipal,

---

(1) Extrait de l'*Histoire de la Maison de Chabannes*, par le comte H. de Chabannes, t. II des preuves, p. 541.

Jean-Charles-Antoine Fournier, maréchal des logis de gendarmerie,

Martin Rousquin, marguillier et membre du Conseil,

Nicolas-Charles Ganneron, marguillier et membre du Conseil,

Pierre-Denis Lemaire, marguillier,

Jean-Baptiste-Joseph-Frédéric Debrettes, receveur de l'Enregistrement,

Nicolas-Jacques Gouverneur, Claude-Honoré Landry, Denis François Brunard, tous trois membres du Conseil municipal,

Charles-François Brulot Delafeuille, receveur des impôts,

Jean-Claude Bousquin, ancien lieutenant du baillage,

Pierre-Simon Champy, instituteur, Nicolas-Sébastien Lemaire, Antoine Gefray, Pierre Garnier, tous trois officiers de santé,

Charles-Léon de Bouthillier, Armand Louis Delapierre de Fremeur, propriétaires,

Philippe Marest, peintre,

Jean-Gabriel Hubert, propriétaire.

Pierre-Martin Cochu, marchand boucher,

François Offroy, marchand de vins.

François Mallet, maçon,

Louis Graux, marchand de grains,

Marie-Toussaint Nicolas, secrétaire de la mairie,

Michel Bonnichon, marchand de vins, et autres.

Tous habitants de la ville de Dammartin, voulant transmettre à la postérité les sentiments de vénération et de reconnaissance que leur inspire la mémoire du fondateur et du bienfaiteur de l'église collégiale de Notre-Dame de Dammartin, en ont consigné l'expression dans le présent procès-verbal :

Après avoir solennellement chanté et assisté à un service pour le repos de son âme, on a recueilli pieusement les restes de ce héros qui, par sa piété autant que par sa bravoure, a illustré le siècle qui l'a vu naître. Ils ont été trouvés dans le caveau, précisément au-dessous du mausolée, et dont on a reconnue l'ouverture avec beaucoup de peine. Les ossements étaient épars sur les débris d'un cercueil en bois absolument en poussière, et mêlés avec les décombres qui remplissaient le caveau ; on les a renfermés dans un autre cercueil ; on a fait graver sur une pierre une inscription pour conserver la mémoire de cet événement ; elle a été placée au fond de ce caveau dont l'entrée, qui se trouve à gauche du mausolée et qui a été rebouchée, est indiquée par ce mot : HIC. Le mausolée qui avait été mutilé, a été réparé autant que possible, n'ayant rien voulu changer à son antique construction.

Ce monument que les Dammartinois se félicitent d'avoir conservé, et que les fureurs de la Révolution ont respecté, en rappelant à la postérité la mémoire d'un héros, inspirera à tous ceux qui le visiteront le respect dont les habitants de la ville sont pénétrés. Ils confient ce dépôt à « leurs neveux ».

TOMBEAU D'ANTOINE DE CHABANNES
dans l'église N.-D. de Dammartin

(*G. Lemarié, photo.*)

Il renferme les dépouilles mortelles d'Antoine de Chabannes, né en 1411 (1) et décédé le XXV décembre 1488. Il épousa en 1439 Marguerite de Nanteuil, fille et héritière de Renaud, seigneur d'Acy, et de Marie Fayel, comtesse de Dammartin, qui lui apporta en dot ce comté. Quelque temps avant sa mort il fonda une collégiale dans l'église de Notre-Dame de Dammar-

---

(1) Dans son *Histoire sur la Maison de Chabannes*, M. le comte H. de Chabannes nous dit qu'Antoine de Chabannes naquit en 1408 et non en 1411 comme l'ont écrit plusieurs historiens.

tin, avec l'expresse condition qu'elle serait dédiée à l'Assomption, pour accomplir un vœu qu'il avait fait en 1463, époque à laquelle il était enfermé à la Bastille.

Son testament, qui fut exécuté par Jean de Chabannes, son fils. instituait cinq chanoines et un doyen, qui ont existé sous cette dénomination jusqu'en 1790 où le clergé fut réformé. L'église alors devint bien national; elle fut acquise par un particulier de Dammartin, qui l'a revendue ensuite à Pierre-Simon Lemire, ancien chanoine. Cet ecclésiastique en a fait don à la ville.

Il n'avait cessé pendant ces temps orageux de secourir les fidèles; en reconnaissance d'un zèle aussi marqué, et à la sollicitation des habitants, Monseigneur de Barral, évêque de Meaux, l'a nommé desservant de cette église, dont il a fait une succursale. C'est sous ce titre qu'elle subsiste aujourd'hui, et la ville a une cure dans l'église de Saint-Jean, et une succursale dans l'église de Notre-Dame.

Dans le caveau voisin s'est trouvé un cercueil en plomb renfermant les restes d'une personne du sexe féminin qu'on a jugé devoir être âgée de 14 à 15 ans. On n'a aucune tradition certaine sur son nom, mais d'après des recherches et les différents rapports des anciens, et le témoignage d'un rejeton de la maison de Chabannes de la Palice (1), on croit que c'est le tombeau d'Antoinette de Chabannes, petite-fille d'Antoine de Chabannes. Il a été conservé tel qu'il a été trouvé.

La reconnaissance étant de tous les âges, la postérité appréciera les motifs qui ont déterminé les soussignés à leur transmettre un événement cher à leurs cœurs, puisqu'il leur offre le moyen d'honorer la mémoire d'un homme illustre et bienfaisant.

Le présent restera dans les archives de la ville;

Une copie sera remise à Messieurs les marguilliers;

Une autre envoyée à Monsieur Delagarde, préfet actuel du département de Seine-et-Marne;

Et une troisième à Monseigneur l'évêque de Meaux.

Au sujet des restes attribués à Antoinette de Chabannes, par le Conseil municipal de Dammartin, dont il est ques-

---

(1) Jean-Frédéric de Chabannes, marquis de Chabannes-Curton et de la Palice.

tion ci-dessus, M. le comte Henri de Chabannes nous dit :
« Il y a erreur : Antoinette de Chabannes, petite-fille du
« comte de Dammartin, épousa René d'Anjou, seigneur de
« Mézières, et mourut âgée de plus de 15 ans; elle dut au
« reste être enterrée à Saint Fargeau qui lui appartenait,
« tandis que Dammartin était alors la propriété de sa sœur
« Avoye, mariée d'abord à Jacques de la Trémoille, puis à
« Jacques de Brizay et qui mourut âgée à Mirebeau. An-
« toine de Chabannes avait eu trois autres petites-filles,
« Anne de Chabannes mariée à Jacques de Coligny et morte
« âgée d'environ 15 ans, et Jacqueline et Anne de Chaban-
« nes mortes jeunes; ce sont, d'après nous, les restes d'Anne
« de Chabannes, dame de Coligny, qui furent retrouvés à
« Dammartin. »

Nous avons vu en effet qu'Antoinette de Chabannes naquit en 1498, se maria en 1506, eut 6 enfants et mourut en
1529, elle vécut donc 31 ans; c'est, selon toute probabilité,
les restes de Madame de Coligny, sa sœur, qui se trouvent
auprès de ceux du Grand-Maître Antoine de Chabannes, son
aïeul, dans l'église Notre-Dame de Dammartin.

Devant les portes du chœur, on voit deux pierres dont les
inscriptions sont à peu près effacées, en tous cas illisibles;
elles indiquaient les tombes d'Adélaïde, fille de Renaud de
Trie, comte de Dammartin en 1320, et de Jeanne de Sancerre, femme de Jean de Trie, comte de Dammartin en 1350.
Ces tombes, que l'on découvrit sous les ruines de l'ancienne
chapelle, ont été conservées dans la collégiale, mais on ne
saurait préciser aujourd'hui le lieu d'où elles sont tirées (1).

On sait qu'autrefois presque toutes les églises avaient des

____

(1) La tradition rapporte qu'on voyait jadis, dans le chœur de cette
collégiale, deux mausolées dans le genre de celui du comte de Chabannes, où ces deux comtesses étaient représentées par des statues
couchées et de grandeur naturelle; ces mausolées, dont l'un était à
droite et l'autre à gauche du sanctuaire, sous la troisième fenêtre à
partir du maître-autel, ont été détruits et leurs pierres ainsi que leurs
statues ont été employées dans les fondations d'une maison voisine.
(V. Offroy. *Histoire de Dammartin.*)

pierres tombales indiquant les sépultures des personnes
marquantes du pays et, parfois, des personnages célèbres.
Malheureusement, vinrent certaines époques où on se désin-
téressait trop de ces pierres vénérées ; si, alors, il s'agissait
de refaire le carrelage d'une église, elles étaient, pour la
plupart, enlevées et souvent employées comme simples pierres de bâtiments ; les inscriptions qu'elles portaient n'étaient
ni respectées ni conservées ; ces inscriptions auraient, de
nos jours, un intérêt historique des plus précieux.

Suivant cette regrettable coutume, la collégiale de Dammartin ne fut pas épargnée de la destruction de la plus
grande partie des pierres tombales qu'elle possédait lorsqu'on
refit le carrelage du chœur et le dallage de la nef.

Au moment de la Révolution, les deux églises, le vieux
château de Dammartin et leurs biens, furent confisqués et
vendus. Plusieurs de ceux qui les tenaient à bail ou à cens
en devinrent propriétaires sans bourse délier. La fondation
du pieux Chabannes fut transformée en une prison ; bientôt
elle fut vendue par le district de Meaux et rachetée par
M. Pierre-Martin Cochu, de Dammartin, qui paya douze
mille francs pour la sauver de la ruine. En 1795, M. l'abbé
Lemire, chanoine de Notre-Dame, racheta cette église à
M. Cochu et le premier osa la rouvrir au culte catholique ;
le 22 mars de cette même année, jour à jamais célèbre dans
les annales de la piété dammartinoise, il y célébra publiquement l'office divin, nulle église alors n'était libre ni disponible en France, celle de Notre-Dame de Dammartin l'était
seule, par les pieux efforts de M. Lemire. Cet abbé qui avait
été pendant dix huit ans attaché comme chanoine à la collégiale de Notre-Dame, desservit cette église devenue paroissiale, pendant vingt-deux ans avec toutes les vertus d'un
bon prêtre.

En 1817, Mgr. de Faudoas, son évêque, l'interdit par suite
d'une indigne conspiration contre lui, et son église, qui était
restée sa propriété, fut fermée ; on poussa la malveillance à
son égard, jusqu'à l'obliger à s'éloigner de Dammartin où

on lui faisait le sot et honorable reproche d'être trop aimé ;
les habitants réclamèrent contre cet acte de criante iniquité,
mais la malveillance les devançait partout, la prévention
régnait contre eux, ils ne furent pas écoutés.

Cette même année, M. Lemire se retira à Versigny, près
de Nanteuil ; il y mourut le 29 décembre 1824, à l'âge de
73 ans. Il fit un testament par lequel il légua son église à la
ville de Dammartin, désirant qu'elle fut çonservée pour le
culte catholique, et il nomma M. Victor Offroy, adjoint au
maire, son exécuteur testamentaire ; mais le testateur avait
des créanciers, ce legs ne pouvait être gratuit et la ville était
obérée, elle refusa. L'exécuteur testamentaire fit des démarches, il intéressa à cette église Madame la Dauphine qui
vint la visiter en 1825, avec plusieurs grands personnages.
Il sollicita la munificence de la cour, elle donna huit mille
francs et par une ordonnance du roi Charles X, en date du
4 juin 1826, le Conseil municipal fut autorisé à accepter et
restaurer cette église. Enfin le 17 septembre 1826, le culte
y fut rétabli par Mgr de Cosnac, évêque de Meaux, originaire de Brive.

L'inscription suivante, gravée en 1827, sur la dalle qui recouvre le mausolée du comte de Dammartin et tout autour
de sa statue, rappelle les principaux faits se rattachant à
l'histoire de cette église depuis la Révolution :

« *Cette église, sauvée en 1793 par P.-M. Cochu, fut ren-*
« *due au culte le XXII mars 1795, par P.-S. Lemire, prê-*
« *tre, et par lui léguée à cette ville le 29 X^{bre} 1824. — LL.*
« *AA. RR. Mgr le Dauphin, Mme la Dauphine (qui la visita*
« *le 19 avril 1825), Mgr le prince de Condé, M. de Chaban-*
« *nes, marquis de la Palisse (1), (parent du fondateur),*
« *M. le chevalier de Fray, ont par leur protection et mu-*
« *nificence contribué au rétablissement de cette église,*
« *accordée par S. M. Charles X, le 6 mai 1826, sous l'épis-*
« *copat de Mgr de Cosnac, évêque de Meaux, et l'adminis-*

---

(1) Jean-Frédéric de Chabannes, marquis de Chabannes-Curton et
de la Palice.

« *tration de M^r le comte de Goyon, préfet de Seine-et-Marne,*
« *et de Mr Kiggen, maire de cette ville, J.-B.-V. Offroy,*
« *adjoint ; Ouverte le 17 X^{bre} 1827.* »

Au sujet de la visite faite en 1825, par Mme la Dauphine, à l'église Notre-Dame de Dammartin, M. Victor Offroy dit dans ses mémoires : « C'était le 19 avril 1825 ; en s'arrêtant « devant le mausolée de M. de Chabannes, Madame la Dau- « phine demanda quelle était la personne qu'il représentait. « Les gentilhommes qui l'accompagnaient ne pouvaient ré- « pondre ; j'étais présent comme exécuteur testamentaire et « comme adjoint : Madame, lui dis-je, c'est cet homme qui « sauva Charles VII d'une conspiration, et Louis XI d'une « trahison. C'est le comte de Chabannes ; nous avons hérité « de lui le dévouement, l'amour pour nos rois, et nous vous « recommandons dans cette église un des plus beaux monu- « ments de sa gloire. — J'y ferai tout ce que je pourrai, me « dit-elle ; et elle tint parole. »

Enfin, le 13 juillet 1856, par les soins de M. Victor Offroy, les restes de M. l'abbé Lemire furent transportés de Versigny à Dammartin. Ce vénérable abbé repose aujourd'hui, et c'est justice, dans l'église Notre Dame de Dammartin qu'il a sauvée, auprès de l'illustre Chabannes qui l'avait fait édifier.

Une plaque de marbre, scellée sur l'un des côtés du sarco-phage d'Antoine de Chabannes, porte cette inscription :

ICI SONT LES RESTES MORTELS DE MESSIRE PIERRE SIMON LEMIRE, ANCIEN CHANOINE ET CURÉ DE CETTE ÉGLISE QU'IL RA-CHETA AU TEMPS DE LA TERREUR, QU'IL ROUVRIT POUR LE CULTE CATHOLIQUE, QU'IL DESSERVIT PENDANT 40 ANS ET QU'IL LÉGUA A LA VILLE DE DAMMARTIN, LEQUEL EST DÉCÉDÉ A VERSIGNY (OISE) LE 29 DÉCEMBRE 1824, A L'AGE DE 73 ANS. CES RESTES ONT ÉTÉ TRANSFÉRÉS ET DÉPOSÉS DANS CE CAVEAU SELON LE VOEU DES HABITANTS QUI ONT VOULU HONORER LA MÉMOIRE ET RECONNAITRE LES BIENFAITS DE LEUR ANCIEN ET VÉNÉRÉ PASTEUR, ET PAR LES SOINS DE M^r LE BARON DE MONTBRUN, MEMBRE DE LA LÉGION D'HONNEUR, PRÉFET DU PALAIS ET MAIRE DE CETTE VILLE, ET DE

Mgr BERTHEMET , CHANOINE HONORAIRE ET CURÉ-DOYEN DE LA PAROISSE, LE 14 JUILLET 1856, SOUS LE RÈGNE DE NAPOLÉON III. H^{ge} RENDU A LA DEMANDE DE Mr VICTOR OFFROY, SON Ex^{teur} TESTAMENTAIRE ET SON ANCIEN ÉLÈVE, AINSI QU'A Mr ÉTIENNE RÉVILLION.

2° LE CHATEAU DE DAMMARTIN

Les seigneurs et comtes qui habitaient le château prenaient le nom de Dammartin, ils sont célèbres dans l'histoire, par leur courage et leurs talents militaires.

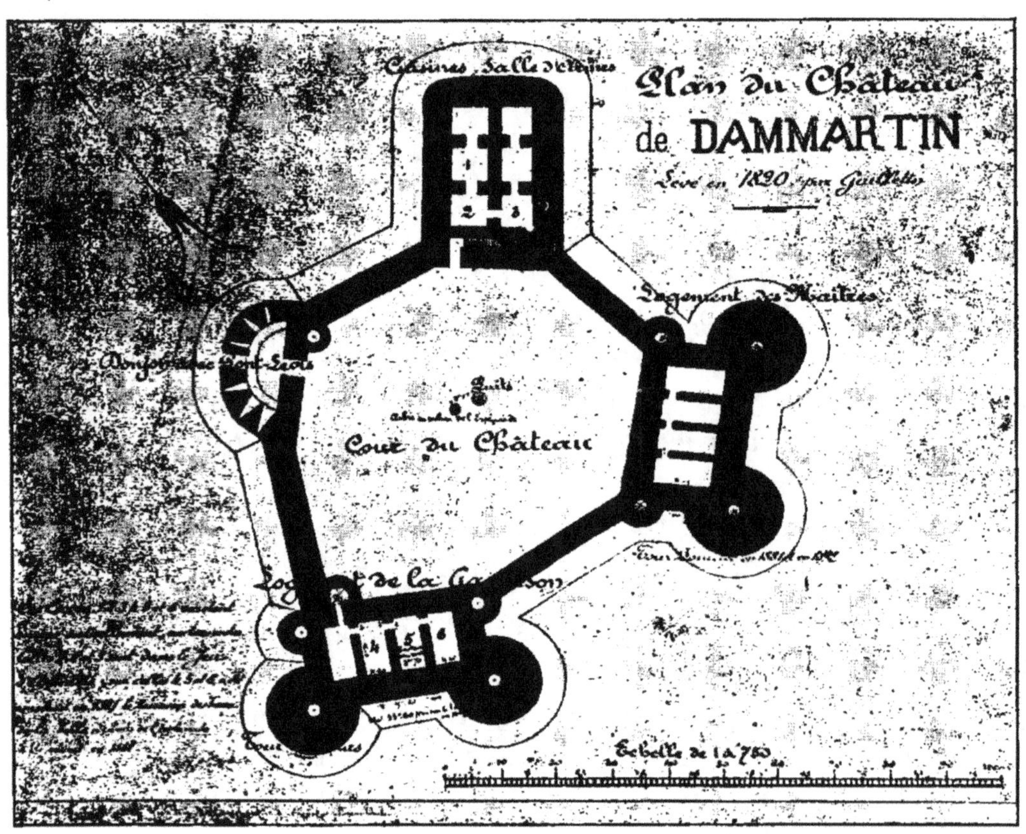

(G. Lemarié, photo.)

Ce château fut un fort des plus considérables de France ; sa fondation se perd dans la nuit des temps ; une chaîne, des médailles, quelques armures à l'usage des Romains trouvées dans ses décombres, font supposer qu'elle remonte au temps des Césars. Il est dit qu'un général commandant une légion romaine arrêta, sous ce fort, Mérovée vainqueur d'Attila.

Depuis le commencement de la monarchie française, le château de Dammartin se trouva en butte aux guerres de tous les temps. En 1031, Manassé, premier comte de Dammartin, s'y retrancha et s'y-battit dans les guerres qu'il soutenait pour la reine Constance contre Henri Ier. En 1112, Hugues II s'y défendit longtemps contre Louis le Gros. En 1183, Philippe d'Alsace, comte de Flandre, l'assiégea et en chassa Albéric II qui en était alors possesseur. A ce moment, le château fut mis au pillage et toutes ses dépendances furent ravagées. En 1214, Renaud de Boulogne, comte de Dammartin, y soutint un long siège contre Philippe Auguste. En 1425, Philippe, duc de Bourgogne, et Bedfort, général anglais, le prirent d'assaut et y mirent une garnison qui y tint pendant cinq ans pour Henri VI roi d'Angleterre. Le 13 août 1429, Charles VII, accompagné de Jeanne d'Arc, arriva jusque sur les hauteurs de Dammartin, avec son armée, pour combattre l'armée anglaise qui se retira sur Mitry; mais ce ne fut que l'année suivante (1430), que Charles VII s'empara définitivement du château; cette même année, il le donna à Marguerite de Nanteuil qui, comme on le sait, porta le comté de Dammartin à Antoine de Chabannes qu'elle épousa en 1439.

A cette époque le château de Dammartin était en fort mauvais état à cause des nombreux sièges qu'il avait eu à subir. Antoine de Chabannes, devenu comte de Dammartin, fit raser complétement les constructions de l'ancienne forteresse, rebâtit son château de fond en comble, suivant les nouvelles exigences stratégiques de son époque, et ne ménagea aucune dépense pour le rendre inexpugnable (1).

Dans son ouvrage sur l'histoire de la maison de Chabannes (2), M. le comte Henri de Chabannes rapporte une cu-

---

(1) *Petite Gazette de Dammartin*, du 27 mars 1892, par E. Lemarié.
(2) « Preuves », t. 2, n° 304, p. 525.

rieuse épitaphe composée au xve siècle à la mémoire du comte de Dammartin et de Marguerite de Nanteuil son épouse, dont nous extrayons le passage suivant :

> *Monseigneur le grand maistre*
> *De Dammartin fut conte. Le chasteau je fis .*
> *Cent et onze mil francs me cousta. Pour mon fils,*
> *De Saint-Fargeau fis faire le chasteau semblablement ;*
> *Des francs, quatre vingt et mil me cousta clairement,*
> *Pour le roy mon bon maistre, Charles septième*
> *Deux collèges fonday, pour son âme et la mienne.* (1)

Le château de Dammartin, rebâti par Antoine de Chabannes, formait un octogone irrégulier ; il occupait une superficie d'environ 13.000 mètres carrés et présentait, dans sa masse, l'ensemble d'une construction magnifique et d'une citadelle formidable ; de doubles murs construits de briques, de moëllons et de ciment, bordés de larges fossés, enfermaient son enceinte ; chacun de ses angles était flanqué de deux tours ; ses revêtements, ses escarpes bâtis en grès, percés de quatre poternes et dans l'épaisseur desquels on avait pratiqué un couloir secret, descendaient dans les fossés à plus de douze mètres de profondeur ; un chemin de ronde, établi à la base des murailles, contournait les remparts et les tours ; un second chemin de ronde, plus élevé que le premier, se trouvait au-delà des fossés ; ses bastions, ses redoutes, ses courtines, ses énormes portes de fer, ses deux ponts levis offraient dans leur solide dimension l'aspect le plus imposant ; son vaste donjon dominait la contrée, c'était l'entrée du château, il était percé de meurtrières, on y arrivait

---

(1) Saint-Fargeau doit aussi à Antoine de Chabannes de beaux édifices. En outre du château (dont il est question dans l'épitaphe ci-dessus) qu'il reconstitua en 1467, il fonda un hôpital et fit agrandir et réparer l'église que la famille de Bar avait fondée et dont les guerres anglaises avaient arrêté l'achèvement ; il y institua un collège de chanoines comme à Dammartin ; nous avons vu, d'autre part, que Marguerite de Nanteuil, sa femme, et Jean de Chabannes, son fils, y furent inhumés.

par un pont-levis vers le couchant, la porte s'ouvrait sur
une petite cour, espèce de guichet, dont les herses de fer
fermées par un secret étaient les huis ; de ce guichet on
montait dans le donjon et l'on passait dans la grande cour
de l'intérieur. Là était un manége pour les chevaux, un
puits de 28 mètres de profondeur ; ce puits très large et solidement construit en pierres de taille fut retrouvé et vidé
lors des fouilles pratiquées en 1881. Au milieu de la grande
cour était un lieu destiné à la sépulture des maîtres du
château ; les corps étaient enfermés dans des cercueils en
plâtre de 80 à 90 millimètres d'épaisseur, rangés les uns
près des autres. Lorsqu'en 1810 on ouvrit ces cercueils, on
y trouva des squelettes entièrement desséchés et une vieille
armure. Au nord étaient les bâtiments servant de cuisines,
de salles d'armes et d'écuries. On y voyait des salles profondes, communiquant les unes dans les autres, hardiment cintrées en briques et où l'on avait scellé de gros anneaux de
fer ; au-dessous étaient des conduits souterrains et des caves
prenant jour sur les fossés par de longs soupiraux (trois de
ces caves existent encore aujourd'hui). A cet endroit se trouvait aussi un puits qui fut retrouvé vers 1902. Au moment de
sa découverte, ce puits, très profond et très large, construit
en pierres de taille, était encore dans un bel état de conservation. La municipalité en fit aussitôt réparer l'orifice pour
le rendre utilisable. Vers l'orient, au lieu dit aujourd'hui
place Lavollée, était le logement des comtes. On y entrait
par une grande porte donnant sur la cour et faisant face au
donjon ; cette porte, dont il y a un siècle on en voyait encore
les débris, avait dans sa forme et sa sculpture beaucoup de
ressemblance avec celle de l'église de Notre-Dame ; ce bâtiment, surmonté de deux tours, était couvert en ardoises.
On y remarquait une grande salle à fenêtres cintrées et
sculptées en style gothique.

Au midi était la grosse tour, dite des lilas, parce que, vers
la fin du xviiie siècle, une touffe de lilas fleurissait sur ses
ruines qu'elle ornait de son épais feuillage ; cette tour qui
commandait le pays, était flanquée de bastions et couronnée

de créneaux; un escalier en pierres de taille faiblement éclairé par des ouïes ou lucarnes, descendait du sommet dans quatre salles creusées jusque sous ses fondations, (trois de ces salles existent encore aujourd'hui, la quatrième est remplie de décombres); on y voyait des prisons dites oubliettes ou culs de basse fosse, des souterrains secrets communiquant d'une tour à l'autre, serpentant en tous sens sous le massif pierreux de ce fort et s'enfonçant au loin dans les campagnes environnantes. On trouva, dans les débris de cette tour, des ossements humains et des boulets de canon.

Ces quatre corps de bâtiments étaient unis entre eux par des remparts en briques hauts de 18 mètres au-dessus des fossés, et de 8 mètres d'épaisseur; les fossés larges de 20 mètres, formaient autour du château un cercle d'un kilomètre environ, leurs talus extérieurs, dont la pente se prolongeait sur les flancs inclinés de la montagne, étaient couverts de grands arbres que dominaient les remparts. Les lieux dits aujourd'hui le Clos Richard, le Bois du Jarre, la Tuilerie, la Garenne, Gèvres, la Corbie, la Halle, Notre-Dame, l'Hôtel-Dieu, étaient dépendants du château; l'espace compris vers le nord entre les fossés et les jardins de la Garenne, était destiné pour les tournois et jeux de bagues auxquels les comtes de Dammartin invitaient les seigneurs et chevaliers de la contrée, de là le nom de rue des Bagues que porte encore aujourd'hui la rue qui y conduisait.

Quand la poudre fut connue, on l'employa contre ce château, mais sa masse était tellement compacte qu'elle fut inébranlable à tous les efforts de la mine et du boulet; il est un de ceux qui ont le mieux résisté au choc de nos guerres intestines; il n'entrait ni bois ni fer dans sa construction, tous ses logements étaient voûtés en briques; les énormes murs de ses caves et souterrains avaient des fondations dont on n'a pu encore atteindre la profondeur. Aujourd'hui que le temps et les révolutions l'ont enfin ruiné, ce qui reste de ce fort, étonne encore les curieux par le massif de sa base et la dureté de son ciment.

En 1590, Henri IV assiégea ce château et le prit par la

famine. En 1650, le maréchal de Turenne s'y posta avec trois mille hommes de cavalerie et plusieurs pièces d'artillerie; il combattait dans les guerres de la régence et soutenait alors Anne d'Autriche, mère de Louis XIV, contre le Grand Condé. Mais déjà ce château avait perdu de sa splendeur et de sa solidité; à la mort de Henri II de Montmorency (1632), il avait été, par arrêt du Parlement, confisqué au profit de la couronne. La noblesse de ses comtes l'avait fait surnommer le noble château (1). Richelieu en fit sauter une partie, mais les murs principaux, résistant à l'emploi de la mine, se crevassèrent sans tomber; ce qui donna lieu à un dicton assez gaulois : « Voyez le château de Dammartin; il crève de « rire » (2).

Une légende veut qu'au moyen-âge, de longs souterrains faisaient communiquer le château de Dammartin avec celui de Nantouillet (3). Nous la croyons peu fondée. Le beau château de Nantouillet, dont il reste encore une partie remarquable, fut bâti vers 1525, sur les ordres du Cardinal-Chancelier de François Ier, Antoine Duprat, qui y termina ses jours le 9 juillet 1535, à l'âge de 72 ans. Il se peut que le château du Cardinal Duprat fut élevé sur l'emplacement d'un ancien manoir féodal qui existait, dans ce village, avant le xvie siècle, et duquel des souterrains auraient pu s'étendre jusqu'à Dammartin, mais l'histoire de Nantouillet n'en fait pas mention. Quoi qu'il en soit, la construction de ces prétendus souterrains eut nécessité des travaux fort importants dont on devrait, aujourd'hui encore, retrouver facilement la trace (4).

---

(1) L'un des écrivains du xie siècle, Guillaume Lebreton, nommait le château de Dammartin, le noble château.

« *Nobile castellum dominum martini rebus spoliatur opimis.* »

(2) Ces paroles ont été attribuées au maréchal de Bassompierre à qui fut confiée la garde du château en 1632

(3) Nantouillet, commune du canton de Claye-Souilly (Seine-et-Oise), située à 8 kilomètres au sud de Dammartin.

(4) Notons en passant que l'église de Nantouillet, l'une des plus intéressantes de la région, bâtie également sur les ordres du Cardinal

Notre érudit dammartinois, M. E. Lemarié, dans une brochure très intéressante, qu'il a publiée sur le château de Dammartin, exprime son doute quant à l'existence du fait rapporté par la légende que nous signalons, et il ajoute qu'il

ETAT ACTUEL DES RUINES DU CHATEAU DE CHABANNES
(PAVILLON DE LA GARNISON)

(G. Lemarié, photo.)

ne croit pas devoir accorder plus de crédit au passage d'une dissertation de l'historien Afforti, qui dit, en parlant du palais mérovingien de Ver *(Palatium Vernum)* (1) : « C'est mesme une tradition dans le pays qu'il y a un chemin voûté

Duprat, possède une très belle châsse limousine du XIIIe siècle. Cette châsse, classée, représente sur les côtés, plusieurs scènes de la passion du Christ et, sur le haut, quelques scènes de la vie de la Sainte-Vierge. La ténacité est restée telle qu'elle était quand on l'a faite, ce qui prouve sa beauté. A l'intérieur, sont enfermées les reliques de saint Roch. (Renseignements obligeamment fournis par M. l'abbé Liaigre, curé de Nantouillet.)

(1) Ver, commune du canton de Nanteuil-le-Haudouin (Oise), située à 6 kilomètres au nord de Dammartin.

sous terre depuis ce village jusqu'au château de Dampmartin ». Ce qu'il y a de certain, conclut M. Lemarié, c'est que les fouilles pratiquées jusqu'ici pour découvrir les souterrains, n'ont pas donné de résultat.

On pourrait dire aujourd'hui qu'il y a, depuis peu d'années, non pas un chemin voûté sous terre, mais une petite galerie souterraine depuis le village de Ver jusqu'au château de Dammartin. Cette petite galerie n'est qu'une conduite d'eau.

Il existe à Ver un puits artésien dont les eaux, d'une limpidité parfaite, sont recueillies par une machine à vapeur très puissante, installée à l'orifice du puits. Cette machine refoule ensuite les eaux dans des tuyaux qui, placés sous terre, longent la route et viennent aboutir au château de Dammartin. Les eaux y sont alors reçues dans des réservoirs situés sur les ruines très élevées de l'ancien pavillon de la garnison, pour se répandre enfin par toute la ville.

Lorsqu'il s'est agit de trouver un endroit propice à l'installation des réservoirs, on songea d'abord à les placer sur les ruines du pavillon des comtes. Mais, aux premiers coups de pioche des terrassiers, le sol s'effondra et mit à jour un escalier en spiral, construit solidement en briques, et, à côté, une salle à moitié remplie de terre. Cet emplacement n'ayant pas été jugé suffisamment solide, on combla le vide et on nivela le terrain. Le pavillon de la garnison, sondé ensuite, sembla devoir donner plus de sécurité, et, après d'importants travaux qui firent découvrir de larges voûtes qu'il fallut ensuite détruire, on y plaça les réservoirs (1). Cette ingénieuse installation fut inaugurée, par une fête locale, en 1882. Jusque là, Dammartin n'était alimenté que par des puits ordinaires et des fontaines dont les eaux étaient plus ou moins potables.

Nous avons vu, en 1881, lorsqu'elles étaient à découvert,

---

(1) On avait d'abord construit des réservoirs cimentés appuyés sur les vieux murs, mais ceux-ci s'étant crevassés, on dut avoir recours aux réservoirs en tôle que l'on voit aujourd'hui.

ces nobles ruines, témoins antiques des faits, si glorieux parfois, déroulés dans ce pavillon des comtes. C'était là qu'aux temps des splendeurs de ce logis, vivaient ces puissants seigneurs, héroïques guerriers, intrépides défenseurs, et, quelquefois, terribles rivaux de leur roi. C'était là qu'en 1430, après en avoir chassé les Anglais qui tenaient le place depuis cinq ans, Charles VII restituait le comté de Dammartin à Marguerite de Nanteuil. C'était là que, plus tard, Antoine de Chabannes, ancien compagnon de Jeanne d'Arc et devenu comte de Dammartin, recevait Louis XI et sa cour. C'était là aussi que, le 31 décembre 1593, Henri IV, accompagné de son fidèle Sully, recevait les échevins et quelques notables habitants de la ville de Meaux, venus pour lui faire hommage des clefs de leur cité. Ecoutons ces fragments d'un poème touchant ces évènements, que nous trouvons dans les œuvres de notre poète dammartinois (1) :

. . . .

Dans le fort s'étendait une profonde salle
Où de ce fief jadis la province vassale,
Dans les mains de son chef avait souvent prêté
Le court serment d'hommage et de fidélité :
Là, Charles VII, vengé par sa brave amazone,
Avait au fier Bedfort disputé sa couronne.
Dans ces murs où le lys brillait, en or tracé,
Sous un riche lambris un trône était dressé ;
On voyait à l'entour flotter sur les murailles
Les drapeaux des ligueurs conquis en cent batailles ;
C'était là que Bourbon, de sa cour escorté,
Attendait des Meldois le premier député.

Et combien d'autres souvenirs historiques rappellent cette enceinte. Nous pouvons déplorer aujourd'hui, que ces vestiges, si précieux pour l'histoire, aient été recouverts. Leur complet dégagement, en les offrant à la vue des visiteurs, n'auraient fait que rendre plus admirable à celle-ci, l'aspect pittoresque des belles promenades du château. Nous nous

---

(1) Victor Offroy ; *Mes dernières glanes.*

hâtons d'ajouter que nous ne formulons, ici, aucune critique, n'étant pas qualifié pour juger si ces travaux étaient réalisables ; la municipalité y a songé sans doute et, peut-être, s'est-elle trouvée devant certaines difficultés que nous ignorons.

ÉTAT ACTUEL DES RUINES DU CHATEAU DE CHABANNES
(PAVILLON DES COMTES)

(G. Lemarié, photo.)

Dans leur état actuel, ces ruines boisées ont au moins servi récemment, en des jours tragiques. Leur belle position stratégique fut des plus utiles lors de la glorieuse victoire de la Marne. Sur le sommet des vieilles murailles était dressé un poste d'observation qui rendit les plus grands services. Dans les bois environnants, était dissimulée l'artillerie qui faisait bonne garde, tandis que les troupes appartenant à la 6me armée française, massée autour du vieux château, étaient bien placées pour guetter l'avance de l'armée ennemie. C'est de là que le 5 septembre 1914, à midi, ces vaillantes troupes s'élancèrent sur les envahisseurs qui, surpris dans les plaines au pied de la falaise et refoulés par notre armée, en jonction avec les troupes anglaises, nos fidèles alliées d'aujourd'hui, obliquèrent au Sud-Est, abandonnant leur marche rapide sur la capitale qui fut ainsi sauvée. Ces préliminaires de la victoire de la Marne, donnent un intérêt de plus aux vestiges féodaux sur lesquels plane encore l'ombre d'un compagnon de Jeanne d'Arc, la libératrice.

Le comté de Dammartin était un fief noble, dont les possesseurs n'en devaient hommage qu'au roi ; les biens directs qui en dépendaient étaient considérables ; ils consistaient en terres et bois, qui s'étendaient dans un cercle de plus d'une lieue.

Les seigneurs et comtes de Dammartin tenaient un rang élevé à la cour, ils étaient hauts justiciers dans leurs fiefs ; ils avaient des vassaux, des hommes-liges et des hommes d'armes pour leur service. Après la guerre du Bien Public, Antoine de Chabannes y entretenait cent lances.

Nous donnons ici un tableau généalogique, aussi précis que possible, des anciens seigneurs et comtes de Dammartin avant et jusqu'à 1439, année où ce comté devint la possession d'Antoine de Chabannes par suite de son mariage avec Marguerite de Nanteuil, comtesse de Dammartin.

Les premiers seigneurs de Dammartin, dont parle notre histoire, furent les comtes de Vermandois qui vivaient vers l'an 930. Il paraît cependant que Dammartin ne fut érigé en comté que sous Hugues Ier, roi de France, qui le possédait au xe siècle. Mais on ne peut toutefois donner la suite de ses comtes qu'à partir du xie siècle.

Manassé, fut le premier comte de Dammartin vers 1028 ; il se ligua avec les plus puissants seigneurs du royaume, pour Constance, veuve du roi Robert, contre Henri Ier, roi de France. Il fut tué au siège de Bar-le-Duc en 1037.

Lancelin, sire de Ham, succéda à Manassé.

Hugues, premier du nom ; il se battit pour Philippe Ier contre Guillaume le Conquérant et fut fait prisonnier de guerre par ce dernier. Les bénédictins du couvent de Saint-

Michel lui ayant payé sa rançon, il leur donna en reconnaissance la belle église de Saint-Leu d'Esserens (Oise) qu'il avait fait bâtir et qui existe encore aujourd'hui. Il mourut en 1082.

Pierre, fils aîné du précédent, est dit comte de Dammartin, vers 1100.

Hugues II, frère du précédent, eut le comté de Dammartin au préjudice de ses neveux. Il eut à se défendre fortement contre Louis le Gros qui vint assiéger le château vers 1112. Hugues II mourut en 1130. Il eut de Rotwilde, son épouse, Aldéric qui suit :

Aldéric Ier épousa en secondes noces Amicie de Beaumont, comtesse de Leycester en Angleterre. En 1155, Louis VII le fit chambrier de France en reconnaissance des services importants qu'il en avait reçus. Il mourut en 1181.

Aldéric II, fils du précédent; il épousa Mahaut de Trie, dont il eut deux fils et trois filles. Le comte de Flandre ayant assiégé le château de Dammartin et s'en étant emparé, Aldéric se réfugia en Angleterre et mourut à Londres en 1200. Philippe Auguste qui avait reprit le château sur le comte de Flandre, le donna, en 1197, à Renaud qui suit, fils d'Aldéric II.

Renaud Ier épousa en secondes noces Ides, fille aînée de Mathieu de Flandre, comte de Boulogne, et devint par ce mariage l'un des plus puissants seigneurs du royaume. Il se joignit à Jean-sans-Terre et combattit contre son prince et son pays. Il fut pris à la bataille de Bouvines; Philippe Auguste le fit enfermer à Péronne, son comté de Dammartin fut confisqué et donné à Philippe de France, son gendre, qui suit :

Philippe de France, dit le Hurpel ou le Rude, fils du roi Philippe Auguste, épousa Mahaut de Boulogne, fille unique du précédent, en 1216. Il n'eut point d'enfant mâle et mourut en 1233. Mahaut de Boulogne, sa veuve, se remaria en 1235, à Alphonse III, roi de Portugal, qui la répudia en 1246; elle mourut en 1258. Il paraît que Louis IX donna le comté de Dammartin à Renaud qui suit :

Renaud Simon, frère de Renaud Ier, ne dut posséder que peu de temps ce comté; il fut père de Jeanne, comtesse de Ponthieu, qui épousa le roi Don Ferdinand de Castille.

Mathieu de Trie devint comte de Dammartin en 1262. Il réclama ce comté à Louis IX, qui le lui donna, comme y ayant droit par sa mère Alixe, sœur de Renaud Ier. Il épousa Marsilie de Montmorency et mourut en 1275.

Jean Ier de Trie, dit Guillebard, neveu du précédent, épousa en premières noces Ermangarde, et en secondes noces Yolande de Dreux, dont il eut plusieurs enfants. En 1282, il accompagna le roi Charles en Sicile; il servit Philippe le Bel dans la guerre de Flandre et fut tué à Mons le 18 août 1304.

Renaud III de Trie, fils du précédent, fut fait chevalier par Philippe le Bel en 1313. Il épousa Philippine de Beaumont et mourut en 1319.

Renaud IV de Trie, fils du précédent, épousa Hyppolite de Poitiers, fille d'Aymar, comte de Valentinois, et mourut sans enfants mâles en 1327.

Jean II de Trie, frère du précédent, épousa Jeanne de Sancerre dont il eut Charles de Trie qui suit, et Jacqueline de Dammartin qui épousa, en 1350, Jean de Châtillon, comte de Porcéan.

Charles de Trie, fils du précédent, devint comte de Dammartin en 1337.

Blanche de Trie, fille unique de Charles de Trie, devint comtesse de Dammartin après 1394 et légua tous ses biens aux Châtillon, descendants de sa tante Jacqueline de Trie, sœur de son père, mariée, comme on l'a vu plus haut, à Jean de Châtillon.

Marguerite de Chatillon, fille de Jacqueline de Trie et de Jean de Châtillon, épousa Guillaume de Fayel, vicomte de Breteuil.

Jean de Fayel, fils des précédents, fut comte de Dammartin après 1406 et mourut sans enfants en 1420.

Marie de Fayel, sœur du précédent, devint héritière du comté de Dammartin qu'elle porta à son époux Renaud de

Nanteuil, seigneur d'Acy ; mais comme celui-ci avait embrassé le parti du dauphin, Charles VI confisqua sur lui ce comté que plus tard il donna à Antoine de Vergy, seigneur de Champlite. Antoine de Vergy obtint le comté de Dammartin comme y ayant droit par Jean de Vergy son père, petit-fils de Mahaut de Dammartin, femme d'Albéric II.

En 1425, ce comté lui fut confisqué par Philippe, duc de Bourgogne, allié à Henri VI, roi d'Angleterre, et le château fut occupé par une garnison anglaise. En 1430, Charles VII reprit ce château sur les Anglais et le donna à Marguerite de Nanteuil, fille de Renaud de Nanteuil et de Marie Fayel, laquelle, comme on le sait, porta le comté de Dammartin à Antoine de Chabannes qu'elle épousa en 1439 (1).

A l'époque de la Révolution, le vieux château fort fut vendu. En 1810, M. Lavollée, qui était maire de Dammartin, en acheta la place et les ruines, il fit fouiller ses décombres, et c'est alors qu'on y trouva des pièces de monnaie frappées en différents siècles, quelques vieilles armures et des cercueils en plâtre renfermant des squelettes qu'on a présumé être ceux des anciens comtes du pays ; une inscription gravée sur une pierre de ces tombes était tellement martellée qu'on n'en put déchiffrer un seul mot.

M. Lavollée fit niveler ce terrain et y traça de belles promenades (2), il voulut que chaque habitant y planta lui-même l'arbre qui devait ombrager sa postérité. Le 2 décembre 1810, à l'issue d'une cérémonie religieuse faite pour l'anniversaire du couronnement de Napoléon et de la bataille d'Austerlitz, le Conseil municipal, accompagné de la compagnie de pompiers et suivi de toute la population du pays, se rendit sur les nouvelles promenades pour y planter les pre-

---

(1) Les armes de la maison de Nanteuil étaient : « de gueules à six fleurs de lys d'or, posées 3, 2 et 1 » ; celles de la maison de Fayel étaient : « d'argent au sautoir de gueules accompagné de quatre merlettes de même ».

(2) En 1816, M. Lavollée céda ces promenades à la ville pour la somme de 40.000 francs.

miers arbres destinés à en faire l'ornement, tout le monde
l'imita, et cette plantation qui se fit au son de la musique,
et aux joyeux refrains d'une chanson patriotique, fut une
fête pour le pays.

ASPECT DES RUINES DU CHATEAU DE CHABANNES, A DAMMARTIN
VERS 1810, D'APRÈS UN DESSIN DE L'ÉPOQUE
(G. Lemarié, photo.)

Aujourd'hui ces arbres, plus que centenaïres, plantés régulièrement sur les ruines du château de Chabannes, en
dessinent encore les contours. Dans les anciens fossés sont
installés actuellement, dans un beau décor de verdure, un
jeu d'arc, un jeu d'arbalète et un jeu de tennis. C'est là
aussi que tous les ans, au mois d'août, se tient la fête du
village.

Si les ruines du château de Dammartin, où mourut Antoine de Chabannes, présentent à l'heure actuelle un aspect
grandiose, il n'en est malheureusement pas de même du
château de Charlus-le-Pailloux, en Limousin, où il est né.

« Ce château, nous dit **M.** le comte H. de Chabannes, réédi-
« fié en 1289 par Ebles III de Chabannes, était ruiné et
« inhabitable en 1552, ce qui força Joachim de Chabannes,
« le 10 octobre de cette année, à transporter de Charlus, sur
« Saignes, chef-lieu de canton (Cantal), le douaire de Char-
« lotte de Vienne, sa 4ᵉ femme. Charlus appartenait encore,
« en 1600, à François de Chabannes, comte de Saignes,
« mais en 1759, il n'existait guère du château que quelques
« pans de murs. Deux magnifiques cheminées en bois sculpté
« et doré, provenant de l'ancien château de Charlus, sont
« conservées au château de Vals, près Bort (Corrèze) ».

M. le comte de Selve de Sarran, dont la propriété, le château de la Ganne, est située tout proche, nous a donné très
obligeamment des renseignements sur l'état actuel des ruines du château de Charlus : « Ses ruines, nous dit il, (1) dont
« il reste bien peu de choses, se trouvent sur la commune
« de Saint-Exupéry (ma commune) et à 3 kilomètres environ
« de mon habitation, le château de la Ganne, dont j'ai hérité
« de mon vénéré père en 1910. Ce devait être certainement,
« aux xiᵉ et xiiᵉ siècles, une très importante forteresse, piquée
« sur un promontoire une sorte d'éperon à pic dont les pen-
« tes excessivement raides dévalent sur la vallée de la
« Diège, entre le Pont-Rouge et le village de La Viallette
« et sur la route départementale actuelle d'Ussel à Bort par
« la Serre et Saint-Victour. Toutes ces pentes et le piton
« sur lequel sont juchées les ruines de Charlus sont boisés
« et fort difficiles d'accès actuellement, mais au milieu de
« ce bois on distingue encore fort bien trois tours d'angles
« rasées aux trois quarts de leur hauteur et reliées par des
« pans de mur d'enceinte fortement enchassées dans le
« rocher. La partie qui devait être l'entrée, du côté du plateau,

------

(1) M. le comte Guy de Selve de Sarran, major de la place de Gué-
rêt, est depuis lors tombé au champ d'honneur, en septembre 1914, à
la tête de son bataillon du 78ᵉ de ligne. Correspondant du Groupe
d'Etudes limousines à Paris, ce vaillant officier s'intéressait au passé
du pays limousin, berceau de sa famille. Nous devions saluer, ici, sa
mémoire terminée par une mort héroïque.

« est la mieux conservée ; là s'élève un mur qui a bien encore
« cinq à six mètres de haut sur quinze de large et épais de
« trois mètres avec un grand trou au milieu, était-ce la porte
« où aboutissait le pont-levis ? Mais le périmètre de la forte-
« resse de l'époque devait s'étendre sur trois à quatre cents
« mètres. On peut encore suivre au milieu des broussailles
« les traces de cette enceinte qui devait être un vrai nid
« d'aigle, un petit Crozant (1), barrant à cet endroit la vallée
« de la Diège. De l'intérieur du château, rien. Je ne connais
« aucune reproduction des ruines actuelles de Charlus, pas
« même de cartes postales ; elles seraient du reste bien diffi-
« ciles à reproduire par suite du bois et des broussailles qui
« ont tout envahi ».

D'autre part, M. Martial Audy, d'Ussel, propriétaire actuel
du terrain sur lequel se trouvent les ruines de Charlus nous
dit : « Il y aurait des fouilles importantes à faire dans les
« ruines de ce château, lequel a dû être brûlé et n'a plus
« été touché depuis. On y a trouvé, il y a une vingtaine d'an-
« nées, en enlevant des pierres pour une construction, un
« Christ d'une trentaine de centimètres de long, en or, et
« une louche également en or, lesquels auraient été cédés à
« vil prix à quelqu'anticaire de Clermont ».

Peut-être un jour, se trouvera-t-il un émule de M. Lavollée qui, groupant autour de lui quelques compatriotes
Saint-Exupériens, enthousiastes de l'histoire de leur pays,
entreprendra, de concert avec eux, de dégager ces nobles
restes de la végétation sauvage qui les a envahis, et d'en
faire, comme à Dammartin, de belles promenades où les
habitants du pays viendraient se récréer et se reposer des
fatigues de leur travail.

Ces vieilles pierres, ainsi vénérées, leur raconteraient
l'histoire de ce château fameux dont elles faisaient partie.
Elles leur parleraient des héros qui y sont nés, qui y moururent. A leur vue, leur imagination pourrait se représenter

____

(1) Ancien château fort, en Creuse, dont les ruines sont encore très
imposantes.

la vie que les maîtres d'une semblable forteresse et leurs
gens d'armes menaient dans ces sombres murs, les fêtes qui
venaient en distraire la monotonie et, aussi, les luttes épi-
ques qu'ils y soutenaient. Elles leur rappelleraient, enfin,
que ces hommes, par qui elles furent défendues, au temps
lointain où, sur la pourpre du soleil couchant, leur masse
puissante se détachait sombre et menaçante pour les ennemis, elles leur rappelleraient que ces rudes ancêtres ont
contribué, pour leur part, à la grandeur de la France. Ils se
sentiraient ainsi solidaires des siècles passés et le sentiment
que leur honneur est engagé à conserver intact le patri-
moine légué par eux serait plus vif dans leur cœur.

Notre vœu enfin, serait de pouvoir dire, du château de
Charlus le-Pailloux, ce que notre vieil ami, M. Victor Offroy
a dit, dans un accent de beau lyrisme, du château de Dammartin : « Là tout est plein de souvenirs historiques ; sur
les débris de ces tours, de ces remparts, des jeux innocents
ont succédé aux horreurs de la guerre. Le flageolet résonne
où grondait la bombe, l'enfant joue où combattaient ses pères,
et sous ces beaux arbres qui enferment d'un cercle de verdure le vieux manoir des Chabannes, le vieillard vient sou-
rire aux divertissements de la jeunesse qui lui rappellent
les beaux jours de son printemps. »

H. NOEL-CADET.

HISTOIRE D'UNE FAMILLE BOURGEOISE
DEPUIS LE XVIe SIÈCLE

AVANT PROPOS

Le livre de famille des Maruc et des Froment

Le livre sur lequel les membres de la famille Maruc-Froment ont écrit leurs affaires domestiques est un gros et grand in-8°, relié en basane noire. Il a été commencé des deux côtés et contient, vers le milieu, trente-deux feuillets blancs. Les feuillets 146 à 177 ont été coupés à une époque qui n'est pas très ancienne à en juger par l'écriture dont ils étaient couverts et dont il reste quelques traces vers la couture des feuillets; cette mutilation est du fait d'un des rédacteurs du livre car la notice qui occupe le verso du feuillet 145 se continue sans interruption sur le recto du feuillet 178. Nous avons donc ce manuscrit dans l'état même où il était quand il sortit de la maison des Froment de Champlagarde.

C'est au mois de juin 1580 que le livre a été ouvert et que la première mention y a été inscrite. Le chef de la famille était alors Me Martin de Maruc, avocat. Sur les feuillets 211 et 212 on lit le récit de deux guérisons miraculeuses qui datent des années 1835 et suivantes; ces derniers événements paraissent tout à fait étrangers à la famille Froment de Champlagarde qui possédait le registre à cette époque.

Entre les années 1580 et 1835 sept générations se sont transmis le livre de main en main et l'ont tenu de façon différente. Martin de Maruc et son fils Pierre n'y ont guère rapporté que les naissances de leurs enfants et transcrit que les baux à métayage de leur petit domaine du Chastang dans la commune de Bar. Pierre-Anne, fils de Pierre, a continué la tradition; mais nous lui devons, en outre, l'œuvre principale du registre, une Chronique Tulloise qui relate avec précision tous les événements locaux dont il a été le témoin de 1639 à 1702. Nous avons publié séparément cet intéressant chapitre d'histoire parce qu'il forme un tout distinct et n'a aucun rapport avec les mentions relatives aux choses de la famille.

Après Pierre-Anne de Maruc, le livre passe à sa fille aînée Jeanne, qui avait épousé François Froment. La part de rédaction due à François Froment et à son fils Pierre-Anne Froment est peu appréciable.

Avec Joseph Froment, fils de Pierre-Anne, on pouvait espérer un récit plus suivi et plus complet. Il entreprit, en effet, un « Journal des principales époques de la vie de Joseph Froment, écrites par luy-même. » Sa contribution est malheureusement peu importante, et l'autobiographie, qui aurait été intéressante étant donné le rôle important qu'a joué le personnage, se borne à quelques renseignements sans valeur historique sur sa première enfance et à quelques menues indications sur les membres de la famille. Jeune encore, il quitta Tulle. Le livre domestique fut fermé et ne se rouvrit qu'au commencement du xixe siècle. Son fils, Jean-François, ne parait pas y avoir collaboré; son petit-fils Joseph-Basile-Louis, né en 1805, y a écrit un certain nombre de notices sur ses parents et ses oncles.

Telle est la composition du livre des Maruc et des Froment de Champlagarde, composition hétéroclite, recueil de notes généalogiques, de titres de famille, de biographies, avec le chapitre d'histoire locale que nous avons cru pouvoir en détacher. On y chercherait vainement des renseignements sur le prix des denrées, les louages d'ouvrage ou de maison, l'économie domestique, la vie familiale, l'habillement et l'alimentation. Les incidents journaliers, les fêtes intimes ou publiques n'y tiennent aucune place. Nous n'y trouvons pas davantage le témoignage des phénomènes atmosphériques, des intempéries, des maladies générales qui émouvaient nos ancêtres et qui sont notés avec tant de soin dans la plupart des livres de raison,

Aussi n'est-ce pas, à proprement parler, un Livre de raison. Il entre bien dans cette catégorie de registres domestiques, puisqu'il nous donne la filiation de la famille; mais il est plus que cela. Il contient, en effet, des copies ou des résumés d'actes de baux, d'achats, de ventes, de partages et de règlements qui en font comme le Chartrier d'une maison bourgeoise; il contient enfin des notices biographiques et nécrologiques des personnages les plus marquants, qui en font le Livre d'or de cette maison.

Malgré ses lacunes, il nous a paru pouvoir faire l'objet d'une publication. Nous n'avons pas l'intention d'en donner une reproduction littérale qui serait fastidieuse et inutile, ni même une analyse qui ne laisserait qu'une maigre contribution à l'histoire de Tulle et de ses habitants. Nous croyons, qu'on peut en tirer le tableau d'une famille de bonne bourgeoisie, fidèle à ses traditions, attachée aux mœurs de son temps et de sa province, s'élevant graduellement, brillant enfin, sur un plus grand théâtre, par l'intelligence, les qualités morales, l'esprit de justice et le dévouement à la chose publique de quelques-uns de ses enfants.

La bourgeoisie limousine a donné de nombreux exemples d'une semblable poussée dans le xvi° siècle et les siècles suivants. Les Maruc et les Froment ne sont donc pas une exception; mais nous les connaissons mieux que d'autres, grâce à leur livre de famille. C'est dans ce livre que nous puiserons la plus grande partie de nos renseignements; quelques détails biographiques nous viendront d'autres sources.

1

La Famille

Les Maruc, de Tulle, doivent tirer leur nom et leur origine du lieu de Maruc, ancien repaire de la paroisse de Sarran. D'après M. Champeval, quelques membres de cette famille y résidaient encore pendant le xviie siècle (1). A quelle époque s'établirent-ils à Tulle ? Nos documents ne nous l'apprennent pas; mais nous savons que, dès le milieu du xvie siècle, Julien était fixé dans cette ville et y tenait un commerce.

Julien est le plus ancien des Maruc dont il soit question dans le registre domestique. Nous ne connaissons ni la date ni le lieu de sa naissance. Dans deux actes de vente et un acte de ratification, en date de 1608 et 1613, il est qualifié « feu noble Julhen de Maruc en son vivant écuyer, sieur de Viers. » Noble aussi est dit un de ses fils, Guillaume « quand vivoit sieur de Saint-Germain » ; noble enfin un fils de Guillaume, Jean de Maruc, « écuyer sieur de Champlagarde. » Il ne faut pas se fier à ces titres donnés dans des actes privés à des personnes décédées; nous n'en avons pas relevé d'autres mentions sur les nombreuses pièces que nous avons dépouillées. Nous devons les retenir, toutefois, car ils nous montrent, dès cette époque, le désir qu'avaient les bourgeois

---

(1) *Le Bas-Limousin seigneurial et religieux*, T. I, p. 31. — *Dictionnaire des familles nobles et notables de la Corrèze*, T. 1, p. 39.

La présente notice n'est pas d'accord avec les renseignements donnés par ce dernier ouvrage.

de s'élever au-dessus de leur classe, leurs prétentions à la noblesse. Julien, son fils Martin et son petit-fils Pierre, s'appelaient Maruc tout court. Pierre est le premier qui a ajouté, de son vivant, la particule à son nom. Aucun d'eux ne s'est titré du fief de Maruc. Il est donc très probable que Julien n'avait conservé sur le domaine familial aucun droit de propriété. Le titre de sieur de Viers, s'il eut jamais qualité pour le porter, disparut avec lui ou passa à un autre membre de sa famille, probablement à son frère (1). Il était bourgeois et marchand de Tulle, comme les Lagarde, les Jarrige, les Brossard, les Fénis et tant d'autres, dans les rangs desquels se recrutèrent des consuls, des magistrats et des officiers du roi, l'élite de la société d'alors.

Sa femme, Jeanne de Frayssinges, était de Tulle. Elle appartenait à une famille de bourgeoisie qui possédait des biens notables à Bort et à Cazillac, dans la paroisse de Saint-Salvadour. Martin de Frayssinges, qui était probablement un frère de Jeanne, prenait le titre de seigneur de Bort, de Saint-Salvadour et autres places. Son fils, Messire Julien de Frayssinges de Saint-Salvadour, fut chevalier de l'ordre du roi et enseigne d'une compagnie de 100 hommes d'armes du duc de Mayenne. Ils faisaient leur résidence habituelle au château de Cazillac, composé de deux corps de logis et flanqué de quatre grandes tours; mais ils avaient maison à

---

(1) Nous avons trouvé, dans le fonds Baluze à la Bibliothèque Nationale, une enquête faite en 1590 au sujet de l'anoblissement de Guillaume de Maruc, lieutenant général au siège de Tulle. Ce Guillaume de Maruc, sieur de Champlagarde, est assurément un très proche parent de Julien Maruc, peut-être son frère. L'enquête nous apprend qu'il est fils de feu Etienne Maruc et de Marie Verdier. Marié à Anne de Saint-Salvadour, il eut cinq enfants : l'aîné, nommé Julien; une fille, nommée Bastiane, femme de noble Jean de Besson; une autre fille, nommée Anna, femme du sieur de Seilhac; un fils, nommé Guillaume, alors âgé de 13 ans; un dernier fils, nommé Guillaume, alors âgé de 12 ans Guillaume Maruc était de la paroisse Saint-Julien de Tulle; il vivait noblement, disent les témoins, sans payer taille ni rente, en une maison noble appelée Viers, que son père lui a donnée. (Bibl. Nat^{le} fonds Baluze, vol. 249, f°s 188 et s.)

Tulle, chapelle, sépulcre et banc dans l'église Saint-Julien de cette ville. Aussi bien dans leur manoir féodal que dans leur maison de l'Enclos de Tulle, les Frayssinges faisaient figure de nobles.

On voit que le marchand Julien Maruc avait fait un mariage d'importance, qui lui procurait, sinon un sensible accroissement de bien-être et de fortune (nous ne connaissons pas les apports de sa femme), du moins une incontestable considération. Continua-t-il à gérer son commerce? Le livre de famille ne le dit pas; mais nous savons que Jean, son fils aîné, fut comme lui bourgeois et marchand. Nous savons aussi que Julien possédait, dans la paroisse de Bar, un petit bien appelé « le Boriage du Chastang » dont il surveillait l'exploitation. Dès le premier degré, on sent que la famille Maruc va grandir et s'élever sur l'échelle sociale.

Un événement romanesque, dont Baluze nous a conservé le souvenir (1), dut bouleverser à cette époque la maison honnête et ordonnée de Julien Maruc. Guillaume, que nous n'avons pu rattacher sûrement à Julien, mais qui était très probablement son frère aîné, avait pour ami intime Jean Teyssier. Guillaume Maruc et Jean Teyssier étaient jeunes et tous les deux en âge de se marier. Très instruit dans les belles-lettres, savant juriste en l'un et l'autre droit, écrivain d'une certaine valeur, Teyssier appartenait à l'une des familles notables de la ville. Il avait les qualités intellectuelles et morales qui devaient plaire à une jeune fille de sa condition. Catherine de la Forestie, recherchée par lui, agréa sa demande. Les deux familles étant d'accord, Teyssier fut admis, comme fiancé, dans la maison des La Forestie. Ce projet ne détendit pas les liens qui unissaient les deux amis. La confiance de Jean Teyssier était si grande qu'obligé de quitter Tulle pour aller régler au loin des questions d'intérêt, il chargea Guillaume Maruc de tenir compagnie à sa fiancée et de la distraire pendant son absence. Guillaume s'acquitta

____

(1) *Hist. Tutel.*, p. 255.

si bien de sa mission que la jeune fille oublia la parole donnée. Lorsque Jean Teyssier revint à Tulle, Catherine de la
Forestie était la femme de Guillaume Maruc,

Stupéfaction et fureur de l'amoureux abandonné, scandale,
procès; nous n'avons pas à conter ici par le détail toutes les
suites de cet événement. Baluze nous dit qu'il n'a pas connu
l'arrêt rendu dans l'affaire par le Parlement de Bordeaux,
mais que Jean Teyssier s'en montra satisfait. Il est probable
que tout en déclarant le mariage valable, les juges flétrirent
la conduite de Maruc et le condamnèrent à des dommages-
intérêts.

La blessure que lui avait faite la félonie de son ami ne se
ferma jamais. Teyssier ne se maria pas, et pour perpétuer
le souvenir de la trahison de Guillaume Maruc et de Catherine de la Forestie, il institua une fête littéraire, dans laquelle des prix devaient être décernés, chaque année, aux
jeunes gens qui se montreraient les plus habiles à exprimer
en vers « la louange et la noblesse du sainct mariage, la
détestation de clandestinité ». Les candidats étaient admis
aussi à rimer des « épitaphes du testateur et autres inven-
tions ». Fondés en 1556, les Jeux de l'Eglantine — c'est le
nom donné à cette fête, — étaient encore célébrés au temps
de la jeunesse de Baluze.

Austère et collet monté comme beaucoup de bourgeois de
son temps, comme tous ceux qui avaient l'ambition de pré-
parer pour leurs enfants l'accès de la noblesse ou des magis-
tratures de leur pays, Julien Maruc dut être profondément
ému par cette fâcheuse histoire de famille.

Sans doute, Guillaume n'avait pas tous les torts; la passion, une passion partagée, peut le disculper dans une certaine mesure. Jean Teyssier avait fait preuve d'une naïveté
bien surprenante; son institution des Jeux de l'Eglantine,
qui devait commémorer la trahison de son ami, rappelait en
même temps son malheur. Au xvie siècle, comme peut-être
encore de nos jours, si le mari trompé ne reste pas longtemps
intéressant, un amoureux berné ne devait pas avoir plus de
privilèges. La jeunesse ne tarda pas, paraît-il, à rire de

l'aventure, et les épitaphes composées en l'honneur de Teyssier ne contenaient pas que sa seule louange. Les petits poètes de Tulle se tournaient du côté de Maruc. Ce travestissement des volontés du testateur décida les héritiers du malheureux Teyssier à supprimer les Jeux ou du moins à en changer le sujet.

Guillaume Maruc avait subi l'épreuve sans trop de dommages ; il finit ses jours honorablement dans les fonctions de lieutenant civil et criminel aux sièges de Tulle. Sa famille ne fut pas entravée dans son essor.

Après cet incident qui dut agiter la ville pendant longtemps, il nous faut rentrer au foyer des Maruc. Nous y retrouvons Julien et sa femme Jeanne de Frayssinges qui avaient été les témoins émus du roman d'amour dont Guillaume avait été le héros. Julien ne devait mourir qu'en 1577 ; Jeanne vécut de nombreuses années après lui. De leur mariage étaient nés au moins trois enfants, Jean, Hélène et Martin.

De Jean, qui fut appelé plus tard sieur de Charbonniers, nous savons peu de chose. C'est lui, peut-être, qui continua, en qualité d'aîné, le commerce de son père.

Hélène épousa, en 1558, Martial de Fénis sieur de la Prade, de Condaillac et d'autres lieux, procureur du roi en l'Election et juge ordinaire de l'évêque de Tulle. Un des fils de Martial de Fénis et d'Hélène Maruc, Pierre de Fénis de la Prade, conseiller du roi, lieutenant-général au sénéchal de Tulle, maître des Requêtes de la feue reine Marguerite, président du sénéchal et avocat au Grand-Conseil, se maria en 1609 avec demoiselle Honorée de Meynard, fille d'un lieutenant général de Brive, sœur d'un président au parlement de Toulouse et d'un évêque de Carcassonne (1). Cette alliance mettait les Maruc en bonne voie.

Martin, frère d'Hélène, allait suivre ces heureuses tradi-

____

(1) M. Champeval, *Dict. des Familles nobles et notables de la Corrèze*, T. I, p. 177.

tions de la famille, mais avec une autre orientation. Son père Julien avait été marchand ; lui, fut avocat. Nous croirions volontiers qu'il était le filleul de ce Martin de Frayssinges, frère de sa mère, châtelain de Cazillac et seigneur de Bort, petit hobereau des environs de Saint-Salvadour. Bientôt nous le voyons juge ordinaire de Bort et de Cazillac ; il tenait de son oncle ces offices. En même temps, il était « juge du grand prévosté ». Après la mort de Martin de Frayssinges, le fils de celui-ci, Julien de Frayssinges, lui fut très attaché. Martin Maruc avait la gestion, ou tout au moins la direction, des affaires de la châtellenie de Cazillac.

Le 16 septembre 1589, il épouse Jeanne de Brossard. Sa mère et son frère aîné Jean l'assistent au contrat. Jean lui fait la délivrance d'une somme de 2.000ᴸ léguées par leur père et lui donne en outre gracieusement un bois sis à La Fage dans les environs de Tulle. Martin avait trouvé encore, dans l'héritage paternel, le petit bien appelé « le boriage du Chastang ». De son côté, Jeanne Brossard apportait une dot de 1.500ᴸ et des effets mobiliers. Avec les produits professionnels du mari, le ménage avait là de quoi vivre fort honnêtement.

Sa maison ne tarda pas à se peupler d'enfants ; de 1590 à 1611 naquirent cinq garçons et six filles. C'était l'heureuse époque des unions fécondes. L'aîné fut Pierre de Maruc dont nous allons parler bientôt. Deux de ses frères, Annet et Gabriel prirent les ordres ; deux de ses sœurs, Hélène et Marguerite, entrèrent au couvent, Martial devint secrétaire de la Chambre du Roi. Annet pourvu de la cure de Cornil, mourut très âgé en 1670. Nous n'avons pas suivi la trace des autres.

Martin de Maruc et Jeanne de Brossard, comme tout ménage économe, avaient commencé la vie commune dans un appartement qui, à la survenance des enfants, devint trop étroit. De la maison de Pras où ils s'étaient établis tout d'abord, ils allèrent dans la maison de Fondion, située sur la rive gauche de la Corrèze, proche du pré Gautier. Après la mort de Jeanne de Frayssinges, sa mère, Martin de Maruc songea à avoir une maison à lui.

En dehors de la porte des Mazeaux, se rencontrent les deux faubourgs de la Barrière et du Trech. Vers leur point de jonction, débouche la rue de Cendon qui, par une venelle étroite, va rejoindre, sur le derrière, la ligne des fortifications extérieures. Lors du siège de Tulle par l'armée du vicomte de Turenne, ce côté de la ville fut terriblement éprouvé. L'incendie allumé par les agresseurs détruisit plusieurs logis et en endommagea un grand nombre. Parmi ces derniers était la maison de Marisson. Les dégâts y avaient été si considérables que le propriétaire, dénué de ressources suffisantes, n'avait pu les réparer. Depuis 1585, cet immeuble était abandonné. Martin Maruc l'acheta, le 14 mai 1594, le fit restaurer et s'y installa. Il était maintenant chez lui. C'est là que naquirent ses derniers enfants.

Son petit domaine du boriage del Chastang lui tenait au cœur; il ne manquait pas une occasion de l'arrondir par des échanges et des acquisitions. Il achetait aussi diverses parcelles au lieu de Champlagarde, dans la banlieue immédiate de la ville, et créait en ce tènement le noyau d'un domaine qui pourrait permettre à ses descendants d'ajouter à leur nom celui de Champlagarde. Martin Maruc aimait la terre et ne dédaignait pas d'en tirer des profits honorifiques. Ne commençait-il pas à s'appeler Martin de Maruc?

« L'heure de la mort est incertaine. » Cette vérité que nous trouvons exprimée dans tous les testaments de nos pères n'apparaissait pas seulement à leur esprit quand la vie semblait toucher à son terme, quand l'heure de régler ses suprêmes affaires était arrivée. Dès que l'homme était fait, qu'il avait fondé son foyer et était devenu chef de famille, il pensait à assurer à lui-même et à ceux qui étaient nés et naîtraient de lui le repos de la tombe. Dès le mois de Juillet 1592, moins de trois ans après son mariage, avant d'acheter la maison de la rue de Cendon, avant d'agrandir son domaine du Chastang, Maruc achète un vas ou sépulture dans l'église de Saint-Julien, au devant du maître-autel, à côté de la chapelle Saint-Antoine. Le tombeau en bonne place dans son église paroissiale, la maison en ville, le domaine à la campagne et « la pièce » dans la banlieue, une profession libérale qui lui procure le moyen d'élever sa famille, Maruc a tout cela. Il a su diriger sa vie vers le but qu'il s'était proposé ; son ambition était satisfaite. Il mourut en 1618.

Son fils aîné, Pierre de Maruc, né en 1590, se maria à l'âge de 32 ans. Il épousa Anne Dalboy (ou d'Alboy) de la ville de Bort, en Bas-Limousin. Le père de la jeune femme était Jean Dalboy, juge ordinaire de Port-Dieu, procureur d'office en la juridiction de Bort, et sa mère Hélix de Malleroche. Leur situation de fortune était assez belle à en juger par la constitution qu'ils firent à la mariée : 3.000 ll, « plus quatre robbes nuptiaux, deux de dessus et deux de dessous, garnies sellon l'estat et qualité des parties, plus un lict garny, et du linge à la discrétion de lad. Malleroche, mère de lad. épouse, deux coffres de bahut » (1).

Chef de la famille, Pierre ouvrit à son tour le livre domestique, y inscrivit tout d'abord son mariage, et puis, après cinq ans d'attente, successivement, les naissances de ses sept enfants : en 1627, un fils qui mourut en bas âge ; en 1629, un second fils, Pierre, qui, par suite du décès de son frère, se trouva l'aîné ; en 1631, un garçon nommé Annet ; en 1634, encore un fils, Jean-Martial, qui méritera une mention spéciale ; en 1636, une fille, Jeanne, qui épousa en 1651 Jean Jaucent, bourgeois de Tulle ; en 1638, un fils, Léonard ; en 1641, un dernier fils, Pierre-Joseph.

Un intervalle de deux ans et quelquefois de trois sépare les naissances ; n'en doit-on pas conclure que la mère a allaité tous ses enfants ? Une innovation à signaler : deux des fils ont reçu un double prénom. Dans la suite, nous verrons cette mode des deux prénoms se généraliser. L'aîné,

____

(1) Contrat de mariage du 20 octobre 1622.

qui fut appelé Pierre au jour de son baptême, reçut le second prénom de Anne lors de sa confirmation.

Pierre de Maruc fut investi de la charge de procureur au
sénéchal et au présidial de Tulle ; il était, en outre, juge des
Angles et d'Espagnac et il conserva en même temps les
fonctions, qu'avait occupées son père, de juge ordinaire de la
Châtellenie de Cazillac. De multiples liens l'attachaient à
cette terre de Cazillac. Sa cousine par alliance, Jeanne de
Bonneval, veuve de Messire Julien de Frayssinges de Saint-
Salvadour, en était propriétaire comme héritière de son mari.
Son père, Martin de Maruc, avait été le conseil de Julien de
Frayssinges, et lui, depuis la mort de ce dernier, avait eu
toute la confiance de la veuve. Pour reconnaître ses bons
offices, la dame de Bonneval lui avait fait donation, le 15
mai 1639, de la chapelle de Sainte-Luce ou des Onze-Mille-
Vierges que les Frayssinges possédaient dans l'église Saint-
Julien, près de la chaire, avec tombeau, banc et honneurs
en dépendant (1). Le droit d'avoir une litre, un banc et une

---

(1) « Faict au chasteau de Cazillac paroisse de Saint-Salvadour Bas-
Lymosin le quinziesme jour du mois de may mil six cents trente neuf
avant midy, regnant Louis Roy de France et de Navarre. Par devant
moy notaire royal soubsigné, presents les tesmoins bas nommés, à
esté personnellement establye dame Jeanne de Bonneval veufve de
feu Messire Jullien de Freissinges de Saint-Salvadour quand vivait
chevallier de l'ordre, enseigne de la compagnie de cent hommes d'armes du seigneur duc de Mayenne, dame de Bort et Cazillac et autres
places, laquelle ayant mis en consideration les services rendus par
deffunt maistre Martin Maruc advocat juge de Bort et Cazillac, et
par maistre Pierre Maruc juge de Cazillac son fils et héritier, tant
aud. feu sieur de Bort qu'a lad. dame a la conservation des droicts
de lad. seigneurie de Bort et Cazillac et en toutes autres occasions
qui se sont jamais presentées pour la conduitte et direction des affaires d'icelle dame et succession dud. seigneur de Bort et pour induire
icelluy maistre Pierre Maruc a continuer ses services et affections
pour le bien des affaires de lad. maison et autrement parce qu'ainsy
a plu et plaict a lad. dame de son bon gré et vollonté, elle a donné et
donne par donation pure et irrevocable aud. sieur Maruc presant et
acceptant une chapelle appartenant a lad. Dame, appelée de Saincte-
Luce scituée dans l'esglise St-Jullien de Tulle avec ses sepultures

chapelle dans son église paroissiale donnait à Maruc une très appréciable importance. Il sortait du rang des petits bourgeois et faisait un pas vers la noblesse. Pour avoir la noblesse de fait, pour paraître noble aux yeux de ses compatriotes, il lui manquait encore un blason. Son fils fera peindre ses armes sur la litre de la famille. C'est ainsi que Pierre de Maruc continuait l'ascension dans la hiérarchie sociale.

La maison de la rue de Cendon, qu'il avait héritée de son père, était embellie par lui. Sur l'*ayrial* qui était attenant et qui s'étendait jusqu'à la Solane, il fit construire un mur de soutènement, établit un devant de porte et obtint du maire et des consuls l'autorisation de planter des arbres sur les bords de la petite rivière.

Il avait donc toute l'apparence d'un personnage et il en avait aussi la considération. Les dignités les plus enviables en son temps paraient sa vie : il faisait partie de la confrérie des pénitents blancs, était marguillier de sa paroisse et officier du chapitre. Aussi quand il mourut, le 31 juillet 1659, la population et le clergé lui firent de touchantes funérailles. Son corps fut déposé dans le tombeau que son père avait fait construire au-devant du maître-autel.

Ses dernières volontés, qu'il avait écrites le 27 octobre 1657, méritent d'être connues. Il veut être enterré sans pompe, et laisse aux couvents de Sainte-Claire et de Sainte-Ursule la somme nécessaire pour que chacun puisse faire dire cent messes à son intention. Il dispose de diverses

---

vas et bancs qui sont dans icelle chapelle confrontée par le devant avec la chaire de lad. église et a costé avec le semetiere d'icelle et par le devant avec la chaire de la predication et autres confrontations, pour dores en avant jouir par icelluy Maruc sa famille et posterité a l'advenir d'icelle chapelle bancs tombeaux et droicts honorifiques en deppendants comme bon luy semblera en la vie et en la mort sans autre reservation faitte par icelle dame sinon de pouvoir sieger dans icelle chapelle pour ouïr le service divin lorsquelle sera en lad. ville de Tulle ; laquelle chapelle, tombeaux, vas et autres droicts honorifiques susdonnés lad. dame a promis guarantir aud. sieur Maruc d'elle et des siens, ses hoirs ou ayants cause... »

sommes en faveur des « pauvres honteux et plus nécessiteux » et des pauvres de l'Hôtel-Dieu. Les couvents des Récollets et des Feuillants ne sont pas oubliés. Et quand il est en règle avec Dieu et les pauvres, il fait des dons à ses enfants et à ses petits-enfants. Il pense à ses parents pauvres ; il lègue 50 ll. pour faire élever Pierre Maruc, fils de Jean Maruc, fournier au four de la Barussie « pour estre d'Esglise s'il en a la volonté et se rend capable, sinon à un mestier auquel il aura inclination. » Il rappelle la dot qu'il a touchée d'Anne Dalboy sa femme, et dont il est redevable; il veut qu'elle soit nourrie et logée dans la maison de son fils Pierre-Anne, qui est son héritier et légataire universel, et en cas d'incompatibilité, lui donne 100 ll. de pension annuelle et une chambre garnie.

Il recommande à son fils aîné « et a tous ses autres enfants d'aymer et honorer leur mère y estant tous très obligés, et à son héritier d'entretenir la paix dans la maison, aymer et servir de père à ses frères, honorer aussy de son pouvoir Messieurs les curés de Cornil et de Saint-Hilaire, ses oncles, lesquels ledit testateur supplie d'accepter la qualité d'exécuteur testamentaire ».

C'est ainsi que Pierre Maruc entendait être continué par les siens et qu'il transmettait à son fils aîné la charge d'âmes dont il avait hérité lui-même de ses parents.

Un des fils du défunt allait porter haut, dans la carrière ecclésiastique, le bon renom de la famille. Nous détachons du registre domestique le passage qui lui est consacré.

« Le cinquiesme octobre mil six cens soixante dix en la ville de Paris dans la rue Calendre paroisse S¹ Germain-le-Viel, chez ..... huissier au Chatelet, est decédé Mre Jean Martial de Maruc, docteur en théologie, predicateur du Roy et nommé par sa majesté à l'abbaye de S¹ Pierre de Flavigny en Bourgogne, d'une dissanterie qui avoit duré cinquante jours. Il avoit rempli avant son decez les meilleures chaires de Paris, presché devant leurs Majestés et mesme composé divers ouvrages outre ceux qui pourront paroistre et estre mis soubs la presse. C'estoit un tres bon genie pour les lettres et la predication dans laquelle il estoit consommé a 36 ans. Il est enterré a S' Germain-le-Vieil. Dieu veuille luy faire part de sa gloire apres luy avoir donné tous ces talens. »

Cette courte et intéressante notice est écrite par Pierre-Anne de Maruc, fils aîné de Pierre et frère du prédicateur. Sous sa plume le registre des Maruc va devenir plus vivant, plus personnel et mieux documenté. Il tracera de petits médaillons de ses parents dont les traits moraux, à défaut des lignes physiques, nous permettront de les voir en leur vrai jour. Nous n'aurons qu'à les reproduire, sans y rien ajouter, pour faire revivre la physionomie de ces personnes simples et pieuses.

Pierre-Anne de Maruc avait trente ans quand son père mourut. Encore célibataire, il était déjà un personnage. Par Lettres Patentes en date du 20 septembre 1651, le roi l'avait nommé conseiller et maître ordinaire de son Hôtel, voulant l'attacher à sa personne « en charge convenable » et reconnaître ainsi les services rendus par lui « en divers employs importants qui luy ont été confiés » (1).

Quels étaient ces emplois importants? Nous ne les con-

---

(1) « Lettres de Maistre d'hostel du Roy pour Pierre-Anne de Maruc.

« De par le Roy,

« Grand Maistre de France, Premier Maistre de nostre Hostel, mais· tres ordinaires d'icelluy, et vous maistres et conseillers de notre Chambre aux deniers, salut.

« Les bons et agréables services que le sieur Pierre Anne de Maruc sieur de Champlagarde nous a rendus en divers employs importants qui luy ont esté confiés nous ayant donné subject pour les reconnoistre et luy tesmoigner la satisfaction qui nous en demeure de l'approcher pres de nostre personne en charge convenable a l'estime que nous faisons de luy, Pour ces causes et autres a ce nous mouvants nous l'avons cejourd'huy retenu et retenons par ces presantes signées de nostre main en l'estat et charge de l'un de nos conseillers et maistres d'hostel pour doresnavant nous y servir, lad. charge exercer et en jouir aux honneurs, authorités, prerogatives, prééminances, privileges, franchises, libertés, guages et droicts qui y appar-

naissons pas. Pierre-Anne était à peine majeur et n'avait pu se signaler encore. Mais il avait un oncle qui était pourvu de l'office de Secrétaire de la Chambre du roi et dont l'influence avait dû se manifester en cette circonstance. Le motif de la Lettre était probablement de pure forme.

Quelle aubaine pour un jeune homme ! Avoir ses entrées et un emploi à la Cour, ne relever pour toutes ses affaires personnelles que de la juridiction de ses pairs, être appointé sur la caisse de la Maison du roi, et entr'autres honneurs et prérogatives avoir son blason comme un noble de naissance. Le père de Pierre-Anne vivait encore ; il pouvait voir la réalisation de son rêve et lire sur la Lettre royale son nom de famille ainsi complété : « Pierre-Anne de Maruc sieur de Champlagarde. »

Dix ans plus tard, le 17 du mois de mars 1661, un Brevet du roi lui donnait le droit « de porter le pistollet et autres armes à feu pour la seureté de sa personne. » En fait, il ne lui manquait aucun des privilèges d'un gentilhomme.

Le 29 avril 1665, il épousait demoiselle Marie-Thérèse de Fénis qui lui portait en dot une somme de 1.600 ll., deux coffres garnis de linge et divers immeubles situés dans la paroisse de Laguenne. Quelque lien de parenté l'unissait déjà à cette famille; nous savons en effet que la sœur de

---

tiennent, tels que les ont et prennent nos autres officiers pourvus de pareilles charges, tant qu'il nous plaira, si voullons et vous mandons que dud. s^r de Maruc pris et receu le serment en tel cas requis et accoustumé, vous cette nostre retenue enregistrée óu fassiez enregistrer ez registres papiers et escrits de nostre dite Chambre aux deniers et du contenu en icelle,! le fassiez jouir plainement et paisiblement et a luy obéir et entendre de tous ceux et ainsy qu'il appartiendra ez choses concernants lad. charge; Mandons en outre aux tresoriers generaux de nostre Maison que les gaiges et droicts a lad. charge appartenants ils payent et dellivrent comptant aud. sieur de Maruc doresnavant par chascun an aux termes et en la maniere accoustumée suivant nos estats, car tel est nostre plaisir.

» Donné à Paris soubs le scel de nostre secret le vingtiesme septembre mil six cents cinquante un.

» Signé Louis, et plus bas, par le Roy, de Guenegaud, et scellé. »

son grand-père s'était mariée avec Martial de Fénis. Par sa femme, par sa grand'mère Jeanne Brossard, il se trouvait allié aux plus notables bourgeois de Tulle.

Sa charge de Maître ordinaire de l'Hôtel du roi ne l'obligeait pas à la résidence, car, à dater de son mariage, il ne paraît pas avoir fait de longues absences. C'est lui qui tient alors le registre domestique. Il y a marqué le décès de son père et puis son mariage avec Mlle de Fénis. Voici le décès de sa tante Hélène :

« Le jeudy septiesme janvier 1666 a dix heures et demye du matin est allée a Dieu ma bonne et chere tante sœur Helaine de St Bernard de Maruc religieuse ursuline, remplie de grand vertu et bonté et d'une tendre affection pour tous ses proches spécialement pour moy. Elle estoit à la fin de sa cinquante huictiesme année et au 12e jour de sa maladie qui estoit une pleuresie prise dans les saincts exercices; son corps et son ame ont esté fort bien secourus et Dieu luy a donné jusqu'a la fin grand connayssance, repos et serenité d'esprit. Enfin elle est morte en tres bonne odeur et nous avons lieu de nous consoler en notre Seigneur et d'esperer qu'elle intercedera pour la maison auprès de sa divine Majesté, ainsy soit-il. »

Les sentiments religieux de Pierre-Anne de Maruc se révèlent à chaque ligne de son livre. Il a enregistré le 15 avril 1666, la naissance de son premier enfant, Marie-Anne, sa fille qui sera son héritière, et voici que le 15 juin de l'année suivante un second enfant survient, un garçon cette fois; il rédige de cet heureux événement le procès-verbal en forme que je transcris :

« Le mercredy quinziesme juin mil six cent soixante sept qui s'est trouvé dans l'octave de la feste Dieu, a deux heures un peu plus apres midy, l'entrée de vespres sonnant à la cathedrale, est né de lad. dam^lle de Fenis ma femme Jean-Martial son deuxiesme enfant: lequel a esté baptizé deux heures apres dans notre parroisse St Julien par Me Guilhaume

Fez prestre et vicaire d'icelle. Son parrain est Mr Me Jean-Martial de Maruc, mon frère, docteur en théologie, prédicateur du Roi qui avoit commis Mr Brivezat medecin du Roy pour le tenir pour luy. Sa marrine a esté Mlle Jeanne de la Fagerdie son ayeulle maternelle ; Dieu veuille, par les prières du grand saint Jean-Baptiste et du glorieux saint Martial nos patrons, lui donner la grace et la force de le servir. »

Il ne tire pas, comme d'autres, l'horoscope de l'enfant ; peu lui importe l'état du ciel et le signe qui a présidé à la naissance. Croit-il aux influences sidérales ? on se tromperait sans doute en le niant ; mais il n'en fait pas état. Pour lui, l'influence prédominante est celle du saint patron.

La mention qu'on vient de lire est signée par Maruc et par Guillaume Fez, le prêtre qui a donné le baptême. Il semble que le père de famille ait voulu conférer une authenticité particulière, une force probante plus grande, ou si l'on veut, une solennité exceptionnelle à quelques-uns des actes de son livre. Le baptême de Jean-Martial n'est pas le premier acte qui porte la signature autographe de l'officiant ; son mariage est signé par lui, par François de Fénis, curé de Chameyrat qui fit le mariage, et par les deux témoins, Antoine de Brivezat, conseiller et médecin du roi, et Bertrand Terriou sieur de la Rebuffie. C'est un double du registre paroissial.

Tous les actes ne sont pas aussi régulièrement formalisés ; et la variété qui existe dans leur rédaction augmente l'intérêt du livre. Que de renseignements, de réflexions et d'appréciations nous y relevons qui ne se rencontrent pas dans les cahiers des paroisses ! Chaque décès est l'occasion d'une petite notice nécrologique. Nous avons cité plus haut celle de Jean-Martial de Maruc, prédicateur du roi. Voici celle de Marguerite de Maruc :

« Le lundy 2e de Caresme et vingtseptiesme de febvrier mil six cens soixante huict, à l'heure de midy, est allée à

Dieu, d'une hydropisie, ma très honorée tante la Mère Mar-
guerite de St André de Maruc religieuse de S^{te}Claire en cette
ville eagée de soixante huict ans et treize jours apres avoir
esté environ quarante neuf ans dans le couvent ou elle s'estoit acquise l'estime deue a une personne entierement resi-
gnée et parfaittement destachée du monde, aussy Dieu lui a
faict la grace de luy accorder la mort des justes, avant laquelle elle a faict tout ce qui est a souhaitter pour le salut et
receu tous les sacrements en parfaicte connoissance et dans
des sentiments bien particuliers. Elle m'honoroit d'une amitié qui [   ]. Plaize au Ciel quelle me la tesmoigne par
ses prieres et quelle attire sa benediction sur sa maison.
Elle voulust voir sa niepce jeudy dernier la petite Marie-
Anne et nous dire adieu en la personne de cette innocente
qui estoit la seulle quelle pouvoit voir en ce monde. Nous
nous trouverons tous s'il plaict a Dieu dans la gloire. Ainsy
soit-il.

« Signé : MARUC.

« J'ay le chapellet qu'elle portait ordinairement de gros
grains a six dizaines avec une croix et une teste de Christ,
fort vil quand au prix, mais que j'estime beaucoup et veux
qu'il soit conservé ceans comme chose fort precieuse. Dieu
se souviendra qu'il a esté un instrument a sa gloire tenu et
recité par une si pieuse et religieuse creature de notre
maison. »

Son plus jeune fils, Julien-Xavier, étant mort, Pierre-
Anne de Maruc mentionne brièvement le décès en marge
du procès-verbal de la naissance et rédige cette petite notice :

« Je viens d'escrire cy devant au bas de l'article de la
naissance de Julien-Xavier qu'il est décédé le 6 janvier jour
des Rois 1697 à sept heures du soir, sa mère estant morte a
semblable jour et a la mesme heure en 1689. Il estoit en seconde, de la congregation, et doué d'un bon visage mesme
agreable, bien faict d'ailleurs et qui donnait bonne espe-
rance. J'ay celle qu'il sera pour nous un intercesseur au

Ciel estant mort a 15 ans et quelques mois après mesme avoir receu tous les sacrements avec beaucoup de soumission et de tranquillité et ce quoiqu'il ayt esté pendant un mois, et hors de ces bonnes actions, en délire ; son mal estoit une fiebvre maligne et quantité de vers, dont plusieurs autres environ de cest eage sont aussy decedes. »

Les fragments que nous venons de reproduire suffisent pour mettre en lumière l'esprit profondément religieux du père de famille. Dans les pages du livre réservées à l'enregistrement des naissances, des mariages et des décès, il n'admet aucune pensée profane ; elles sont, en quelque sorte, fermées aux choses du dehors. Il a fallu qu'un jour le cortège des parents, portant au baptême sa fille Jeanne, rencontrât devant l'église Saint-Julien le cortège d'un intendant faisant son entrée solennelle, pour que Pierre-Anne Maruc relatât l'événement. Sa fille Jeanne, écrit-il, « a été baptisée le lendemain à quatre heures du soir en mesme temps que M. Dovieu, intendant de cette province passoit devant Saint-Jullien pour sa première venue en ville. »

Il ne faudrait pas croire qu'à la ressemblance de certains mystiques il se soit replié sur lui-même et désintéressé de la vie extérieure. Le chapitre d'histoire locale que nous avons extrait de son livre et publié, prouve au contraire que personne n'était plus attentif que lui à ce qui se passait de son temps dans sa ville natale. Mais il faisait deux parts de son livre domestique : l'une réservée aux affaires d'ordre matériel, à la chronique de la rue, à l'administration de la ville et à la gestion des biens de sa propre maison ; l'autre consacrée aux trois grandes affaires de la vie, aux trois articles qui pour tous les hommes de son temps avaient un caractère quasi-sacré, la naissance suivie du baptême, le mariage, la mort chrétienne. Il n'a pas admis le mélange entre les deux catégories.

Neuf enfants étaient nés de son mariage avec Marie-Thérèse de Fénis : Marie-Anne, le 15 avril 1666 ; Jean-Martial, le 15 juin 1667 ; Jeanne, le 16 novembre 1669 ; Jean-Cosme, le 28 mars 1672 ; Pierre-Joseph, le 24 septembre 1674 ; deux jumeaux, le 27 décembre 1676 ; Marie-Thérèse, le 16 juillet 1679 ; Julien-Xavier, le 30 juillet 1681. Plusieurs moururent en bas âge. Jean-Cosme et Pierre-Joseph entrèrent dans les ordres ; sa fille aînée, Jeanne, épousa en 1699 François Froment « fils ayné de M. Jean Bernard Froment, procureur fort employé. »

La maison de la rue de Cendon dont il avait hérité de son père et dans laquelle il avait vu naître ses cinq premiers enfants, était restée grevée de dettes assez lourdes qu'il n'avait pu éteindre. Pierre-Anne Maruc nous apprend que pour se libérer il la vendit. « Cette maison, écrit-il, dans laquelle nous avions toujours demeuré de père en fils, a esté par moy vendue à Mr Sebastien Sudour jeune procureur, pour la somme de 2.600 ll., employée à payer partie des dettes de feu mon père, ainsy qu'il est porté par le contrat de vente du 5me febvrier 1675 receu par Bussière de la Geneste notaire. »

En sortant de sa maison natale il sortit aussi de la paroisse Saint-Julien. Son beau-père habitait, au cœur de l'Enclos, le vieux logis qu'on appelait le Château ou Fort-Saint-Pierre. C'était une vaste demeure féodale restaurée à la fin du moyen âge et dont la tourelle octogonale et le donjon carré dominent encore la ville. Le Château était, par excellence, l'édifice historique de Tulle. Son origine remonte très haut : la plus ancienne église paroissiale, construite sous ses murs, était désigné en 930, dans le testament d'Adémar, sous le nom de Saint-Pierre-du-Château. De grands personnages, des officiers du roi, peut-être Adémar lui-même l'avaient possédé, et y avaient fait leur résidence. Sur l'emplacement du *castrum* primitif, avait été construit le Château qui était devenu la propriété des Fénis à une époque que nous n'avons pu déterminer. D'après Bertrand de Latour, il aurait été antérieurement le siège de l'évêché. La famille de Fénis l'acquit probablement de l'évêque lorsque celui-ci prit possession de l'hôtel nouvellement construit près du pont Choisinet ; elle le fit rebâtir et s'y installa.

Bien qu'il n'eut pas conservé à cette époque l'importance de
l'antique Fort-Saint-Pierre, le Château était assez grand
pour que son propriétaire ait pu y loger les religieuses de
Sainte-Ursule en attendant la construction de leur couvent.
En 1671, les officiers du Présidial « à cause de la ruine im-
minente de leur palais et auditoire royal », prirent « à titre
de ferme et location de M⁰ Martial de Fénis, advocat en la
Cour, juge de Sainte-Fortunade, une grande salle avec la
chambre y joignant et autre chambre estant à costé de lad.
salle dans la maison dud. sieur de Fénis, nommée le Chasteau dans l'Enclos de la présente ville et prosche de l'esglise
Saint-Pierre ... pour dans icelle tenir les audiences, faire
chambre du Conseil et parquet des Gens du Roy (1) ». Ce
bail expirait le 8 avril 1674. L'année suivante Pierre-Anne
de Maruc, qui venait de vendre sa maison natale de la rue
de Cendon occupa dans le Château l'appartement que le Présidial laissait vacant. A la mort de Martial de Fénis, le vaste
immeuble tout entier devait lui appartenir.

Le voilà paroissien de Saint-Pierre. Maintenant, la chapelle des Onze-Mille-Vierges qu'il avait dans l'église Saint-
Julien, devenait une charge inutile. Il n'avait déposé aucun
de ses morts dans le tombeau de cette chapelle. Ses parents,
ceux de ses enfants qui étaient décédés avant lui, sa femme
qui était morte le 6 janvier 1689, avaient été enterrés dans
le tombeau de famille au-devant du maître-autel. Son beau-
père était propriétaire, dans l'église Saint-Pierre, d'une chapelle avec banc et tombeau. Avait-il besoin de deux chapelles? Le 31 août 1698, il céda celle des Onze-mille-Vierges à
M. de Laval de Lafagerdie, son proche parent et ami, ne con-
servant dans l'église Saint-Julien que la sépulture familiale.

Son mariage et la survenance de ses nombreux enfants, le
règlement des affaires de son père, la gestion de ses propriétés, les fonctions de notaire apostolique dans lesquelles
il avait été installé le 6 avril 1668, le retenaient à Tulle.
Comment pouvait il remplir sa charge de Maître ordinaire

---

(1) René Fage, *Le Vieux Tulle*, pp. 85, 86.

de l'Hôtel du roi ? Nous savons qu'il en prenait encore le titre le 4 août 1671 ; mais au mois de novembre de la même année, il se qualifie simplement : « advocat à la cour ». En janvier 1674, il se dit : « Cy devant M⁵ d'hostel du Roi, advocat en la Cour ». Il avait donc résigné ses fonctions entre les mois d'août et de novembre 1671. Son oncle Martial, secrétaire de la Chambre du roi, était mort ; son frère Jean-Martial, prédicateur du roi, venait de mourir. N'ayant plus de parents dans l'entourage de la Cour, il ne se sentait pas attiré à Versailles et à Paris. Pour se consacrer entièrement à la vie de famille, il donna sa démission. Nous croyons que son office de notaire apostolique ne fut jamais très actif ; il n'en reste aucune trace dans les Archives de la Corrèze. Parvenu jeune aux honneurs, Pierre-Anne de Maruc avait pris sa retraite à 42 ans.

Il vivait encore en 1702. C'est à ce terme de sa vie qu'il écrivit la Chronique tulloise que nous avons publiée. Le livre de famille contient une dernière mention de sa main datée du 7 septembre 1702 : ce jour, il tenait sur les fonts baptismaux de Saint-Julien Pierre-Anne Froment, le premier fils de sa fille Jeanne, le premier né et le seul qu'il devait voir de ses petits enfants. Sa main était tremblante, il ne dut pas tarder à mourir.

Cette famille des Maruc qui avait fait si rapidement son ascension vers la noblesse, se trouva, en quelque sorte, épuisée par son effort. Son nom va disparaître avec les deux fils de Pierre-Anne qui ont embrassé l'état ecclésiastique. Les autres garçons ont été enlevés dès leur enfance. Pour perpétuer la race, il ne reste qu'une fille, Jeanne, qui, à l'âge de 30 ans, a épousé le procureur François Froment. C'est elle qui est l'héritière universelle de ses parents. De sa mère, elle tient le Château qu'on appelle encore le Fort-Saint Pierre où elle fait sa demeure. Dans la succession de son père elle a recueilli la petite seigneurie de Champlagarde près du Marquisat, dans la banlieue de Tulle. Son mari va pouvoir se titrer « Seigneur de Champlagarde ». Leur fils ajoutera à ce nom celui de sa terre et de sa maison voisine, les Condamines.

Pendant deux générations, le livre domestique reste fermé. Il nous apprend seulement que Jeanne de Maruc et son mari François Froment moururent vers 1742. Leur fils, Pierre-Anne Froment, épousa Jeanne Faugeyron ; de cette union naquit, le 8 août 1733, Joseph Froment de Champlagarde, seigneur des Condamines qui porta haut l'honneur de la maison.

C'est lui qui, étant encore collégien, ajouta la page qu'on va lire, au livre de sa famille :

« JOURNAL OU PRINCIPALES ÉPOQUES DE LA VIE DE [JOSEPH] FROMENT, ÉCRITES PAR LUY-MÈME.

« Du 8 aoust 1733. — Je suis né ce jour-là de fort bon matin. Je fus bâtisé le même jour et tenu sur les fonds dans l'Eglise paroissiale de St-Pierre de Tulle par sr Joseph Tramond mon oncle maternel et demoiselle Jeanne Levet femme au sr Froment, controleur des actes, mon grand-oncle paternel.

« En revenant de la cérémonie je fus présenté à ma mère qui me trouva si joli, que de frayeur elle s'enfonça dans le lit et me donna le nom de Taurelou ; cependant sans vanité j'ay changé depuis.

« J'ay été nourri à La Planche, village de la paroisse de St Silvain et y ay demeuré trois ans entre les mains de la Sabine femme à Guillaume Soustrot.

« Lorsque je fus sevré et qu'on m'eut porté à notre maison, qui est l'ancien château de la ville, l'on remarqua que je discernay fort bien mon grand père Froment et courus à luy pour l'embrasser quoyqu'il fut en compagnie. Depuis ce moment là cet honnete homme qui jusqu'alors ne m'avait pas beaucoup aimé eut pour moy une predilection marquée.

« Du [.....]. — Mourut à St Silvain, chez son frère curé de cette paroisse, Louise Faugeyron. Elle avait près de quatre-vingts ans et étoit l'ainée de dixneuf enfans tous du meme lit. Elle étoit ma grand tante maternelle.

« Du [.....] 17 [..]. — Mourut à Ste Fortunade, dans sa maison curiale, monsieur Joseph de Maruc curé de ladite paroisse. C'était un homme generalement estimé et qui prechoit bien. C'étoit mon grand oncle paternel.

« Du 23 juin 1740. — Mourut dans sa maison rue du Threc, paroisse de St Pierre, le s^r Jean Louis Faugeyron mon grand oncle paternel. Sa fortune avoit commencé par un petit commerce. Il étoit du nombre des dix neuf enfans de chez Faugeyron bons bourgeois de Tulle. Il est décédé sindic fabricien de sa paroisse et dans un age avancé. Il a toujours passé pour un homme de bon esprit et de probité.

« Du [.....] 1742. — Mourut dans sa maison sur la place des Aubaredes [.....] Froment jeune procureur, mon grand oncle paternel. Il fut depuis controleur des actes. C'étoit un homme d'esprit.

« Du 21 octobre 174[.]. — Mourut au chateau qui est notre maison Me François Froment, procureur d'office de la Juridiction ordinaire, mon grand père. Comme sa mémoire durera à jamais je ne feray pas son eloge que le public fait mieux que moy. Il était agé de soixante quatorze ans.

« Du 29 mars 174[.]. — Mourut dans la meme maison Jeanne de Maruc demoiselle, ma grand mère. Elle étoit femme d'un esprit au dessus du commun. Elle mourut agée de soixante treize ans. »

Les dates laissées en blanc et le corps d'écriture d'une seule coulée nous prouvent que ce journal a été composé de mémoire par une personne qui se promettait de le compléter d'après des documents et, sans doute, de le continuer, au fur et à mesure des événements. Mais, pourquoi l'auteur a-t-il aussi laissé en blanc son prénom ? Pourquoi cette hésitation à se faire mieux connaître ? La tenue du livre avait été réservée jusqu'alors aux seuls chefs de famille ; lui, n'était encore qu'un enfant. Il pouvait éprouver un certain scrupule à collaborer si tôt à l'œuvre des Maruc ses ancêtres, et ne se sentant pas l'autorité nécessaire, il agissait un peu en se cachant.

Ces notes révèlent un esprit fin et réfléchi. Sa présentation à sa mère après le baptême, sa rentrée à la maison après le sevrage sont deux scènes charmantes, rapides et naturelles. Un mot lui suffit pour qualifier le mérite de ceux de ses parents dont il annonce la mort. Il dit ce qu'il faut, brièvement, avec précision.

S'il pouvait rester quelque incertitude sur l'auteur de ces pages, son petit-fils s'est chargé de les dissiper.

« Celui qui a écrit ces notes, dit-il, est Joseph Froment de Champlagarde, mon grand père. Je reconnais son écriture. Je ne l'ai connu que d'après les actes qui nous restent de lui. J'ai appris de quelqu'un digne de foi (d'Anne Marie Gorse sœur converse du couvent de la Visitation Ste Marie) qu'il témoigna le plus vif désir de se confesser à ses derniers moments, mais c'était dans le temps de la révolution, 25 avril mil sept cent quatre vingt quatorze, ainsi que cela résulte de son acte de décès du huit floréal an 6. C'était un homme d'une probité sincère, qui se faisait aimer et craindre tout à la fois. Ma famille habitait alors la maison du Fort-St-Pierre qui est actuellement occupée par le Receveur général. »

Joseph Froment ne devait guère avoir plus de quinze ans lorsqu'il commença son » Journal »; le dernier événement qu'il relate est, en effet, antérieur à 1750, et nous savons qu'il naquit en 1733. Il est fâcheux qu'il l'ait interrompu si jeune et qu'on n'y puisse pas trouver ce que promettait le titre : Les principales époques de sa vie. Il fut le dernier bailli de Versailles. Sa carrière a été brillante; nous tâcherons, plus loin, d'en retracer les principales étapes.

De son mariage avec Marie-Madeleine Cornu de Noyon il eut trois fils et deux filles : 1° Joseph-François, né le 11 mai 1764, vice-président du Tribunal de Tulle; 2° Anne-Charles, né en 1765, consul de France; 3° Armand-Bernard-Charles, né le 20 août 1772, un des fondateurs du Collège Stanislas; 4° Adélaïde-Louise qui entra au couvent de la Charité de Nevers. Leur biographie prendra place dans le chapitre suivant, à la suite de celle de leur pére. Nous n'avons pas de renseignements sur l'autre fille du bailli.

Ici, nous arrêtons l'histoire de cette vieille famille de Tulle, les Maruc, dont nous avons suivi le développement pendant près de trois siècles. Sortie de la paroisse de Sarran elle s'implanta dans la capitale du Bas-Limousin et y poussa de puissants rameaux. Elle se fit une place d'élite dans la société, donna des sujets distingués à l'Eglise et au Palais, et vit deux de ses enfants monter aux charges de la Cour. Nous venons d'indiquer comment elle se fondit dans la maison Froment; il nous reste à montrer, par quelques notices spéciales, que les Froment de Champlagarde ont ajouté de beaux fleurons à la couronne des Maruc.

René Fage.

(A suivre.)

LES AVENTURES

DE

QUELQUES LIMOUSINS

DANS L'ÉMIGRATION

On n'entend nullement, dans les notes ci-après transcrites, soulever le point de savoir si les émigrés ont, ou non manqué aux devoirs envers la patrie. Peut-être serait-il juste de remarquer, d'une part, que si la contre-révolution avait triomphé, ce seraient vraisemblablement ses adversaires qui, dans l'histoire officielle, seraient qualifiés de rebelles et d'anti-patriotes. Peut-être pourrait-on se demander si le parti qui fit la révolution devant l'invasion étrangère est beaucoup moins coupable que celui qui. dans des circonstances critiques, fit appel à l'étranger pour la défense de la royauté séculaire.

Sous l'ancien régime, la noblesse était, à proprement parler, l'épée de la France. On sait si cette épée avait fait ses preuves. Les émigrés, en grande majorité, appartenaient à cette armée où, malgré l'évolution philosophique qui avait marqué le dix-huitième siècle, la religion de l'honneur était restée plus forte que tout autre sentiment, où le serment prêté à la personne du roi, qui était la représentation même de l'Etat, impliquait tous les sacrifices; exigeait, de temps immémorial, la réunion en armes de la noblesse pour sa défense. Ce fut là l'explication de la conduite des émigrés. La journée du 20 juin 1792 où Louis XVI fut si odieusement outragé, où apparut, de la manière la plus évidente, ce fait qu'il était prisonnier de ses ennemis, détermina, plus que tout autre, les démissions et les départs pour l'étranger.

Traqués daus leur propre pays, menacés dans leurs personnes et dans leurs biens, vilipendés par les soldats qu'ils avaient enrôlés et commandés, expulsés finalement de l'armée comme suspects, alors même qu'ils continuèrent à servir la nation (1), les officiers nobles pouvaient-ils agir autrement qu'ils ont agi ? Il serait téméraire de l'affirmer. Il est plus rationel d'admettre que nous ne pouvons pas apprécier, en exacte connaissance de cause, leur conduite. La mentalité du vingtième siècle est trop différente de celle qui fut la leur. A une époque plus rapprochée de la nôtre, le républicain Armand Carrel, cet esprit si fier et si généreux n'hésitait pas à prendre les armes pour les Espagnols contre l'invasion française de 1823. Cette attitude, bien entendu, ne saurait être approuvée. Il n'en est pas moins vrai que le tort le plus grave des émigrés c'est en fait d'avoir échoué dans leur entreprise. Ils déployèrent dans l'exil et dans la lutte des qualités toutes françaises : une souriante intrépidité, une haute énergie à laquelle se mêla

---

(1) Ce fut le cas pour le capitaine de Cosnac, de Beynat, qui était resté à son régiment le 7ᵐᵉ chasseurs à cheval, et que les représentants Saint-Just et Lebas livrèrent au tribunal révolutionnaire de Strasbourg. (Archives de la mairie de Brive.)

comme une pointe de dandysme, une abnégation qui fut une parfaite élégance morale. Mais dans l'évolution des sociétés humaines, le succès est la seule chose qui compte, Il est la condition de la glorification historique. Aussi ces brèves observations au sujet des émigrés n'auront-elles d'autres conclusions que cette parole d'un de leurs implacables adversaires, Camille Desmoulins, qui écrivait dans le n° IV de son journal *Le Vieux Cordelier :* « Ce sont les braves et « les forts qui ont émigré. O républicains, il n'est « resté parmi vous que les lâches et les malades ».

ÉMIGRÉS LIMOUSINS

—

Le maréchal de camp (1) Jean de Corbier

Jean-Baptiste, baron de Corbier, était né, d'après son dossier conservé aux archives administratives de la guerre, au château de Corbier en Limousin, le 5 janvier 1744, du mariage de Michel de Corbier et de Marie Chastaignac. Page du roi à la Grande Ecurie le 5 juin 1759, il entra comme cornette (2) au régiment Royal-Cavalerie, le 30 avril 1762, et fit, avec ce grade la campagne de 1762 à l'armée du Rhin. Sous-lieutenant le 10 février 1764, capitaine le 11 août 1768, commandant la compagnie; Mestre-de-camp le 17 novembre 1771, il passa comme major, le 10 mai 1782, au régiment Royal-Lorraine-Cavalerie, en remplacement du chevalier de Galliffet. Il était noté, en 1776, comme « très-bon sujet et de talents », en 1785, par l'Inspecteur comte de Viomesnil, comme « très-bon major ». Le 9 juin 1782, sur la pro-

---

(1) On sait qu'à ce grade correspond aujourd'hui celui de général de brigade.

(2) Aujourd'hui porte-étendard.

position du mestre de camp comte d'Andlau, colonel de Royal-
Lorraine, il reçut la croix de Saint-Louis, bien avant son tour
d'ancienneté. Le major en second de ce régiment, nommé
le 1ᵉʳ mars 1789 et placé à la suite du baron de Corbier,
était Antoine-Philippe de la Trémoille, prince de Talmont,
né à Paris le 6 février 1766, qui fut plus tard commandant
de la cavalerie de la grande armée Vendéenne et qui périt
guillotiné à Laval, en 1794, dans la cour de son propre château (1). Comptait d'autre part comme colonel au même régiment, en 1788, le chevalier Alexandre-Théodore-Victor de
Lameth, l'un des célèbres frères Lameth. Ce dernier, né à
Paris le 29 octobre 1760, ancien aide de camp du comte
de Rochambeau en Amérique, était noté comme « de beaucoup de zèle et de moyen ».

En 1783, le major de Corbier épousa en l'église Saint-
Amant de Toul, en Lorraine, Jeanne Marie de Baillivy, née
à Givort le 13 mars 1755, fille de feu François-Léopold de
Baillivy, chevalier, seigneur de Valleroy et de dame Barbier de Montardé, laquelle était veuve de François Labbé,
comte de Coussé, baron de Besonvaux, fils du comte de
Coussé, ministre secrétaire d'Etat des ducs de Lorraine (2).

Le 1ᵉʳ octobre 1791, M. de Corbier demanda sa retraite, en
qualité de lieutenant-colonel du 16ᵐᵒ cavalerie, cy devant
Royal-Lorraine, alors en garnison à Mouzon, département
des Ardennes. Le 9 novembre suivant, son colonel, M. de
Thumery (3), fit connaître que, son état de santé s'étant

______

(1) C'est lui qui, dans la guerre de Vendée, avait cru pouvoir arbo-
rer parmi ses cavaliers, la bannière des La Trémoille. Le généralis-
sime La Rochejacquelein l'abattit d'un revers de sabre en disant :
« Nous ne servons que les fleurs-de-lys »,

(2) Renseignements dus à une très aimable communication de M. le
baron Luc de Corbier.

(3) C'est ce même *Thumery* qui, par la suite, étant allé saluer le
duc d'Enghien à Ettenheim, fut confondu par un maréchal des logis
de gendarmerie illettré avec *Dumouriez*.

Le rapport de police établi à ce sujet fut une des charges les plus
graves relevées contre ce malheureux prince. Un habitant de Saverne
(Alsace) que j'ai vu, avait connu l'auteur de ce rapport.

amélioré, M. de Corbier se proposait, si le roi le trouvait bon, de continuer à servir, Il serait très avantageux, observait M. de Witgenstein, de conserver au roi un ancien et excellent officier. M. le ministre du Portail était en conséquence instamment prié de vouloir bien accorder au lieutenant-colonel du 16ᵐᵉ Cavalerie un congé avec appointements jusqu'au mois de mars 1792.

Le 4 mai 1792, le lieutenant-colonel de Corbier fut signalé comme émigré avec presque tous les officiers du 16ᵉ Cavalerie. Il fit la campagne de 1792 comme major de la brigade « Colonel Général à l'Armée des Princes (1). Lorsque cette armée eut été licenciée à Liège, il passa à l'armée de Condé, où il fut nommé en 1795 major du régiment de Rurange, et où il fit les campagnes de 1795 à 1797. Nommé lieutenant-colonel par Louis XVIII le 10 juillet 1797, pour prendre rang du 18 juillet 1789, il partit avec cette armée pour les cantonnements désignés par l'Empereur Paul Iᵉʳ dans la Pologne russe ; il fut ensuite placé comme capitaine au régiment du duc d'Enghien, étant observé que tous les capitaines de ce régiment étaient officiers supérieurs (2). M. de Corbier servit notamment sur le Rhin en 1799. Après le licenciement de 1801, il resta en Allemagne et ne rentra en France qu'en septembre 1814.

La révolution et l'émigration lui avaient fait perdre sa fortune, c'est-à-dire d'après ses évaluations 12.000 francs de rentes. « Je ne les regrette pas, écrivait-il, si c'est pour le bonheur de la France. Mais ayant eu l'honneur de servir

---

(1) Les coalisés employèrent le moins possible cette petite armée dont ils se défiaient ; la sachant prête à s'opposer au démembrement de la France. Le comte de Provence et le comte d'Artois n'exerçaient sur elle qu'un commandement nominal : les opérations étaient dirigées en réalité par les maréchaux de Broglie et de Castries.

(2) Les officiers émigrés excédant très sensiblement par leur nombre les cadres des troupes placées sous leurs ordres servaient avec des grades inférieurs à ceux qu'ils avaient obtenus en France. Plusieurs mêmes, comme du côté des patriotes le brave Latour d'Auvergne, servaient comme simples volontaires.

Sa Majesté pendant cinquante-six ans, il me serait dur de penser qu'elle ne voulût pas accepter le reste d'une vie qui lui est entièrement consacrée ». Il invoquait comme références, à son retour de l'émigration, le duc de Serent et le marquis d'Ecguevilly (1), ses premiers chefs qui lui avaient témoigné la plus constante amitié, ainsi que MM. de Damas et de Nantouillet. Il se réclamait aussi de la mémoire de « l'Auguste victime du 13 février » (2). Il produisait le certificat ci-après : « Je soussigné certifie que M. le baron de Corbier n'est rentré en France qu'au mois d'août dernier, étant resté jusqu'à cette époque à la disposition du roi à Fribourg en Brisgau, où il jouissait de la pension accordée par Sa Majesté britannique aux officiers de l'armée de Condé (3). J'ajouterai, ayant été son camarade et son chef depuis plus de cinquante ans, que je ne connais pas d'officier plus digne, sous tous les rapports sans exception, des bontés du roi, et de l'intérêt du ministre qui doit mettre ses services sous les yeux de Sa Majesté. Je me fais un devoir et un plaisir de rendre cette justice à un fidèle ami de ma jeunesse et de toute ma vie. Signé : le comte d'Ecquevilly, à Paris, le 17 octobre 1814 ».

Par ordonnance en date aux Tuileries du 23 janvier 1815, M. de Corbier fut nommé maréchal de camp avec pension de 4.000 francs. Lorsque survint le décret de Napoléon, en date du 13 mars 1815, contre les émigrés rentrés postérieurement au 1er avril 1814, les habitants de sa commune, ses

---

(1) Armand-François Hennequin d'Ecquevilly (1747-1830) avait été colonel du régiment Royal-Cavalerie, et, en 1788, maréchal de camp. A l'armée de Condé, il exerça les fonctions de chef d'état major. Lieutenant général et pair de France en 1815, inspecteur des ingénieurs de l'armée, président du Comité de la guerre, il est l'auteur du livre : *Campagnes du Corps de Condé.*

(2) Le duc d'Enghien.

(3) Ces pensions n'avaient été accordées, sur la demande des princes français, qu'à un petit nombre d'officiers particulièrement méritants et peu fortunés. Elles leur permettaient à peine de vivre en pays étranger.

anciens vassaux, pétitionnèrent pour qu'il lui fût permis de rester parmi eux. Il mourut le 5 novembre 1821, à l'âge de 78 ans, laissant un fils, Marie-Michel-Jean-Joseph, né à Toul, en Lorraine, le 18 mai 1785, décédé le 9 avril 1825 ; une fille, Marie-Xavier, pour laquelle, ruiné par la Révolution, mais « glorieux de son indigence par la cause qui l'a produite », il avait demandé au roi « un brevet de dame » n'ayant à espérer, à l'âge de trente ans et sans fortune, aucun établissement avantageux.

Une pierre tombale placée dans l'église de Pontarion (Creuse) indique le tombeau de Jean de Corbier, baron de Pontarion, chevalier de Saint-Louis, maréchal des camps et armées du roi.

Les frères du Garreau de la Seinie

Théodore et Pierre du Garreau de la Seinie, deux frères dont l'un avait déjà été admis dans l'ordre de Malte, étaient les enfants de Jean-Joseph du Garreau de la Seinie, ancien capitaine au régiment de cavalerie « Mestre de camp général » chevalier de Saint-Louis, seigneur de Puy-de-Belte, la Brugière, les Vergnes, paroisses de Saint-Yrieix et Coussac, et de Valérie Limousin de Neuvic, dame de Valeychièras (1). Partis pour l'émigration, ils furent les premiers engagés comme volontaires dans la compagnie de chasseurs de la légion de Damas ou régiment de Maestricht (2). Ce corps, à la solde de la République de Hollande, fut formé à Maestricht en juin 1793 par le chevalier Etienne de Damas-Crux, ancien colonel du régiment de Vexin, ancien officier de l'armée des Indes sous d'Aché et Suffren. Il comprenait des compagnies de chasseurs et de fusiliers. L'uniforme était bleu-clair avec collet et parements soutachés de blanc, et retroussis noirs. Les chasseurs portaient le chapeau ligueur à plumet, et les fusiliers le petit shako à cocarde

---

(1) Nadaud et Lecler. *Nobilaire de Limoges.*
(2) Bittard des Portes. *Emigrés à cocardes noires.*

noire sur fond blanc. Le plus jeune des du Garreau avait alors *quatorze ans*, l'aîné en avait seize. Débarqués à Quiberon en juillet 1795 avec la division de M. de Sombreuil, ils allèrent au fort Penthièvre, le 20 juillet. pour y visiter leur compatriote, M. de la Morélie, de Saint-Yrieix, ancien lieutenant des vaisseaux du roi, lieutenant au régiment d'Hector, blessé quelques jours avant au combat de Sainte-Barbe, et ils passèrent avec lui une partie de la journée (1).

C'étaient, a écrit dans ses *Souvenirs* M. de la Morélie, « deux jolis jeunes gens ». Ils devaient, disaient-ils, entrer dans Royal-Louis, le régiment de M. d'Hervilly, où M. de Jumilhac leur avait fait espérer des places d'officiers. D'autres Limousins avaient pris rang comme eux à la légion de Damas : C'étaient notamment le lieutenant de Savignac, du Haut-Limousin, ancien capitaine dans Artois-Infanterie, et le lieutenant James de Geoghegan, né à Brive, fils d'un réfugié jacobite, ancien officier au régiment de Berwick. Le frère aîné de M. du Garreau, lieutenant de vaisseau sur le brick l'Espérance, était parti en 1791 avec M. d'Entrecasteaux à la recherche de la Pérouse. Il avait été chargé notamment de reconnaître une partie de la côte océanienne en vue de la terre de Van Diémen.

Compris après le combat du 21 juillet et la prise du fort Penthièvre dans la capitulation de Quiberon, Théodore et Pierre du Garreau de la Seinie furent condamnés à mort par une commission militaire. Avant l'exécution, le représentant Blad en avait référé aux comités de la Convention pour signaler l'extrême jeunesse de certains condamnés. De son côté, l'officier qui présidait le tribunal militaire, mu par une intention généreuse, engagea les frères du Garreau à se déclarer plus jeunes encore qu'ils ne l'étaient en réalité et à alléguer, à l'appui d'un recours en grâce, que, dans l'enrôlement, on avait surpris leur bonne foi. Mais ces deux généreux enfants se refusèrent obstinément à entrer dans cette

---

(1) Louis Guibert. *Notes sur les émigrés limousins à Quiberon·* Limoges, imprimerie Ducourtieux,

voie. On les fusilla à Auray le 9 fructidor an II. D'après les listes publiées par M. de la Gournerie, l'arrêt ainsi exécuté leur donne pour mère « Valéry de Neuvy ». Leur noble attitude a inspiré au poète allemand, Beroldingen, une poésie qui ne manque ni d'inspiration, ni de délicatesse. Ce mélancolique hommage rendu par un étranger à la mémoire de deux jeunes Limousins a déjà été reproduit, par le regretté Louis Guibert, dans une notice citée plus haut. Il paraît néanmoins à propos, pour mieux le préserver de l'oubli, de le placer sous les yeux des lecteurs de ce « Bulletin », compatriotes des frères du Garreau. En voici le texte complet :

Exemple admirable d'invincible fidélité au devoir donné de nos jours

(Poésie allemande imprimée en 1799 sans indication de lieu)

« Il ne faut pas laisser tomber dans l'oubli ce beau trait. Faisons, au contraire, figurer dans tous les livres comme un exemple donné aux chevaliers de ce pays (1), la généreuse conduite de deux jeunes gentilhommes durant ces jours mauvais.

« Il y a bientôt cinq ans, l'armée, dévouée à son devoir, des Français exilés, réunis pour la fidélité et le courage dans une grande entreprise, aborda aux champs sanglants de Quiberon.

« Trahison (2) et supériorité du nombre, c'est par vous que cette armée a été conduite au supplice !

« Non ! cette fois la cause n'a pu vaincre : ceux qui étaient fidèles et loyaux ont dû succomber, hélas !

« Ceux que la mort a épargnés, les héritiers de la chevalerie française, sont attaqués avec fureur par l'armée de leurs ennemis triomphants.

« Et, dans la ville voisine, homme à homme, ils vont mourir d'un coup de fusil, comme des malfaiteurs.

---

(1) C'est à-dire aux Allemands.

(2) On rappelle que les royalistes avaient enrôlé des déserteurs républicains qui firent défection sur le champ de bataille.

« Deux courageux frères, âgés l'un de dix-huit ans, l'autre de dix-neuf ans, à l'œil vif, à l'attitude noble, sont forcés, comme leurs compagnons, de subir la violence populaire.

« Mais, ô surprise ! le chef de cette bande de loups jette un regard sur eux, et s'appitoie sur leur jeunesse :

« Nest-ce pas, jeunes gens, leur dit-il, on vous a abusés, et c'est à contre-cœur que vous êtes venus ici ?

« Entourés d'une couvée de serpents, vous avez été contraints de devenir nos ennemis, mais vous pouvez encore revenir en arrière, je le vois sur votre visage.

« Vous pouvez encore servir en héros le nouveau régime. Sortez donc du cercle : vous êtes trop jeunes pour mourir !

« Mais, ô surprise plus grande encore ! Ces jeunes gens répondent :

« Non ! Nous n'avons pas été par force amenés ici. C'est pour un noble dessein que nous sommes entrés dans les rangs de cette armée :

« L'amour du trône, le dévouement au devoir et à la patrie, voilà ce qui nous a conduit sur ces bords.

« Et, si le destin ne nous permet pas d'atteindre le but généreux que nous poursuivons, eh bien ! nous préférons mourir ici, avec ces gentilhommes.

« *Et ils s'agenouillent sur la terre, ou pour mieux dire sur leur tombe, et ils attendent les balles.*

« O jeune homme, qui veux suivre comme eux la carrière des armes, ne perds pas de vue leur exemple : donne une larme à ce trait d'honneur chevaleresque. »

Ajoutons que l'ancien capitaine de cavalerie du Garreau de la Seinie, père des deux fusillés de Quiberon, émigré comme eux, fit son testament à Hildesheim (Basse-Saxe) le 3 juillet 1796 ; il y mentionnait que sur ses quatre fils, trois étaient vraisemblablement morts, que le roi Louis XVIII, arrivé depuis quelque temps à l'armée de Condé paraissait désireux de s'entourer de sa noblesse dans les circonstances critiques où il se trouvait, et qu'il ne lui était permis, ni de

refuser, ni même d'hésiter à s'y rendre pour autant de ser
vices que son âge et ses infirmités le lui permettraient. Il
est mort en 1798, âgé de soixante-quatre ans, à l'hôpital de
l'armée de Condé, à Torzin (Pologne russe). Son fils aîné, le
lieutenant de vaisseau, était mort, de son côté, à Batavia en
1795, au service de la France, pendant que de l'autre côté
de la terre, les cadets tombaient sous les balles françaises,
pour la cause royaliste. Un dernier enfant, le comte Joseph
du Garreau de la Seinie, qui avait servi, comme ses frères,
à la légion de Damas, a été sous la Restauration, chef de
bataillon au 6ᵐᵉ régiment d'infanterie de la garde royale.
Il avait épousé une fille de l'amiral du Chayla dont il n'eut
pas d'enfants (1).

M. Lavialle de Masmorel

Jean-Baptiste-Sébastien Lavialle de Masmorel, né à Cham-
boulive en Bas-Limousin, le 5 mai 1748, fils de Léonard
Lavialle, écuyer, médecin ordinaire du roi, juge au Marquisat de Saint-Jal, et de Marguerite-Jeanne Lavialle. Il épousa
Marie-Michel (de Champagnac), d'une famille de Donzenac.
En 1789, il était docteur en médecine de la Faculté de Montpellier, intendant, après son père, des eaux du Mont-Dore et
de la Bourboule. Le 8 février 1768, en vue d'obtenir la palme
d'Apollon, il avait présenté à la Faculté de Montpellier une
thèse latine intitulée *Dissertatio medica de aquis Montis
Aurei*; il y avait exposé la doctrine et les expériences de
son père sur les eaux du Montdore. Cette thèse devenue rare,
a été récemment analysée et utilisée par un médecin con-
sultant du Mont-Dore le docteur Nicolas. Aux réunions de
la noblesse pour les Etats Généraux, M. Lavialle de Masmorel remplit les fonctions de président ; il s'y déclara l'adver-
saire des idées nouvelles. Un matin de l'année 1791, laissant sa femme et ses enfants pour aller défendre la cause de

---

(1) *Nobiliaire de Limoges*, par Nadaud et Lecler. — Louis Guibert.
Notes sur les émigrés limousins à Quiberon.

la Monarchie, il partit de Donzenac au lendemain d'une joyeuse réunion destinée à dissimuler son départ. Il arriva à Coblentz en novembre 1791. Il fit la campagne de 1792 comme volontaire dans le corps du duc de Bourbon, fils du prince de Condé et père du duc d'Enghien. Il avait alors quarante-quatre ans. Ce fut cette troupe qui, spontanément et sans ordres, après la bataille de Jemmapes, protégea la fuite de l'archiduchesse Marie-Christine, sœur de la reine Marie-Antoinette et gouvernante des Pays-Bas Autrichiens, chassée de Bruxelles par l'invasion française.

Fersen, l'organisateur du voyage à Varennes, qui courait alors sur les routes de la Belgique, raconte dans sa correspondance qu'il vit défiler le corps de Bourbon, composé en majeure partie de gentilhommes émigrés et d'anciens officiers, que plusieurs dames les accompagnaient. Après le licenciement de ce corps, les républicains s'étant emparés de Liège et d'Aix-la-Chapelle, M. Lavialle de Masmorel se trouva enfermé dans Maestricht investi le 6 février 1793 par le général Miranda qui avait sous ses ordres 15.000 combattants (1). Le gouverneur autrichien était le prince de Hesse Philippstadt. Les émigrés dans la place étaient au nombre de 1.250.

Le marquis d'Autichamp, ancien capitaine d'un corps d'élite, les gendarmes anglais de la garde du roi, le meilleur général de cavalerie de l'ancienne armée, dit dans ses mémoires la baronne d'Oberkirch, dirigeait la défense avec le comte du Royel Beaumanoir, lieutenant général. Ils organisèrent deux divisions de neuf compagnies formées par provinces limitrophes. M. Lavialle de Masmorel servait dans la neuvième compagnie de la seconde division qui comprenait les combattants originaires de la Marche, du Limousin et de l'Auvergne, et que commandait le marquis de la Queuille, maréchal de camp, ayant sous ses ordres le vicomte de la Roche-Aymon (2). D'anciens officiers du corps royal d'artil-

____

(1) Arthur Chuquet. — *Les guerres de la Révolution, la Conquête de la Belgique.*

(2) Carnet de M. d'Espinchal, publié par le commandant de Champflour

lerie parmi lesquels un limousin qui eut un rôle prédominant, M. de Gimel, faisaient eux-mêmes, sur les remparts, le service des pièces et pointaient fort juste : leurs boulets coupèrent en deux des volontaires nationaux qui étaient montés sur le glacis et abattirent les arbres de la liberté que plantaient les assiégeants. Mais l'homme qui devait être le rival de Bonaparte, le futur général Moreau (1), alors chef de bataillon d'infanterie, s'empara du fort Stephenwertz; le fort Saint-Michel, vis-à-vis de Wenloo, fut également pris. Enfin, le général Miranda, Ce Péruvien au service de la France, jeta sur la ville une masse d'obus qui allumèrent de nombreux incendies. Les émigrés qui savaient ce qui les attendait s'ils tombaient aux mains de leurs eanemis, se défendirent en désespérés, M. Lavialle de Masmorel raconte dans ses « Souvenirs » qu'il prit part à une sortie qui fut faite en enfants perdus, au nombre de six cents, sans artillerie, sans cavalerie, sans éclaireurs. Le régiment autrichien de Brunswick et les soldats Wallons avaient refusé de marcher. Finalement les Impériaux que commandait le prince de Cobourg et qui s'étaient massés derrière la Rôer, franchirent cette rivière dans la nuit du 1er mars 1793. De son côté, le feld-maréchal Clerfayt, le meilleur des généraux autrichiens, força les lignes d'Aldenhoven ; le prince de Wurtemberg reprit Aix-la-Chapelle. Dans une série d'engagements, les avant-postes des carmagnoles furent culbutés. Miranda qui avait perdu quinze cents hommes dut lever le siège le 2 mars à minuit et se mit en retraite sur Tongres. En mémoire de ces événements, les bourgeois de Maestricht délivrèrent à chacun des émigrés un certificat dit Billet de Siège, ainsi conçu : « Nous, hauts bourgmestres échevins, conseillers jurés et autres du Conseil indivis de la ville de Maestricht, déclarons et attestons que M. .... est du nombre des nobles et militaires français que l'honneur, le devoir et la conscience ont obligés de sortir du royaume pendant la

---

(1) Vers la même époque, en Bretagne, on guillotinait le père de Moreau, comme royaliste, ou plutôt comme suspect de royalisme.

Révolution et qui, se trouvant dans cette ville lorsqu'elle fut assiégée et attaquée d'une façon violente par les insurgents et rebelles français, ont concouru à sa défense avec la fidélité et le courage qui distinguent toujours la noblesse française. Ainsi fait et arrêté dans l'assemblée du noble et vénérable Conseil indivis de la ville de Maestricht, le 8 avril 1793 et ont signé ..... »

A l'étranger, M. Lavialle de Masmorel publia *L'Emigration regardée comme système et comme acte sentimental* avec cette epigraphe virgilienne : *Nos patriæ fines et dulcia linquimus arva.* Le comte d'Artois, qui n'avait pas eu connaissance du manuscrit, voulut bien néanmoins payer les frais de l'impression.

D'autre part, rimant à ses heures de loisir, M. Lavialle de Masmorel adressa des vers à l'impératrice de Russie Catherine qui, malgré les enseignements philosophiques reçus de Diderot, s'était prononcée contre la Révolution française. Il en fut remercié par l'ambassadeur Romanzoff et eut à cette occasion la promesse d'un portrait de la souveraine, lequel ne paraît pas d'ailleurs être parvenu à destination. A la fin de 1793, il rejoignit l'armée de Condé. Le 1er octobre 1797, il n'avait pas cessé de servir dans la compagnie n° 13 des chasseurs nobles, se rendant à Constance, et de là en Volhynie, dans les quartiers assignés aux Condéens par l'empereur de Russie, Paul Ier. Malgré son âge, malgré les dangers et les fatigues d'une existence à laquelle il n'avait point été accoutumé, M. Lavialle de Masmorel ne cessa de conserver, pendant les campagnes de l'émigration, ainsi qu'en témoigne sa correspondance, un fonds inaltérable de confiance et belle humeur. Nommé chevalier de Saint-Louis au retour de Gand, par ordonnance royale du 8 novembre 1815, il est mort à Donzenac (Corrèze) le 2 juin 1834.

Le 29 messidor an II, le citoyen Meyjonade, officier public de la commune de Donzenac, avait prononcé pour cause d'émigration, le divorce de Sébastien Lavialle, émigré, et de Marie Michel, épouse et mandataire de ce dernier

pour l'administration de ses biens suivant acte reçu par
Mᵉ Vincent, notaire, le 25 octobre 1791. (1)

Le 1ᵉʳ septembre 1792, les biens de l'émigré Masmorel
à Allassac avaient été loués aux enchères pour le compte de
la nation, moyennant un loyer annuel de 750 livres. Son fils
aîné, Félix Lavialle de Masmorel, hussard au 6ᵐᵉ régiment,
armée des Grisons, en l'an IX, fit les guerres de l'Empire
et disparut dans la campagne de Russie. Son second fils a
été président du tribunal de Brive, et sous le règne de Louis
Philippe, député de la Corrèze. Enfin, bien des personnes à
Brive se souviennent encore de M. Jules Lavialle de Masmorel, ancien receveur des finances, chevalier de la Légion
d'honneur, un grand vieillard presque centenaire que l'âge
ne courba jamais, un homme qui, par sa bonne grâce souriante et son inaltérable courtoisie rappelait les nobles traditions de l'ancien régime. C'était le petit-fils de « l'émigré
Masmorel ».

Le colonel de Corn

Guillaume-Joseph-Blaise-Marie, comte de Corn, fils de
Jean de Corn, seigneur du Peyroux, chevau-léger de la
garde du roi, et de Catherine Duroux, était né à Brive le
3 février 1754 et avait été baptisé en l'église Saint-Martin de
cette ville le 4 du même mois. A l'âge de treize ans, le 30
janvier 1767, il entra comme sous-lieutenant au régiment
de Bourbonnais-Infanterie (2). Lieutenant le 16 avril 1771,
capitaine en second le 21 mars 1779, capitaine commandant
le 15 avril 1780, il fit, à l'armée du lieutenant général comte

─────────

(1) Les procès-verbaux de cette nature, destinés à sauvegarder les
droits des femmes d'émigrés, furent annulés après la Révolution.

(2) Bourbonnais sans tâche : l'uniforme était entièrement blanc.
Les renseignements qui suivent sont extraits, pour la majeure partie,
du dossier du colonel de Corn aux archives administratives de la
guerre.

de Rochambeau, de 1780 à 1783, les campagnes d'Amérique Septentrionale, participa aux combats de Kingsbridge, à la bataille et au siège de Yorcktown. Décoré à la suite de cette expédition de l'ordre de Cincinnatus fondé par la jeune République américaine, il devint capitaine de grenadiers le 3 juillet 1787, Chevalier de Saint-Louis le 9 juin 1791. Démissionnaire en 1791, il arriva à Worms le 6 août de la même année. Il fit la campagne de 1792 à l'armée des Princes, dans le corps du duc de Bourbon, avec la compagnie composée des officiers de son régiment et de ceux de la brigade de Blanvoisis, sous le commandement du comte de Salgues (1). Le corps de Bourbon fut concentré à cinq lieues de Liège, au camp de L'Huy sur la Meuse, dans les Pays-Bas autrichiens, rattaché à l'armée du duc de Saxe, et destiné à marcher sur Namur en flanc des Impériaux. Il comptait environ cinq mille hommes. Après trois semaines sous la tente, il fut dirigé sur Marche, en Luxembourg, à quelques lieues de Givet, tout près de la frontière française. . Porté ensuite en avant de Namur pour soutenir le corps autrichien du maréchal Clerflayt, il entendit, le 6 novembre 1792, la canonnade de Jemmapes, et, sans avoir été appelé à prendre part à l'action, reçut l'ordre de se replier. Mais « au lieu de battre en retraite, dit dans ses Mémoires l'émigré Mautort qui en faisait partie, par le chemin qui nous avait conduits à Namur, nous fîmes une marche assez périlleuse pour nous porter sur Bruxelles : nous passâmes près des avant-postes des Français. Nous pouvions leur donner l'éveil et attirer sur nous des forces considérables qui nous eussent mis dans la plus grande perplexité. Cette marche hasardeuse était une galanterie de M. le duc de Bourbon. Il voulait se faire un mérite près de l'archiduchesse gouvernante des Pays-Bas en couvrant la retraite à laquelle elle se trouvait forcée à l'approche des ennemis. Nous marchâmes toute la nuit en faisant le moins de bruit et d'appareil possible. Le lendemain, dans la journée, nous ne fîmes que deux hal-

______

(1) Bittard des Portes, *Armée de Condé*, page 26.

tes, et nous arrivâmes vers neuf heures du soir sur les glacis de Bruxelles où nous restâmes en bivouac jusqu'à minuit.
Pendant ce temps les voitures et les équipages de l'archiduchesse défilaient, et, lorsqu'elle fut passée avec toute sa
suite, nous nous remîmes en marche. Nous allâmes tout
d'une haleine jusqu'au premier village au-delà de Louvain ».

Par Tirlemont et Saint-Front, la division de Bourbon
arriva à Liège où se termina sa campagne de deux mois et
demi, et, dès cet instant les choses allèrent de mal en pis
pour les émigrés qui, sans argent, et refoulés par les colonnes de Dumouriez, refluaient de toutes parts sur Liège.
C'est là que fut prononcé le licenciement. On donna à chaque combattant quinze francs en argent et des assignats ; on
leur laissa leurs chevaux et leurs armes. « Ce fut, dit le
chevalier Mautort, la confusion de la tour de Babel. Nous
parlions tous à la fois : on faisait des projets qui n'avaient
ni queue, ni tête, et, au milieu de tout cela, chacun prit son
parti séparément ». « La dissolution, écrit de son côté le
marquis de Jaucourt, se fit avec une précipitation et un
désordre qui ne s'effaceront jamais de ma mémoire ». Une
partie des émigrés se dirigea sur la Hollande et, de là,
passa en Angleterre. D'autres prirent du service dans les
armées autrichiennes ou prussiennes. Quelques uns gagnè-
rent la Russie. M. de Corn, M. Lavialle de Masmorel dont
les aventures ont été déjà rappelées, et plusieurs Limousins
qui avaient fait partie du corps de Bourbon, où ils formaient
une compagnie, se rallièrent au drapeau blanc qui flottait
librement à l'armée de Condé, et qui était pour eux le drapeau de la France. C'était, écrivait M. de La Queuille, le
dernier asile des militaires français fidèles à leur roi. Mais,
là même, les fonds manquaient, et ce fut l'impératrice Catherine II qui pourvut aux dépenses engagées par le prince
de Condé pour l'hivernage de 1792. Le comte de Corn fit,
sous les ordres de ce prince, les campagnes ultérieures jusqu'au licenciement opéré neuf ans après, le 31 mars 1801.
En 1796, il remplissait les fonctions de lieutenant à la 13ᵉ
compagnie du régiment noble à pied. Un certificat délivré à

Paris, le 13 août 1814, par le marquis de Boulhillier, ancien major général de l'armée de Condé, et conservé aux archives de la guerre, constate qu'il eut droit aux grades de lieutenant-colonel le 21 mars 1793, de colonel le 21 mars 1799, maréchal de camp le 21 mars 1806. Aux termes d'une ordonnance royale du 11 janvier 1815, il reçut le grade et la retraite de colonel d'infanterie. Le 10 février 1779, il avait épousé Marie-Thérèse-Joséphine de Scorailles (1), fille d'Annet de Scorailles, baron de Mazerolles, gouverneur pour le roi du château de Crévecœur, et de Madeleine Amable de Corn de Queyssac. En 1788, il avait été admis, sur preuves fournies au généalogiste Chérin, dans les carosses du roi. On le trouve mentionné sur la liste des émigrés de la Corrèze sous la désignation suivante : « Decorn Dupeyroux, capitaine au 13me régiment d'infanterie. (ci-devant Bourbonnais) ». Il est mort à Brive le 22 avril 1819. Son fils, le marquis de Corn, après avoir fait les guerres du Premier Empire, a été, sous le gouvernement de la Restauration, maire de cette ville.

Le lieutenant-colonel de Corn

Zacharie (2) Jean de Corn, dit le chevalier de Corn, frère cadet du colonel dont on a rappelé la carrière, était né à Brive le 15 avril 1755. Le 30 août 1769, il entra comme sous-lieutenant au régiment de Bourbonnais où servait déjà son frère. Lieutenant le 10 juillet 1774, capitaine en second le 19 mars 1780, il fit avec ce dernier les campagnes d'Amérique et en mer de 1780 à 1783. Placé à une compagnie de chasseurs le 10 février 1783, à la compagnie de grenadiers le 15 juillet 1784, capitaine commandant le 19 mai 1785, il

---

(1) De la famille de Scorailles était venue Marie-Angélique de Scorailles, duchesse de Fontanges, qui supplanta auprès de Louis XIV Madame de Montespan.

(2) Ce prénom, d'origine biblique, lui vint de son cousin, M. Zacharie de Saint-Germain qui l'avait porté sur les fonds baptismaux.

fut décoré de la croix de Saint-Louis le 18 mars 1791. Il était
en Corrèze, avec son frère, à la fin de l'année 1789, et tous
deux se joignirent à MM. de Salès, de Cosnac et quelques
autres habitants de Brive pour la défense du petit château
Roffignac-les-Allassac où un M. de Lamaze était assiégé par
les paysans en armes. Sur le billet envoyé par les défenseurs du château à la municipalité de Brive et réclamant
du secours, se lit, avec une vingtaine de signatures, celle du
chevalier de Corn.

Démissionnaire le 15 septembre 1791, ce dernier fit les
campagnes de 1792, 1793, 1794 à l'armée du prince de Condé (1).
Etant entré dans un régiment d'émigrés que commandait le
duc de Laval-Montmorency et dont la formation fut signa-
lée au Comité du Salut Public, au début de l'année 1795,
par Bacher, l'agent de la République française en Suisse (2),
il passa ultérieurement comme major dans un régiment que
son cousin, le chevalier de Corn de Queyssac levait à la
solde de la Grande Bretagne. A cet effet, il se rendit à
Malte, où ce corps devait se recruter. Mais, les enrôlements
n'ayant pu être complétés, il fut envoyé en Angleterre par
son cousin, M. de Corn de Queyssac, pour prendre les ordres des ministres anglais (3). N'ayant pu aboutir dans sa
mission auprès de ces derniers, il demanda et obtint une
compagnie dans le régiment de Waldstein à la solde anglaise et passa, avec ce corps, aux Antilles. Réformé en 1799
à la Martinique, il y épousa, en 1800, Marie-Fortunée de
Courdemanche, d'une famille qui avait été mêlée à la
chouannerie normande. Revenu en France en 1817, il obtint le grade et la pension de lieutenant-colonel. Il est mort
à Brive, à l'âge de soixante-treize ans, le 9 novembre 1825.
Madame de Corn, née de Courdemanche, repose dans le cimetière de cette ville où on peut encore lire son épitaphe.

---

(1) Archives de la guerre. Dossier du lieutenant-colonel de Corn,
(2) Bittard des Portes. *Emigrés à cocarde noire*, p. 292.
(3) *Dictionnaire généalogique de Courcelles*, T. IX. Les renseignements fournis par cet ouvrage ne figurent pas dans le dossier
militaire du lieutenant-colonel de Corn.

M. DE FÉLETZ

Antoine-Joseph de Féletz naquit le 6 février 1766 du mariage de noble Etienne de Féletz d'Orimond, habitant au repaire de Gumond, paroisse de Saint-Pantaléon en Bas-Limousin, et de demoiselle Catherine de Fars. Son grand-père, Charles de Féletz, avait été officier au régiment du Roi. Il servit comme lieutenant au régiment de Champagne. Parti pour l'émigration, il entra comme sergent-major dans le régiment du Dresnay levé en Angleterre par le marquis du Dresnay, investi après le marquis de la Rouerie du commandement des royalistes en Bretagne. Presque tous les officiers de ce corps étaient Bretons. Commandé par le lieutenant-colonel marquis de Talhouet, ancien maréchal de camp comme le colonel qu'un ordre des ministres anglais retint dans les îles anglo-normandes, le régiment du Dresnay fut compris dans la première division de l'armée royaliste et débarqua le 27 juin 1795 sur le littoral de Quiberon. Au combat du 16 juillet, M. de Féletz fut blessé (1).

Compris dans la capitulation du 21, il fut comdamné à mort le 29 par une commission militaire réunie à Port d'Orange, près Saint-Pierre Quiberon. Sous la désignation de « Félix-Antoine-Joseph, de Gumont, district de Brive », il tomba le lendemain, sous les balles du peloton d'exécution, avec la deuxième fournée de condamnés, celle qui suivit le supplice du général Sombreuil. Il était âgé de vingt-neuf ans. Le lieu où il périt porte encore le nom de Fosse des Martyrs. C'est au pied de la falaise de Kergrois, dans une dépression de terrain, non loin de la grève que bat la mer sauvage, entre Kergrois et Kéridanvelle (2).

Le père d'Antoine Joseph de Féletz figure sur la liste des suspects incarcérés à Brive en 1793, telle qu'elle a été publiée par M. de Seilhac dans son livre *La Révolution en Bas-Limousin*. Cette liste le désigne de la façon suivante :

(1) B. des Portes, p. 489.
(2) La Gournerie. *Les Prisonniers de Guiberon*.

« Félix de Gumon, âgé de cinquante ans, ci-devant noble, père de deux fils émigrés, d'une fortune non aisée. » Un autre enfant du baron de Féletz fut l'abbé Charles-Marie de Féletz, publiciste et critique de talent, l'un des quarante de l'Académie Française. Un autre fils, qui avait servi dans l'émigration comme le fusillé de Quiberon et qui en dernier lieu habitait le département de la Dordogne, est mort au siècle dernier, célibataire, et chevalier de Saint-Louis. Enfin, vers 1840, vivait encore Mademoiselle de Féletz, sœur de l'abbé de Féletz et des deux émigrés dont on vient de parler. Le dimanche, à l'heure de la messe, on la voyait venir, du hameau de Gumond, à la petite église de Saint-Pantaléon de Larche, près de laquelle elle est sans doute ensevelie.

Le colonel marquis de Brettes

Jean-Baptiste de Brettes, fils aîné de Joseph-Martial, marquis de Brettes, et d'Anne Placide de Cognac, était né au château des Cros, paroisse de Cieux, en Haut-Limousin, le 11 septembre 1744. Entré comme page à la Grande Ecurie du roi le 1er juillet 1762, il fut admis, le 9 février 1763, dans la compagnie des chevau-légers de la garde, sur la présentation faite par son oncle, M. Joseph-Martial de Petiot de la Motte, ancien brigadier de cette compagnie Le 24 mai 1780, au château de la Mothe-Barentin, il épousa Louise-Madeleine de Barentin, fille de Charles-Paul-Nicolas de Barentin, vicomte de Montchal, mestre de camp de cavalerie (1), et de Jeanne-Marie Dorothée de Combret de Bessoles. La marquise de Brettes mourut au château des Cros le 6 mars 1787. Son mari n'avait pas cessé de servir dans les chevau-

---

(1) Charles-Paul Nicolas, vicomte de Barentin-Montchal (1737-1834) militaire et littérateur, avait servi dans la guerre de sept ans. Il fut. dans l'émigration, capitaine de la garde de Louis XVIII à Mittau. Il traduisit le *Voyage aux Etats-Unis* de Smith (Paris, 1791) et publia une *Géographie ancienne et historique* (Paris, 1807).

légers de la garde, lors de la réforme du 30 septembre 1787, date à laquelle il exerçait les fonctions de premier maréchal des logis. Le 20 avril 1791, il fut reçu chevalier de Saint-Louis par M. de Sombreuil, gouverneur des Invalides, à Paris. Parti pour Coblentz à la fin de la même année, il y reprit son rang dans la première compagnie d'ordonnance de la maison du roi reconstituée à Neuwied sous les ordres du marquis de Clarac. Il eut là comme compagnon le célèbre journaliste réactionnaire François Suleau qui rédigeait à Coblentz le *Journal de la Contre-Révolution.* Les anciens officiers de la Maison du Roi, dit M. des Portes, dans son *Histoire de l'armée de Condé,* étaient tout heureux d'en reprendre l'élégant costume. Les princes ayant acheté des chevaux en Saxe, et le roi de Suède, Gustave III, en ayant envoyé 5,000, les quatre compagnies rouges, ou compagnies nobles d'ordonnance, une de chevau-légers, une de gendarmes, et les deux autres de mousquetaires, manœuvrant à pied ou à cheval, se trouvèrent parfaitement montées. Des officiers en groupes, sous l'uniforme blanc, qui était alors adopté dans la plupart des régiments, ne cessaient d'arriver, semblables, suivant le mot de Châteaubriand, à de blanches mouettes avant-coureurs de l'orage. On les acclamait, on raillait les retardataires. Dampmartin, colonel de Lorraine-Dragons, arrivé des derniers avec ses officiers, raconte dans ses « souvenirs » qu'il se vit insulté; quelques uns faillirent mettre l'épée à la main. C'est en qualité de fourrier, dans la première compagnie rouge d'ordonnance, que le marquis de Brettes fit la campagne de 1792, ainsi qu'en témoignent les attestations du major de cette compagnie, M. de la Concie, et du marquis de Rochemore, officier supérieur (1). Comme la coalition de Bretagne, dans laquelle servait Châteaubriand, cette troupe fut employée au siège

-----

(1) Archives de la guerre, dossier du colonel de Brettes. M. de Rochemore fut par la suite un des compagnons de l'aventureux marquis de Surville, fusillé comme chef de chouans au Puy-en-Velay en 1797.

de Thionville que défendait le général Félix de Wimpffen, et qui résista victorieusement aux entreprises des coalisés.

Après le licenciement de l'armée des Princes, M. de Brettes continua à servir comme volontaire. En 1794 il était à la défense de Liège avec le lieutenant général marquis de Blangy et le comte de Noinville qui en témoignèrent vingt ans après. M. de Blangy représentait à cette époque le comte de Provence, qualifié de Régent pour le compte du roi Louis XVII, auprès du prince évêque de Liège, Mgr. de Méan. Les émigrés français venus au secours de ce dernier n'arborèrent sur leurs vêtements civils, comme signe distinctif, qu'un brassard de toile blanche, outre la croix de Saint-Louis que portait M. de Brettes.

Ils étaient cantonnés aux portes de la ville dans le monastère de Saint-Laurent, et là, par une singulière anomalie, ils furent assez mal traités par les moines qui, en proie à une véritable erreur d'optique, étaient partisans de la Révolution. Par la suite, M. de Brettes entra dans les cadres de la division réunie à Guernesey en 1795 et destinée à passer en Vendée pour y rejoindre Charette sous le commandement du comte d'Allonville, du marquis de Beauvoir et du comte de Tardenoy, ainsi qu'en témoignèrent ce dernier devenu lieutenant général sous la Restauration, et M. de Bartillat, maréchal de camp, ancien major dans les mêmes cadres. Cantonné à Guernesey en 1796, après l'expédition de Quiberon, le marquis de Brettes rentra en France en 1797. Poursuivi par la police, après le mouvement royaliste de fructidor, il parvint à rejoindre l'armée de Frotté « dite des Chouans de Normandie » (1) dans laquelle il servit jusqu'au 16 germinal an VIII. De ce chef il produisit, en 1814, un certificat d'amnistie; les autres pièces justificatives de sa conduite avaient disparu par suite de la dispersion des bandes royalistes après la mort de Frotté. Arrêté le 30 nivôse an IX, après l'affaire de la machine infernale, M. de Brettes fut incarcéré dans la prison du Temple, en même

---

(1) Archives de la guerre, dossier du colonel de Brettes.

temps que les chefs royalistes Bourmont, Hingant de Saint-Maur, Constant de Suzannet et d'Andigné. Il y resta détenu jusqu'au 26 brumaire an X, ainsi qu'en font foi le mandat d'arrestation et l'acte d'élargissement produits en original en 1814. Par une ordonnance du 24 août 1814, le roi Louis XVIII le nomma colonel de cavalerie, et, à ce titre, le gratifia d'une pension de 1.948 fr. L'état de ses services fut remis au comte Charles de Damas, commandant les chevau-légers de la garde du roi (1).

Le marquis de Brettes est décédé à Angoulème, où il s'était retiré au collège de marine, chez son gendre, M. Hennequin de Villermont, capitaine de vaisseau. Son château de Cieux avait été pillé et détruit en 1791. L'auteur de cette notice en a vainement cherché la trace.

Rappelons, en terminant, qu'une sœur du marquis de Brettes, Mademoiselle Anne de Brettes, avait épousé M. de Laporte de Lissac qui était, en 1789, ancien lieutenant-colonel d'infanterie, ancien gouverneur de Sarrelouis, chevalier de Saint-Louis et lieutenant des maréchaux de France en la sénéchaussée de Brive.

Jean de Saint-Germain.

P. S. — « Et mon vénéré trisaïeul dans la ligne maternelle » aurait pu ajouter l'auteur de ce remarquable travail biographique. J'ai les états de service de l'ancètre dont mon cher et regretté neveu Jean vient d'évoquer la mémoire et je compte bien les publier un jour dans notre *Bulletin*.

Ph. Lalande.

---

(1) C'est ce même Damas qui, avec le duc de Choiseul, avait été, en 1791, si activement mêlé à l'affaire de Varennes,

LES

Annales de Larche
EN BAS-LIMOUSIN
Jusqu'à la Révolution

CHAPITRE NEUVIÈME

*L'Église de Larche. — Droits de sépulture. — Confréries
de Sainte-Catherine et du Saint-Sacrement.
Le Prieuré de Puyjubert.*

I. — L'ÉGLISE DE LARCHE — DROITS DE SÉPULTURE

L'église de Larche est un bâtiment rectangulaire sans
élégance et sans caractère, orienté de l'Est à l'Ouest sur
la rive gauche de la Vézère, dans laquelle le pignon du côté
du chœur baigne ses fondations, tandis que l'autre sert de
clocher et contient la porte d'entrée, à droite de laquelle se
trouve un bénitier extérieur. On y remarque, en entrant,
deux chapelles latérales, à voûtes prismatiques, dites, celle
de droite, chapelle Notre-Dame et, celle de gauche, chapelle Saint-Roch. Certaines familles y possédaient des droits
de sépulture que nous font connaître les documents suivants :

Le 9 juin 1636, pardevant le notaire Leymarie, qui s'était
transporté en la « maison priorale » et un certain nombre
d'habitants réunis pour donner leur consentement « a esté
personnellement constitué M. Barthélemy de Goalard p^{tre}
et prieur dud^t Larche faisant tant pour luy que pour ses
successeurs à l'advenir d'une part et Pierre Gouzon m^e chirurgien natif de la ville de Saint-Seré en Quercy habitant
à présent en ceste ville pour luy et les siens en l'advenir,
d'aultre lequel dict Gouzon a dict et remonstré aud. sieur
prieur sestre retiré en lad^e presante ville et marié avec Marie de Langerin sa femme natifve de la ville de Brive il va
avoir vingt ans Et parceque ils n'ont aulcuns tombeaux dans
l'esglize du presant lieu pour leur enterrement et des leurs

a requis ledict sieur prieur luy voulloir accorder une plasse
a ceste fin dans lad^e esglize en tel lieu qu'il luy plaira ce que
led^t sieur prieur luy a accordé et accorde une plasse dans la
dicte esglize pour l'enterrement dud^t Gouzon sad^e femme et
des leurs à l'advenir dans la chapelle pour laquelle on entre
de la basse cour de lad^e maison prioralle dans lad^e esglize
proche la porte dicelle a main gauche en entrant tirant ras
l'auteilh de lad^e chapelle contenant cinq pieds de large et six
pieds de longueur à prendre le long de la muraille de lad^e
chapelle du costé de lad^e entrée et ce moy^t le prix et somme
de trente livres que ledit Gouzon a deslivré en mains dud^t
sieur prieur pour estre employée aux réparations les plus
nécessaires de lad^e chapelle et esglize en escus d'or et autres
monayes par led^t sieur prieur retirées qui s'en est con-
tenté » (1).

La famille Minatte avait aussi un droit de sépulture dans
cette même chapelle, dite de Saint-Roch, et, le 18 juillet
1736, Marie Lescure, épouse de Jean Minatte bourgeois, y
fut ensevelie (2).

Quant à la chapelle Notre-Dame, après avoir appartenue
aux Cramiech, elle passa en la possession des Marchant, par
suite d'une alliance survenue entre les deux familles. Les
Duron y avaient aussi certains droits, puisqu'ils étaient gre-
vés à son sujet de certaines charges, ainsi que l'atteste une
sommation du 2 mars 1663 que Marchant, M^e chirurgien à
Larche et sa femme, Guilhaumette Cramiech, font au s^r
Anthoine Duron, M^e apothicaire, natif de Larche, mais habitant à Ayen, au sujet des réparations à faire à la chapelle,
dite chapelle des Cramiech, qui est à l'entrée de l'église de
Larche, à main droite, du côté du midy (3). C'est donc bien
de la chapelle Notre-Dame qu'il s'agit ici.

Leur fils, Henry Marchant, s^r de la Maletie, procureur
d'office de la juridiction de Larche, à la suite d'une inhu-

---

(1) Arch. Marchant, de Bernou. *Livre de raison* de P. Gouzon.

(2) Arch. municipales de Larche.

(3) Arch. Marchant, de Bernou.

mation faite dans cette chapelle, provoqua une réunion des principaux habitants de Larche, le 29 juillet 1708, et, en présence de Jean Minatte, syndic fabricien, fit affirmation « qu'il est en pocession d'une chapelle appelée la chapelle dédiée à Nostre Dame dans laquelle il a droit de sépulture et que lad. chapelle a esté toujours entretenue ornée et adjancée tant par luy que par ses autheurs des choses nécessaires à son entretien, néanmoing led. s^r sommant demeure adverty que le vingt deux du p^{nt} moys estant absant, il a esté ensevelly dans icelle une fille de François Bousquet, m^e maréchal dud. pⁿⁱ lieu, c'est pourquoy led. s^r Marchant somme led. Minatte scindic de déclarer sy cella a esté faict par son advis et consantement ou desd. habittants afin qu'il aye a se pourvoir ainsin qu'il advisera. Lequel Minatte a faict responce, en presance desd. habittants de lad. parr^e que bien loing d'avoir donné son consantement a lad. sepulture il y a resisté et que cela a esté faict sans son consantement, qu'il reconnait et a toujours ouy dire ainsin et de mesme que lesd. habittans ont déclaré que lad. chapelle appartient aux autheurs dud. s^r Marchant et que tant luy que susd. habittans consantent que led. sieur Marchaut jouisse de lad. chapelle et droit de sépulture et qu'il se pouvoye contre ceux quy luy ont faict le trouble comme bon lui semblera » (1).

C'est ce qui eut lieu, le jour même ; aussi, trouvons-nous, le 6 août suivant, que le s^r François Bousquet, m^e maréchal, « au subjet de l'assignation quy luy a esté donnée de la part du s^r Marchant pardevant mons^r le séneschal de la ville de Brive le vingt-neuf juillet dernier par Baudry sergent général » à propos de l'enterrement de sa fille dans la chapelle susdite, le 22 juillet, « déclare aud. s^r Marchant n'avoir entendu ny entendre le troubler en aucune manière en la pocession de lad. chapelle ny pretandre aucun droit dans icelle directement ny indirectement ; que sy bien sa deffunte fille fut enterrée dans icelle ce fut par l'ordre de Monsieur

____

(1) Arch. Marchant, de Bernou.

le prieur du p^{nt} lieu qu'il voullut quelle y fut enterrée et marqua luy mesme au sonneur des cloches l'endroit pour faire la fosse....., il n'entend avoir debat ny de procès pour raison de ce avec led. Marchant consantant que le cadavre soit sorty dud. tombeau pour estre enterré ailleurs suivant les conclu^{ons} contre lui prinzes par led. s^r Marchant ». Il en fut donc ainsi décidé et l'on se rendit sur le champ dans ladite chapelle pour faire ouvrir la fosse. Mais, devant les larmes du s^r Bousquet et les prières des habitants présents « et attandu la pouvrette et déclara^{ons} dud. Bousquet, led. s^r Marchant aurait obtempéré n'entendant pour cella rien couvrir ny se faire aucun prejudice à son droit et pocession, appellant pour ce a tesmoings tant led. Minatte scindic marguillier que autres assistans que ce qu'il faisait n'estait que par un principe de charitté et pour esvitter l'infection que pourait causer la sortie dud. cadavre ». Les choses restèrent donc dans l'état et le procès fut éteint (1).

Plus tard, la famille Marchant voulut encore faire constater ses droits sur cette chapelle, bien qu'il fut interdit de faire des inhumations dans les églises depuis l'ordonnance royale, donnée à Versailles le 19 novembre 1776 et enregistrée au Parlement le 3 septembre 1778 (2), et, à l'assemblée générale de la ville et communauté de Larche, tenue le 16 janvier 1790 dans une des salles du château sous la présidence de Jean Blusson, « lesd. habitans reconnaissent que les s^{rs} Marchant père et fils habitants de la présente ville ont eu de tems immémorial la propriété et jouissance de la chapelle appelée de Notre Dame située au cotté droit en entrant dans l'église paroissialle, qu'ils l'ont toujour entretenue, que depuis peu ils l'ont restaurée et mise dans l'état le plus décent par les réparations considérable qu'ils y ont fait, ils ont en conséquance arreté et délibéré qu'ils continueront de posseder et jouir de lad. chapelle, qu'ils pourront y mettre

---

(1) Arch. Marchant, de Bernou.

(2) Voir *Annales de Saint-Cernin-de-Larche*, par le docteur Raou^l Laffon, chap. IX, p. 104.

tels bancs et chaises qu'il sera nécessaire pour eux et les personnes de leur maison sans pour raison de ce pouvoir être assujetis à aucune redevance ny contribution enver la fabrique, à la charge neanmoins quelle continuera d'etre entretenu par lesd. sieurs Marchant et leurs successeurs, qu'ils la laisseront ouverte comme il a été toujour d'usage et que la rétribution des chaises qui se trouveront placée autres que celles desd, s^rs Marchant sera percue au profit de l'œuvre » (1).

Mais, on ne se contentait pas de faire des inhumations dans ces deux chapelles; on enterrait aussi dans toute l'étendue de l'église, selon la coutume en usage, moyennant une certaine redevance perçue au profit de la fabrique et destinée aux réparations ordinaires de l'immeuble. Certaines familles avaient acheté, une fois pour toutes, un emplacement destiné à leurs membres défunts; l'acte, cité plus haut, passé entre Pierre Gouzon et le prieur de Goalard nous en fournit un exemple, mais d'autres, moins prévoyants ou fortunés, n'y songeaient qu'après le décès de quelqu'un des leurs et, souvent même, les intéressés eux-mêmes, en état de maladie, introduisaient dans leurs testaments une clause relative à leur inhumation dans l'église.

Parmi ces documents assez nombreux nous faisant connaître le prix attaché à cette faveur, nous nous contenterons d'indiquer les suivants :

Le 27 mars 1731, Jeanne Bousquet, veuve de Nicoulau Maussac, m^e sargetier à Larche, fait son testament reçu Maury et « donne et lègue la somme de cinq livres pour être inhumée dans la présente église » (2).

Le 3 octobre 1732, Estienne Chassan, dit St-Sozy, M^e cordonnier à Larche « veut son corps être ensevely dans l'églize de la p^nte ville..... donne et lègue à la confrérie du très-St Sacrement où il a l'honneur d'être reçu la somme de dix

---

(1) Arch. Marchant, de Bernou.
(2) Étude Beaudenon de Lamaze, de Larche,

livres aux conditions que le sindic de lad. confrérie sera tenu de payer le droit de sa sépulture dans lad. église » (1).

Le 5 mars 1741, Marie Chambon, de Larche, donne à la fabrique la somme de cinq livres pour être ensevelie dans l'église (2).

Le 10 février 1745, Jeanne Sélières, femme d'Armand Périer, travailleur à Larche, donne à la fabrique de l'église dix livres pour y être enterrée (3).

M. Poulbrière (4), après Nadaud (5), dit que l'église de Larche était à reconstruire en 1474 ; « l'évêque de Limoges (6) en donna l'ordre et on le sait pour sûr ».

En 1756, elle avait aussi grandement besoin de réparations et les habitants furent assemblés, le 14 novembre pardevant le notaire Maury, et « convoqués en la manière accoutumée, suivant l'ordonnance de Mgr l'Intendant en datte du cinquième de ce mois mise en haut de la requete des principaux habitants signataires de lad. paroisse de Larche pour délibérer sur les réparations à faire et mentionnées en lad. requete pour l'église paroissiale de Larche. Il a été convenu que non seulement toutes les réparations détaillées dans lad. requete sont urgentes mais que la late étant trop faible pour porter l'ardoise il convient de remettre l'entière couverture en late feuille, que l'église étant extrêmement basse il faut remettre le lambris en voute au lieu qu'il est simplement cloué aux poutres de traverse, et enfin que

---

(1) Étude Beaudenon de Lamaze, de Larche.

(2) Étude Beaudenon de Lamaze, de Larche.

(3) Étude Beaudenon de Lamaze, de Larche.

(4) *Dict. hist. et arch. des paroisses du Diocèse de Tulle*, in *Semaine Religieuse*, n° 41, du 14 octobre 1893.

(5) *Pouillé hist. du Diocèse de Limoges*, p. 712.

(6) Jean de Barton, né à Guéret en 1417, doyen de la cathédrale de Limoges, abbé du Dorat, conseiller au Parlement de Paris, président des enquêtes, élu le 1ᵉʳ avril 1457 ; résigna son évêché le 4 février 1484 ; archevêque de Nazareth ; mourut le 3 mai 1497 et fut enseveli dans un caveau creusé au centre du chœur de la cathédrale de Limoges. Armes : d'azur au cerf à la reposée d'or, au chef échiqueté d'or et de gueules de trois traits (*Pouillé de Nadaud*, p. 51).

l'escalier d'entrée étant extrêmement mauvais il est indispensable d'en faire un nouveau sur quoy les habitants prient Mgr l'intendant de donner ses ordres pour qu'il soit fait un état estimatif des réparations énoncées dans la requete et la présente délibération ainsi que pour le transport des décombres ou terres qui sont devant la porte de lad. église qui occasionnent dans son intérieur l'écoulement des eaux pluviales » (1).

La cloche qui est de 1535, porte l'inscription suivante :

> † *Sancte Leodegari, ora pro nobis.*
> *L'[an] MVCXXXV.*
> *Te Deum Laudamus.*

Elle est donc dédiée à saint Léger ; cependant le patron de l'église est bien saint Caprais et la fête patronale de Larche a lieu le 20 octobre, jour de la fête de ce saint.

II. — Confréries de Ste-Catherine et du St-Sacrement

Deux confréries, au moins, se formèrent à Larche et groupèrent leurs membres dans l'église, à la fin du xviie et durant le xviiie siècle. L'une d'elles, dont on retrouve les plus anciennes traces, portait le nom de Sainte-Catherine. Son but n'est pas bien déterminé et ses membres versaient une cotisation dont il est fait mention dans un « mémoyre des confrères de Ste Catherine pour l'année 1661 ». Les sommes données sont marquées d'une croix et s'élèvent à un ou deux sols seulement. Il est vrai que nous ne savons s'il s'agit

---

(1) Étude Beaudenon de Lamaze. — Le 21 avril 1839, le Conseil municipal de Larche décida l'agrandissement de l'église au moyen d'un don de 1,000 francs fait à cet effet par Mme Chivaille. de secours à obtenir de l'État et, au besoin, d'une imposition extraordinaire. Le 31 juillet 1842, l'allongement de l'église sur la Vézère fut décidé et l'adjudication des travaux eut même lieu; mais des difficultés s'élevèrent aussitôt avec l'entrepreneur par suite d'une erreur dans l'estimation des travaux; l'adjudication fut résiliée et l'on se contenta de réparations intérieures et de la suppression de cloisons existant derrière le maître-autel. (Arch. municipales de Larche.)

d'une cotisation mensuelle ou annuelle. La première supposition est la plus vraisemblable. En tous cas, voici la liste des membres (1) :

Mlle Dolier et m^lle de la poniade — Jeanne Bousarie — Jeanne Cramiers — Thoinette Duron — Françoise Lamarche — Aline Pecon — Thoinette Dolier — Anne Renier — Catherine Duron — Marie Boussié — Janne Rome — Jeanne Deschamps — Guiliaumete Duron — Marguerite Mandegou — Françoise Delpech — Catherine Marchant — Mlle Janne de Jaiac — Mlle Marion de Baliot — Catherine de Renaudie — Jeanne Maury — Marie Nicolas — Catherine Molas — Thoinette de Laval — Marguerite Matbouson — Hélise de Cramier — Guiliaumete Cramier — Thoinette Bousquet — soit 29 membres.

Le 27 novembre 1664, la liste ne comprend plus que dix noms : Mademoiselle de Mallevialle — Thoinette de Mandegou — Françoise Delpeuch — Jeanne Maury — Mademoiselle de Duron — Giberthe de Vitrac — Catherine Delpeux Jehanne Cramier — Jehanne Delpeux — Catherine Reynaud fille du s^r Marque. A partir de cette époque, on n'en trouve plus aucune trace.

Mais il y avait à Larche une autre confrérie beaucoup plus importante, celle du Très-Saint Sacrement, dont la caisse était alimentée non-seulement par des cotisations, mais surtout par de nombreux legs faits par ses membres. aussi, avait-elle pour l'administrer un syndic, qui était en général le même que celui de la fabrique. C'est ainsi que le 16 juin 1740, pardevant le notaire Maury, « sont comparus les principaux habitants faisant la majeure et plus saine partie lesquels ont dit qu'étant nécessaire de pourvoir à la nomination d'un sindic fabricien pour perssevoir les aumones et autres emolumens de la fabrique et faire faire les réparations nécessaires à l'eglize aussy bien que pour la *confrérie du très St Sacrement,* à cet effet d'une commune voix ils ont nommé la personne de s^r Pierre Marchant bour-

---

(1) Arch. municipales de Larche.

geois habitant de la p^{nte} ville, lequel ils attestent bon et solvable, intelligent et capable pour remplir lad. charge, promettant d'avoir pour agréable tout ce que par luy sera fait, lad. nomination faite jusques à révocation » (1).

Pierre Leymarie, ancien chirurgien major des carabiniers, était le titulaire de ces deux fonctions au moment de son décès, le 8 août 1785. Son successeur fut nommé, le 11 septembre suivant, dans les formes ordinaires, par les habitants assemblés devant la porte de l'église et convoqués au son de la cloche, pardevant le notaire Jean-Baptiste Lamaze ; mais au lieu de ne désigner qu'un seul syndic, il en fut choisi deux et ce fut Jean-Louis Barutel, bourgeois de Larche, qui devint celui de ladite confrérie (2).

Celle-ci paraît avoir été formée à Larche vers 1720, si l'on s'en rapporte aux testaments qui en font mention. Antérieurement à cette époque, il n'en est question nulle part ; mais, à partir de 1723, on trouve un assez grand nombre de legs faits en sa faveur. Leur énumération va nous faire connaître le montant de ces libéralités et les noms des membres de cette confrérie (3).

Le 29 avril 1723, Pierre Barutel, s^r de Lacoste, lieutenant de la juridiction de Larche « donne trois livres à payer perpétuellement aux sindics de la confrérie du St Sacrement pour faire venir chaque année un prêtre ou religieux prêcher le jour de la fête-Dieu dans l'église de Larche »

Ce jour-là était, en effet, la fête de la confrérie, qui, dans certains lieux, portait le nom de « Frairie de la Feste-Dieu », comme à l'église Saint-Pierre-du-Queyrois, de Limoges, par exemple, où existait en 1590 une semblable confrérie, qui se confondait aussi avec celle du Saint Sacrement ou du précieux corps de Jésus-Christ, qui y était établie dès 1550. Son registre, qui est soigneusement conservé dans les archives de l'Hôtel-de-Ville de Limoges et qui est

------

(1) Étude Beaudenon de Lamaze, de Larche.
(2) Étude Beaudenon de Lamaze, de Larche.
(3) Étude Beaudenon de Lamaze, de Larche.

connu sous le nom de Registre de la confrérie du Saint-Sacrement, porte d'ailleurs le titre de « Registre de recepte et de mise de la confrérie de la Feste-Dieu » (1).

Le 12 juillet 1724, Bernard Castelane, m^e potier d'étain, donne dix livres à la confrérie du St Sacrement où il a l'honneur d'être reçu.

Le 3 juillet 1731, Pierre Gouzon, s^r de Lavergne, praticien à Larche « donne et lègue à la confrérie du très-s^t Sacrement où il a l'honneur d'être reçu la somme de cinq livres.»

Le 26 mars 1721, Jeanne Vilatte, à Larche : quarante sols.

Le 27 mars 1731, Jeanne Bousquet, veuve de Nicoulau Maussac, M^e sargetier à Larche : trente sols.

Le 12 décembre|1731, Catherine Boudy, femme à Pierre Loubignac, M^e cordonnier : trois livres.

Le 3 octobre 1732, Estienne Chassan, dit St Sozy, M^e cordonnier : dix livres « aux conditions que le sindic de lad. confrérie sera tenu de payer le droit de sa. sépulture dans lad. église ».

Le 28 décembre 1737, Pierre Barutel, s^r de Combeynard : trois livres.

Le 19 février 1740, Martin Minatte, s^r de Laborie : trois livres.

Le 5 mare 1841, Marie Chambon, de Larche : trois livres.

Le 9 mars 1741, Anne Laroze, servante du s^r Minatte : six livres.

Le 9 avril 1742, Catherine Laborde, épouse Serre Bernard, travailleur : trois livres.

Le 3 mai 1742, Pierre Serre, travailleur : trois livres.

Le 16 mai 1742, Jeanne Nadal, veuve Pierre Bousquet : trois livres.

---

(1) Indiqué au numéro 32 (manuscrits et imprimés) du Catalogue de l'Exposition rétrospective de Limoges en 1886. — Voir aussi sur ce sujet la brochure de Louis Bourdery sur les assemblées de la confrérie du Saint-Sacrement de Saint-Pierre du-Queyroix de Limoges à la fin du xvie siècle, et celle de Mgr X. Barbier de Montault sur les inventaires et comptes de la confrérie du Saint-Sacrement de Saint-Pierre-du-Queyrois à Limoges. (Ducourtieux, édit. Limoges.)

Le 9 juin 1842, Françoise Talarie, épouse Jacques Lanoix, procureur : six livres.

Le 19 juin 1742, Suzanne Bondy, épouse Mathieu Minatte : six livres.

Le 26 septembre 1742, Clémence Baignau, veuve Raymond Castelane : trois livres.

Le 10 février 1745, Jeanne Sélières. épouse d'Armand Périer, travailleur : trois livres.

Le 2 avril 1745, Marc Laporte, travailleur à Puyjubert : vingt sols.

Le 6 avril 1745, Guillaume Delpy, maréchal : trois livres.

Le 18 juin 1745, Marguerite Courniol, épouse Lestrade, travailleur : trois livres.

Le 7 octobre 1746, Jérôme Cabanis, M° chirurgien : cinq livres.

Le 11 août 1749, Jean Lagorce, travailleur : trois livres.

Le 18 mai 1752, Françoise Rouffie, veuve Pierre David, journalier : six livres.

Le 1ᵉʳ février 1753, Mathieu Coutissou, cordonnier : trois livres.

Le 28 décembre 1753, Marie Alkemade, épouse de Pierre Barutel, sʳ de Lacoste, ancien officier major d'infanterie et lieutenant de la juridiction de Larche : trois livres.

Le 2 janvier 1754, Pierre Barutel, sʳ de Lacoste (ci-dessus) : trois livres.

Le 1ᵉʳ mai 1754, Raymond Sage, clerc : cinq livres.

Le 14 avril 1756, Jeanne Chastaigner, fille à feu Jean Chastaigner et à Jeanne Minatte : quarante sols.

Le 5 janvier 1768, Marie Lanoix, fille à Jacques Lanoix, procureur : six livres.

Le 10 février 1768, Bernarde Soulié, épouse Pierre Lajoanie, marchand : trois livres.

Le 1ᵉʳ octobre 1769, Jean Irlande, Mᵉ d'école : trois livres.

Le 6 janvier 1889, Françoise Barutel . trois livres.

La confrérie du Sᵗ Sacrement a disparu à Larche au moment de la Révolution et ne s'est pas reformée depuis.

III. — Le Prieuré de Puyjubert

A 1.800 mètres de Larche, dominant la route nationale de Lyon à Bordeaux, se trouve le village de Puyjubert, autrefois Puy-Gilbert (podium Gilberti ou Wiberti), qui fut le siège d'un petit prieuré. Les documents le concernant sont assez rares ; il en est cependant fait mention dès 1163 (1) et Nadaud (2) donne à son sujet les indications suivantes : « Il y avait cinq frères en 1295 — Maison ou celle — D. (3) 19 livres — Uni au prieuré de La Faye de Jumilhac, ordre de Grandmont, diocèse de Périgueux, par la bulle de 1318 (4). L'union fut confirmée par arrêt de 1657 ».

De son côté, M. Guibert nous dit que « cette maison appartenait à la visitation de Provence. Dès 1194, elle avait une communauté. Sa fondation devait remonter à une époque assez reculée, puisque une de ses bienfaitrices fut l'objet d'un miracle placé par les annales de l'ordre, p. 107, entre l'an 1144 et 1155. Cette femme venait de mourir, son fils supplia Dieu, par l'intercession de St Etienne de Grandmont (5), qu'elle revint à la vie pour recevoir les sacrements, prière qui fut exaucée. En 1295, Puy-Gibert comptait cinq religieux et payait 60 sols de pension au chef de l'ordre. Il

(1) *Cartulaire d'Obasine*, et Martène, ampliss. coll., col. 1075.

(2) *Pouillé historique du Diocèse de Limoges*, p. 713.

(3) D veut dire décimes ou impositions payées par le bénéfice.

(4) Du pape Jean XXII, qui, durant son pontificat (1316-1334), « mist de nouveaux evesques à Tulles en Lymousin, à Sarlat en Périgord... Il reforma aussi l'ordre de Grandmont au commencement de l'an mil trois cent dix-huict et ordonna que la maison de Grandmont en Lymosin, chef de tout l'ordre, auparavant régie sous le nom de Prieuré, porterait à l'advenir le tiltre et la dignité d'Abbaye ». (Du Chesne, *Histoire des Papes*, p. 715.) — Ce Pape avait nom « Jacques Densa, Français de nation ; cardinal evesque de Port. Cestui-cy estait natif de Cahors en Quercy, fils d'Armand Densa simple cordonnier ». (Du Chesne, *ibid.*, p. 704.)

(5) Saint Étienne, fondateur de l'ordre de Grandmont, vulgairement des Bons-Hommes, fils d'Étienne, vicomte de Thiers, en Auvergne, et de sa femme Candide, étudia la religion avec Milo, doyen de l'Église de Paris, puis archevêque de Bénévent. Il séjourna à Rome

fut uni en 1317 à La Faye de Jumilhac (diocèse de Périgueux). La validité de cette union, contestée vers le milieu du XVIIe siècle, fut solennellement reconnue en 1657, par un arrêt du conseil ».

Cette union n'aurait-elle pas été préparée par Guillaume de Puymaurel, prieur et chef d'ordre de Grandmont de 1306 à 1312, et très probablement originaire du village de ce nom, situé près de la gare de Larche, dans la commune de Saint-Pantaléon (1).

François de Chaux était titulaire du prieuré de Puyjubert, lorsqu'il en fit la résignation entre les mains du pape, qui le conféra à *Claude de Naute*, en 1588. Les lettres de provision furent enregistrées à Brive par Baudoin, notaire royal, en même temps qu'une lettre d'Augustinus Valerius, évêque de Virom ?, qui confère les ordres mineurs à son cher Claude de Naute, son diocésain, auquel il rappelle qu'il fait partie de la famille de l'illustre évêque d'Aquensis (de Dax) (2).

Pierre Barutel, prêtre du diocèse de Limoges, très probablement originaire de Larche, fut pourvu du prieuré de Puyjubert par des provisions accordées par le pape Clé-

---

sous le pape Grégoire VI, revint d'abord en Auvergne, puis dans le Limousin, où il vécut en ermite sur la montagne de Muret, où des disciples ne tardèrent pas à se réunir autour de lui. Il est mort le 7 février 1124, l'an 80 de son âge et l'an 50 de sa profession, d'après Daraldus, le 7e prieur de Grandmont, auteur de sa vie, en 1126, suivant le cardinal Baronius (12e tome de ses Annales).

(1) L'ordre de Grandmont fut supprimé en 1773 et ses revenus furent attribués à la mense épiscopale ; la démolition de l'abbaye de Grandmont (paroisse de Saint-Sylvestre) fut commencée en 1787, sur l'ordre de l'évêque de Limoges, Charles-Louis du Plessis d'Argentré, après la mort survenue, cette même année, de Mondain de la Maison-Rouge, dernier abbé général de l'ordre de Grandmont (*Pouillé de Nadaud,* p. 68).

(2) Arch. départementales de la Corrèze, G, 106. — L'évêque de Dax, dont il est ici question, n'était autre que François de Noailles, qui fut ambassadeur de France à Venise, à Londres, à Rome et à Constantinople. Né le 2 juillet 1519, mort le 19 décembre 1585, il avait acheté la châtellenie d'Ayen à Henry de Navarre, en 1581.

ment VIII (1), qu'il fit enregistrer à Brive le pénultième jour d'octobre 1592 (30 octobre), en prenant « possession réelle et corporelle dud. prieuré ».

Le 18 novembre suivant, il remplit la même formalité pour la cure de Ferrières, qui lui fut accordée par l'évêque de Limoges (2) et le 20ᵉ jour dudit mois de novembre 1592, heure de midi, il comparaissait à Brive et « a insinué sa provision apostolique forma dignum, du vicaire général de Limoges, ensemble les prises de possession desd. prieuré et cure » (3),

Les Prieurs de la Faye durent posséder ensuite ce bénéfice, comme annexe, *Albert Barny*, en 1650 ; André Boboul, en 1682 ; *dom André Laborie*, en 1694 ; *Jean de Tournemire*, en 1705 ; *dom Salot-Tourniol*, mort à Limoges le 22 février 1784 et enfin « Messire *Pierre de Brie*, archiprêtre de l'église métropolitaine d'Arles, vicaire général de ce diocèse et y demeurant ordinairement, seigneur prieur commendataire du prieuré de Lafaye et de ses annexes : *Puyjubert*, Chargnac (4), Plaignes (5) et autres en dépendant », est il dit dans un acte d'échange, reçu Massénat, notaire royal à Brive, en 1783 et consenti à Jean Chalard, bourgeois de Chargnac (6).

Ce dernier prieur est aussi mentionné dans un reçu

---

(1) Hippolyte Aldobrandini, né à Fano en 1536, cardinal, élu pape le 30 janvier 1592, mort en 1605, âgé de 69 ans.

(2) Henri de la Marthonie, nommé évêque le 13 juillet 1587, prit possession le 25 octobre suivant ; se retira en 1611 et mourut le 7 octobre 1618, âgé de 79 ans. Il fut inhumé dans la cathédrale de Limoges.

(3) Arch. départementales de la Corrèze, G, 107, registre.

(4) Uni au prieuré de Lafaye en 1318. Aujourd'hui commune de Louignac, canton d'Ayen (Corrèze).

(5) Dit aussi La Plaigne-aux-Bons-Hommes, fondé par le second prieur de l'ordre de Grandmont, mort en 1137. Uni aussi au prieuré de Lafaye en 1318. Aujourc'ui commune de Payzac, canton de Lanouaille (Dordogne).

(6) Poulbrière, *Dict. hist. et arch. des paroisses du Diocèse de Tulle*, in *Semaine religieuse* de Tulle, n° 8, p. 124, 1891, et n° 41, p. 653, 1893.

fourni par le même Massénat « pour Mʳ l'abbé de Brie » au sieur Granger pour « la rente qu'il doit au prieuré de Puyjubert sur La Geneste qui est seigle cinq coupes (1) trois quarts et un huitième et c'est pour l'année 1785 dont quittance aux réserves de droit » (2).

Ce tènement de la Geneste « fondalité du prieuré de Puyjubert », arpenté par ledit Massénat en 1775, se décomposait ainsi qu'il suit, une terre, au ramadel, « contenant une coupée (3) payera de rente seigle un quart de coupe » plus une partie de terre ou fourbat « contenant une coupée trois quarts, seigle demy coupe », plus une autre partie de terre audit lieu del fourbat d' « une quartonnée (4) quatre coupées un quart, seigle deux coupes un quart et demy », plus une partie de terre au mouly Roux, de « sept coupées et demy, seigle une coupe un quart et demy », plus une autre partie de terre au pestré mort « de six coupées un quart payera seigle une coupe un quart et demy. Total de contenance trois quartonnées trois coupées un quart. Total de la susd. rente, seigle cinq coupes trois quarts et un huitième mesure de Larche à raison de vingt coupes au setier » (5).

Le fermier du prieur de Puyjubert figure sur le rôle de la taille de la paroisse de Larche de 1731 pour deux livres huit sols, à raison de cette ferme, plus dix sols pour héritage personnel (6), et dans le rôle du vingtième de 1780, au chapitre « Biens ecclésiastiques », on trouve à l'article 2 : « Les religieux de Lafaye, ordre de Graumond (main morte) » (7).

---

(1) La coupe valait 2 litres, 41. Le total de cette rente était : 14 litres, 157.

(2) Archives personnelles.

(3) La coupée valait 2 ares, 636.

(4) La quartonnée valait 4 coupées ou 10 ares, 545.

(5) Archives personnelles. — Le setier valait 4 décalitres, 824.

(6) Arch. départementales de la Corrèze, C, 253.

(4) Arch. départementales de la Corrèze, C, 193.

CHAPITRE DIXIÈME

La Vézère à Larche — Projets de sa canalisation
Ses innondations en 1783
La pêche de Vinevialle et Larche — Son revenu
Dépeuplement et empoisonnement de la rivière par les
braconniers — Leur répression

I. — LA VÉZÈRE A LARCHE — PROJETS DE SA CANALISATION

La *Vézère*, qu'on appelait *Visera* aux ixe et xe siècles, par dérivation du mot vis, veis, qui signifie couler, est par son importance et la longueur de son cours la seconde rivière du département de la Corrèze. Prenant sa source au pied du mont de Meymac, sur le plateau de Millevaches, près de Chavanac, elle arrive à Larche grossie de ses divers affluents de la rive droite (la Soudaine, en aval de Treignac; le Ganaveix, augmenté du Bradascou et du ruisseau de la Forge, au-dessous d'Uzerche; le ruisseau des Monédières; le Brézou, venant des étangs de Seilhac et la Loyre, devant Varetz) et après avoir reçu, sur la rive gauche, la Corrèze à 4 kilomètres en amont de Larche et à 6 ou 7 kilomètres de Brive, près du village de Granges, dans la commune de Saint-Pantaléon, qu'elle sépare de celle de Larche.

Son volume est déjà considérable quand elle atteint cette localité, où elle forme une nappe d'eau assez imposante depuis qu'elle est retenue dans son cours par un barrage, établi il y a quelques années, pour donner la force motrice à une usine métallurgique qui s'élève sur sa rive droite, en face de Larche. C'est à moins de cent mètres en aval et sur sa rive gauche qu'elle reçoit un autre affluent, la Couze, formant avec elle un angle, dans lequel se trouve construite la petite ville de Larche.

Mais, avant l'établissement des divers barrages qui retiennent la Vézère dans son cours assez rapide, sa profondeur était insuffisante pour servir utilement à la batellerie. Aussi avait-on songé depuis plusieurs siècles à la canaliser pour la rendre navigable en tous temps, au moins jusqu'à son point de jonction avec la Corrèze. C'est même cette question du point terminus du canal, qui fit plus tard échouer définitivement le projet de canalisation de la Vézère et de la Corrèze et nous priva ainsi des avantages incalculables qui pouvaient en résulter au point de vue commercial.

Cette question de navigabilité de la Vézère fut agitée pour la première fois, d'une façon sérieuse, vers la fin du xvie siècle et reçu l'entière approbation et les encouragements d'Henri IV et de Sully (1). Par suite des lettres patentes de 1606, une somme de 150.000 francs fut même fournie à cet effet par les Elections de Sarlat et de Brive et l'exécution des travaux en fut d'abord confiée à M. de Chateauneuf, lieutenant du Roi en Limousin, qui devait ouvrir la vézère depuis Limeuil jusqu'au Saillant, à condition d'avoir pendant 15 ans le privilège du commerce des bois ouvrés.

La concession fut ensuite accordée à Pierre Dubois, de Limoges, qui s'était associé pour cette œuvre avec Bertrand de Loubriat, de Donzenac. Le privilège des transports leur était concédé pendant 20 ans à la condition de payer au roi 3.000 livres par an. Mais la mort inopinée d'Henri IV, en 1610, et les troubles qui survinrent pendant la minorité de Louis XIII arrêtèrent pour longtemps cette entreprise.

En 1682, une nouvelle levée d'impôts de 120.000 livres eut lieu dans les Elections de Brive et de Sarlat pour l'accomplissement de ces travaux ; mais cette somme fut détournée de son emploi et les contribuables se trouvèrent dépouillés de leur argent en même temps que des espérances qu'avait fait naître l'exécution de quelques travaux jusqu'à Terrasson,

----

(1) Marvaud. *Histoire du Bas-Limousin,*

dont on trouve la mention dans un mémoire administratif sur la situation agricole et militaire de la Généralité de Bordeaux, daté de 1698 et adressé au duc de Bourgogne par M. Bazin de Bezons, Intendant de la province de Guienne : « La Vézère est aussi en Périgord, on a fait des passes pour la rendre navigable depuis Terrasson jusqu'auprès de Limeuil ; elle serait aussi utile pour le transport des denrées du Bas-Limousin et celles du Périgord que la rivière de l'Isle » (1).

Le projet fut repris en 1752, après les nouvelles études de Polard, dont le mémoire fut adopté par le conseil. Une société formée de gens du pays, voulut bien l'entreprendre ; mais les fonds manquèrent bientôt et elle fut obligée de se dissoudre et d'abandonner les travaux.

Il existe aussi un rapport de M. Ernault de Brusly, receveur des tailles à Brive, à M. de Cheveru, Intendant des finances du comte d'Artois, apanagé du Limousin, en date du 20 août 1774, dans lequel, parmi divers projets intéressant notre région, il est encore question de la navigation de la Vézère et de la Corrèze, avec entrepôt général et port à Brive : « Les travaux pour l'encaissement de la rivière et pour rendre ses rives praticables pour la remonte des bâteaux ne sont point effrayants ; ils ne s'étendraient, pour l'apanage et la Généralité de Limoges, que dans un cours de rivière de trois lieux, jusqu'à Terrasson, sans presque aucune sinuosité, et dans cet espace les travaux seraient bien médiocres en la majeure partie du terrain, la plus forte dépense se porterait de Brives à Granges, village situé à trois quarts de lieu et où la rivière la Corrèze se jette dans celle de Vézère » (2).

Cette question tenait au cœur des populations, aussi les cahiers des plaintes et doléances des paroisses voisines, entr'autres de celles de Larche et de Pazayac, en date du 8 mars 1789, ne manquent pas de signaler l'utilité et le bien

<hr>

(1) V. Grand. *Annales du Terrassonnais*, p. 16.
(2) *Bulletin de la Société Scientifique, Historique et Archéologique de Brive*, t. X, 1re livraison, p. 66.

qui résulterait pour tout le pays de la navigabilité de la Vézère jusqu'à la ville de Brive ou ses approches et demandent que les députés du pays des Etats, généraux soient autorisés à faire à cet égard leurs réclamations » (1).

En 1793, la Société populaire de Montignac envoyait à Lakanal, représentant du peuple en mission dans la Dordogne, une adresse pour lui signaler l'état de la Vézère et lui demander d'en faire « approfondir les maigres ». Après un exorde emphatique sur les travaux révolutionnaires du citoyen représentant, on y lit : « Mais pourquoi l'utile Vézère n'a-t-elle pas fixé tes regards ? As-tu ignoré que sans elle cinq départements auraient subi toutes les horreurs de la famine ? Que par elle le fer, le charbon de terre et les bois de construction doivent être transmis dans nos ports, dans nos ateliers, et les approvisionnements de tout genre dans nos armées méridionales ? »

Rien n'est plus facile que de rendre en peu de temps navigable cette Vézère si importante avec son beau bassin et le volume considérable d'eau qu'elle offre, elle soutiendra la navigation toute l'année avec avantage ».

« C'est à toi, digne représentant, qu'est réservée la douce satisfaction de rendre la Vézère navigable, ce grand bienfait te méritera la reconnaissance des citoyens de cinq départements. Eh bien ! parle, ordonne et aussitôt le peuple en masse secondera ton projet salutaire » (2).

Lakanal promit de s'occuper de l'affaire et de venir lui-même diriger les travaux. Mais il est probable qu'il fut fait peu de choses durant cette époque agitée.

Enfin le projet de canalisation fut repris pour la dernière fois, vers 1826, par le comte Alexis de Noailles, pair de France, et des travaux furent même exécutés vers Montignac et Condat ; car la Vézère devint navigable jusqu'au Lardin, près Condat et l'était encore en 1833, puisqu'il est constaté qu'en cette année le port de Lardin a reçu 1.891

------

(2) Archives départementples de la Corrèze, B. 1459.
(1) V. *Grand-Andales du Terrassonnais*, p. 17.

quintaux métriques de marchandises et en a expédié 15.557, soit en tout, pour le mouvement général, 17.428 quintaux (1).

Mais des rivalités déplorables surgirent entre Brive et Tulle et se firent jour au sein de la commission nommée à cet effet et composée des notabilités des trois arrondissements de la Corrèze. Les ingénieurs ayant déclaré l'impossibilité d'établir le canal jusqu'à Tulle, à cause de la différence de niveau entre ces deux villes (101 mètres), la majorité de la commission et son président déclarèrent que, dans ces conditions, il n'y avait pas lieu de construire le canal jusqu'à Brive. Cette fois, ce fut un abandon complet et définitif de ce projet deux fois séculaire, dont l'accomplissement aurait eu un énorme retentissement commercial dans notre contrée et aurait donné naissance à un véritable « port de Larche ».

II. — LES INNONDATIONS DE 1783

Si la Vézère a ordinairement un cours tranquille et riant entre ses rives peu élevées et bordées de peupliers et de chênes, qhi dessinent sa marche peu sinueuse à travers la plaine, il lui arrive ¡parfois, après des pluies abondantes, d'être grossie démesurément par les eaux déversées par ses affluents et alors, elle sort de son lit devenu insuffisant et se répand aux alentours, sur une étendue plus ou moins considérable. Les dommages qu'elle cause ne sont pas, en général, bien importants et tout se borne aux ennuis inhérents à toute inondation, si petite qu'elle soit, et à quelques déménagements forcés des rez-de-chaussées des habitations riveraines. Cependant il n'en est pas toujours ainsi et, suivant l'époque de l'année et la soudaineté de la crue, ses eaux troubles et rougeâtres ne se contentent pas d'envahir les champs et les maisons; elles entraînent aussi quelques animaux, des récoltes coupées mais non encore à l'abri et des bois laissés imprudemment sur les rives. Presque chaque

---

(1) *Annuaire de la Dordogne*, 1834.

année on peut faire de pareilles constatations et cet envahis
sement par les eaux de la Vézère est un aléa plus ou moins
fréquent, auquel sont habitués ses riverains. Il est bien
rare que cet inconvénient dégénère en un véritable désastre
et qu'on ait à subir une plus grande dévastation.

Cependant les archives de plusieurs communes nous ont
conservé le récit d'une inondation survenue en 1783, qui parait bien avoir dépassé celles de nos jours et qui dût certainement être beaucoup plus forte que les antérieures, pour
avoir frappé l'esprit de nos ancêtres au point d'en avoir
tracé le récit sur leurs registres pour en perpétuer le souvenir.

Voici, en effet, ce qu'écrit un vicaire de Larche, à la suite
de l'inscription de l'enterrement d'un métayer « du village
du Roc paroisse de St Pantaléon à cause du déluge du 6
mars 1783 » : « Noté que le cinq mars l'eau empêchait les
bateliers de Roc de passer ; le six elle couvrait toute la
plaine, elle monta à une hauteur que l'on n'avait plus vu.
La tradition faira mension des pertes de bestiaux noyés et
moulins, ponts, grange, maisons emportées, tout était dans
la consternation dans cette plaine. L'eau monte jusques à la
quatrième barre de traverse de la grille de la basse cuisine
du prieuré, dans la cave de hauteur de huit pieds, la sacristie pleine à trois pouces près, elle aurait passé par la fenêtre et entrée dans le sanctuaire. Les deux Couses furent à
plus de deux pieds au-dessus de leur niveau, elle monta
dans les embas de Mr Labrauge que je mesurai moi-même à
plus de cinq pieds, elle montait dans la salle de Cramier
à deux pieds de haut. J'ai été témoin du tout ci-dessus que
j'ai levé de ma main. Dieu préserve prieur qui le lira de
voir pareille catastrophe. C'est pour l'avertir de faire faire
un éperon a cotté de l'église solidement bâti pour n'être pas
la victime de l'écroulement de son presbitère. Muzac,
vicaire de Larche du Regne de Mr Dayard, prieur » (1).

Le curé de Pazayac, François Pomarel, a laissé aussi, à

----

(1) Arch. municipales de Larche.

la fin du registre de 1783, une relation générale des inondations et autres catastrophes qui s'étaient produites durant cette année : « Le 6 mars lendemain du jour des cendres les rivières ont commencé à déborder dans tout le Royaume, au point qu'on ne les avait jamais vues. Le débordement était dans son fort le sept au matin, après une pluie de quarante deux heures de durée, mais non pas bien forte, du moins dans ce païs ci ; quantité de ponts ont été emportés en différents endroits, à Périgueux le pont de la cité emporté, et le vieux fort endommagé, le bas de la ville tout inondé et quantité de maisons écroulées, partie de Montignac inondé beaucoup plus qu'il n'ait jamais été et quelques maisons renversées ; quantité de bestiaux sur Vézère noyés ou entrainés des étables ; le pont de Daglan fini depuis trois ans et bâti solidement, entrainé au point qu'à peine y connaissait-on des traces. Dans l'Auvergne des tremblements de terre en certains endroits qui ont renversé des montagnes et interrompu le cours de certaines rivières. On attribue ces accidents au tremblement de terre de la Calabre. On ne parle pas de pareils accidents arrivés dans les autres parties du monde » (1).

Le curé de Pazayac ne manque pas de noter aussi la destruction de Messine, qu'il a connu par des récits de l'époque. Sa description rappelle tellement la dernière catastrophe de cette ville que je la publie ici, à titre documentaire, bien qu'elle ne rentre pas dans le cadre de ce travail :

« Cette année 1783, dit-il, est remarquable par plusieurs événements. Le 5 février, la ville de Messine dans la Calabre a été engloutie par un tremblement de terre ; elle a été transformée tout à coup en un monceau de ruines ; une partie des citoyens mourants ensevelis sous les murs de leurs habitations poussaient des cris et des gémissements qui se faisaient entendre partout et augmentaient le désespoir de ceux qui avaient échappé à ce terrible fléau : on voyait de tous côtés se manifester des incendies qui achevaient de dé-

______

(1) Arch. municipales de Pazayac.

détruire ce que le bouleversement avait épargné. Dans la Calabre il y a eu 21 villes dont on n'a même pu reconnaître l'emplacement, des montagnes entières ont disparu, des gouffres et des abimes se sont ouverts en plusieurs endroits, quelques rivières ont laissé leurs lits à sec » (1).

Mais revenous à la Vézère qui nous occupe plus particulièrement et à son inondation de 1783, qui fut si importante qu'on en retrouve encore le récit dans les archives familiales de l'époque. C'est ainsi que, dans son livre-journal du moulin de Larche, le propriétaire d'alors, Pierre-René Marchant, qui fut juge de Larche, quelques mois plus tard, écrit : « Le jeudi et vendredi 6 et 7 dud. mois (mars 1783) on vit les eaux de la Vézère croitre et s'enfler prodigieusement; la rivière s'élevat a une telle hauteur qu'aucun homme vivant ne l'avait vue à ce point; les deux Couses haute et basse se réunirent et firent plus que se mettre au niveau l'une de l'autre, je fis monter le second bateau du port dans l'écluse, il passa très-bien sur la chaussée qui sépare lad* écluse d'avec mon réservoir, à la vérité lad* chaussée était dans son ancien état du côté du jardin. L'élévation que je me propose d'y pratiquer pour répondre à l'élévation du mur qui fait mon réservoir n'existait pas pour lors. Plusieurs particuliers eurent leurs bœufs noyés dans les granges, surtout au village de Grange où il en périt 10 ou 12 têtes et plusieurs cochons, brebis et moutons. M. Dupeyrou eut ses deux bœufs et deux veaux noyés à son domaine de l'escure doulié près le village de Bernou. L'inondation fit enfin un dégat immense dans les terres qui touchent la rivière où elle gratait si fort qu'elle ne laissat que le tramier ou de mauvaise terre » (2).

D'ailleurs, le mal était si grand dans toute la région, les dommages furent si considérables, que l'administration s'en émut et qu'une enquête fut ordonnée par la cour du Parlement de Bordeaux. Voici le procès-verbal qui en fut dressé

____

(1) Arch. municipales de Payayac.
(2) Arch. Marchant, de Bernou.

pour la chatellenie de Larche : « Aujourdhuy dix neuf avril mil sept cent quatre vingt trois nous m⁰ Guillaume Pomarel avocat en parlement juge ordʳᵉ des terres et chatelenie de Larche, en conséquence des ordres de la cour du Parlement de Bordeaux à nous envoyés par Mʳ le procureur du Roy de Sarlat à l'effet de faire procès verbal des dégats causés par les dernières inondations des six et sept mars dernier et des pertes qui peuvent être survenues de quelque nature qu'elles soyent en compagnie de notre greffier ordinaire, après avoir parcouru les bords de la rivière de Véz ère dans l'étendue de notre juridiction avons trouvé dans la paroisse de Sᵗ Pantaléon l'un des membres de la susd. chatelenie et située en limousin, les bled couvers en une infinité d'endrois de sablis fins et brulans qui ont fort endommagés la récolte qui est sur pied et dans beaucoup d'endrois les courans des eaux dans des positions basses ont fait des fossés et des scillions plus ou moins larges et entrainé la surface des terres. »

« Le débordement de la rivière de Vézère ayant surpassé de beaucoup tous ceux dont il soit fait mention dans des mémoires et le plus fort étant survenu la nuit plusieurs maisons et granges ont été submergées et il a péri dans la susd. parr. dix huit bêtes à corne et beaucoup de brebis, moutons et cochons, événement qu'on ne pouvait prévoir. »

« Nous étant transporté dans la parr. de Laffeuillade autre membre de la susd. chatelenie et de la sénéchaussée de Sarlat située en partie sur Vézère et en partie sur le ruisseau de Couze qui la sépare du limousin, nous avons apperçu en beaucoup d'endrois des dégats dans des bled par le transport de sables et graviers entrainés par le susd. ruisseau qui a fait en plusieurs endrois des excavations larges et profondes. Dans la même paroisse et près de la Vézère nous avons vu une grange batie en torchis, toute décharnée et trouée en une infinité d'endroits. nous avons aussi vu que des grosses hayes vives de buissons blancs ont été arachées par la force de l'eau. »

« Avons ensuite parcouru la rive gauche de lad. rivière de Vescre qui borne la paroisse de Pazayac dans la longueur

d'une heure et demy de marche, la susd. parr. aussi membre de la susd. chatelenie et susd. sénéchaussée de Sarlat,
nous avons vu des sables qui ont endommagé les bled qui
sont sur les bords de lad. rivière et scillonné les terres plus
ou moins dans une infinité d'endrois, beaucoup d'arbres
arachés ou rompus par la force de l'eau. Etant parvenus à
un petit ruisseau appelé de Guillebonde, nous ayons vu du
dégat dans quelques terres. Nous ne saurions taire que ce
petit ruisseau qui est nouri par les eaux qui découlent des
hautes montagnes et se précipitent avec rapidité dans les
temps orageux fait fréquemment des domages et inonde
deux ou trois maisons d'un petit village de la susd. paroisse
comm'il arriva les vingt-six may, onze et douze juin de l'année dernière ; ce qui provient principallement du retraicis-
sement du lit de ce ruisseau par l'acroissement des arbres
que des riverains avides ont planté trop sur le bord. »

« Quant aux autres paroisses qui composent lad. chatelenie de Larche, elles sont par leur situation à l'abri de tous
débordements quelconque à l'exception de celle de Grèzes
qui est dans une sitnation montueuse de toutes parts et qui
par conséquent a soufert dans les valons par la chute abon-
dante des eaux qui se précipitaient des montagnes. »

« Dont et de tout quoy nous avons dressé notre present
procès verbal sur les lieux les susd. jour mois et an. Pomarel juge de Larche, Lamaze greffier » (1).

III. — La pêche de Vinevialle et Larche

Suivant l'ordonnance des Eaux et Forêts de 1669 (titre de
la pêche, art. 1), le droit de pêche sur les fleuves et rivières
navigables appartient au Roi seul ; mais, sur les autres
cours d'eau, il était entièrement dévolu au seigneur haut
justicier dans toute l'étendue de sa seigneurie et nul ne
pouvait y pêcher sans son autorisation, pas plus d'ailleurs
qu'on ne pouvait y tenir une barque quelconque. Aussi,

---

(1) Arch. départementales de la Corrèze, B, 1456.

voyons-nous en 1771 Messire Jean Dubastier, sieur de la Chapelle, écuyer, demander au duc de Noailles et en obtenir un brevet pour l'autoriser à tenir un bâteau sur la Vézère pour l'exploitation de ses propriétés. Ladite permission était d'ailleurs « révocable à volonté et sans qu'il puisse en résulter aucune atribution de droit en faveur dud. s^r de la Chapelle » (1).

Quant à la pêche, le seigneur se gardait bien de donner une autorisation gratuitement et il tirait de ce droit un bénéfice en le concédant par afferme à des particuliers, soit directement, soit par l'intermédiaire des fermiers mêmes de la chatellenie. C'est ce qui avait lieu à Larche pour la Vézère, ainsi que l'atteste un contrat, reçu Maury le 12 avril 1758, pour association à la ferme de la pêche de Vinevialle et de Larche, déjà faite par Jean Lavergne, bourgeois, habitant Puymaurel et Hyppolite Loubignac, marchand à Larche « pour le prix et somme de cinquante une livres annuelment » et vingt cinq livres de poisson, aussi annuellement, à fournir au s^r Talarie, de Terrasson, fermier général de la chatellenie de Larche. Par ladite convention, Jean et Guillaume Couloumy, frères, de Vinevialle, deviennent co-fermiers des susdits, avec les mêmes conditions (2).

Le 28 mars 1764, nouveau contrat pour six années, encore reçu Maury, par lequel « Jean Chabannes sieur de Labrauge bourgeois et marchand habitant du lieu de champ Dalou paroisse de Lafeuillade lequel en qualité de régisseur de la terre de Larche a affermé et afferme par les présentes la pêche appelée de Vinevialle et de Larche sur Vézère telle que les autres fermiers l'ont jouie à Hyppolite Loubignac, marchand et à Guillaume Couloumy aussi marchand, habitants Larche..... pour le prix et somme de quatre vingt cinq livres annuellement » (3). C'est bien ce même chiffre qui est indiqué dans la « Liève des Cens et Rentes dus à Monsg^r

---

(1) Arch. départementales de la Corrèze, B, 1424.
(2) Étude Beaudenon de Lamaze, de Larche.
3) Étude Beaudenon de Lamaze, de Larche.

le duc de Noailles », tandis que la ferme de « la pêche de Couze » n'y figure que pour huit livres (1).

Ces fermiers de la pêche étaient en outre soumis à un impôt spécial et nous les trouvons inscrits : en 1784, à l'article 51 du rôle de la taille pour la somme de 4 livres 10 sols, plus 2 livres 11 sols pour la capitation ; en 1785, encore à l'article 51 du rôle, avec 4 livres 11 sols pour la taille et 2 livres 12 sols pour la capitation ; et, en 1786, à l'article 52, avec les mêmes chiffres que l'année précédente (2).

Bien que les rivières fussent surveillées par les gardes de la chatellenie, elles étaient souvent fréquentées par les braconniers, qui n'hésitaient pas à employer tous les moyens pour s'emparer du poisson. Aussi les procureurs d'office de la juridiction étaient-ils obligés de requérir souvent contre eux. Nous avons déjà vu la réquisition de Pierre Perny, le 4 juin 1760, pour défendre la chasse et la pêche dans toute l'étendue de la chatellenie (3).

Le 11 septembre 1776, Jacques Pomarel déclare au juge de Larche que plusieurs personnes « s'avisent de pêcher de nuit et de jour dans la rivière de Vézère et dans le ruisseau de Couze avec filets, mouches, vergeat, au feu, lignes et autres engins, y jetant la coque et autres poisons, ce qui dégrade, dépeuple et empoisonne lad. rivière, quoyque la pêche y soit défendue dans l'étendue de la justice ». Aussi requiert-il une ordonnance qui défende de pareils agissements? (4)

Mais il n'en fut tenu aucun compte et, le 20 mars 1783, ce procureur d'office s'adresse de nouveau au juge pour se plaindre vivement que « plusieurs particuliers des paroisses de Larche, St Pantaléon et Pazayac présente juridiction situés sur le bord de la rivière de Vézère s'avisent journellement de jeter journellement la coque du levant ce qui l'em-

---

(1) Arch. déprrtementalesude la Corrèze, E. 441.
(2) Arch. départementales de la Corrèze, C. 193.
(3) Voir plus haut, chap. IV, procureurs d'office.
(4) Arch. départementales de la Corrèze, B. 1432.

poisonne avec tant de force qu'indépendamment du poisson pris par les délinquans pourvus d'engins appelés raquetes on en voit encore une très-grande quantité péris par l'effet du poison s'élever sur la surface de l'eau où ils sont entrainés par le courant ce qui dépeuple totalement lad. rivière de Vézère tant du gros poisson que du petit même le nourin. La pluspart des délinquans sont des fils de famille ou des valet ou domestiques autorisés par les pères et metres qui reçoivent et profitent de ce poisson ». Pour prévenir de pareils abus, il requiert l'exécution de l'article 14 de l'ordonnance des Eaux et Forêts, qui punit ces contraventions de pêche de peines corporelles et il demande « que l'ordonnance qui interviendra sera publiée et affichée partout ou besoin sera pour qu'on n'en prétende cause d'ignorance » (1).

Les menaces du procureur d'office et les arrêtés du juge ne produisent que bien peu d'effet et n'arrêtent pas les braconniers, qui continuent leurs agissements. Ils prétendent même que tout le monde peut chasser et pêcher à sa guise et que rien ne saura les en empêcher. Cet état de l'esprit public semble indiquer l'approche de la grande époque émancipatrice ; on dirait le souffle précurseur de la tempête révolutionnaire. Le procureur d'office en est vivement préoccupé et proteste hautement contre ces prétentions en demandant encore des poursuites contre les contrevenants et des visites domiciliaires chez tous ceux qui sont notoirement connus comme se livrant au braconnage. Voici d'ailleurs la requête qu'il adressa au juge pour la dernière fois, à l'audience du 12 septembre 1788 :

« Est comparu Me Jacques Pomarel, procureur d'office de la présente juridiction qui nous a exposé que plusieurs particuliers de la présente par. et de celle de St Pantaléon s'avisent malgré les défences expresses qu'on leur a faites de pêcher journellement sans aucun droit et en contravention de l'ordonnance dans les rivières de Vézère et de Couze qui passent dans l'étendue de la présente juridiction, que cette

____

(1) Arch. départementales de la Corrèze, B 1437.

contravention de leur part, indépendamment qu'elle prive le
seigneur d'un droit utile qui lui appartient en vertu de sa
justice tend d'ailleurs à la dépopulation desd. rivières et
à diminuer la masse des subsistances, les filets dont ils se
servent étant de mailles prohibées par l'ordonnance, qu'il
est d'autant plus de nécessité de réprimer un abus de cette
espèce que tous les pêcheurs s'autorisent dans leurs contraventions en disant publiquement que la pêche et la chasse
sont permises à tout le monde et qu'on ne peut les en prohi-
ber, que ce bruit s'est répandu depuis peu dans ce canton et
fairait des progrès si on ne l'arretait promptement par une
prohybition généralle, la confiscation des filets et en faisant
subir aux contrevenans les peines portées par l'ordonnance,
qu'il est de l'intérêt particulier du seigneur et de l'avantage
du public que la pêche ne soit pas permise à un trop grand
nombre de personnes par la raison que c'est autant de temps
perdu pour l'agriculture étant d'expérience que les particuliers qui se donnent à la pêche y employent la majeure partie de leur temps et que le plus souvent c'est pour eux une
occasion de dépence qui entraine la ruine de leur famille.
Partant le procureur d'office conclut à ce qu'il soit par vous
ordonné que vous vous transporterés tout présentement accompagné de votre greffier et de tel huissier ou sergent que
vous aviserés chés les difiérens particuliers de la présente
jurisdiction qui sont coutumiers à pêcher induement dans
les susd. rivières, à l'effet de les sommer de remetre tout de
suite les éperviers et autres engins dont ils se servent pour
lad. pêche pour être par vous saisis et confisqués, recevoir
les réponces qu'ils vous fairont, dresser de tout état et procès verbal et être à la vue d'iceluy permis au comparant de
rendre assignés pardevant vous extraordinairement les contrevenans à jour et heure qui seront par vous fixés pour
comparaître et répondre sur les conclusions qui seront par
luy prises à leur préjudice et se voir condamner pour raison
de leur contravention à l'amende portée par l'ordonnance
des eaux et forêts et aux termes d'icelle » (1).

____

(1) Arch. départementales de la Corrèze, B, 1462.

Le juge fit droit à cette requête; et se transporta avec le greffier et François Gibertie, sergent et Jean Lavalade, huissier royal chez divers particuliers de Larche et du bourg de Saint-Pantaléon, pour y saisir quelques éperviers. Les frais de l'opération s'élevèrent à 15 livres 10 sols et furent avancés par le sieur Lamaze.

Dʳ Raoul Laffon.

(A suivre.)

ÉTUDES

DIVERS ATELIERS MONÉTAIRES CONNUS
DU BAS-LIMOUSIN

depuis les Gaulois jusqu'à l'avènement des Carolingiens en 752

(Suite)

———

Avant d'entrer dans le cœur de nos études sur les ateliers monétaires du Bas-Limousin, qu'il me soit permis de donner une courte notice sur deux peuples gaulois : les *Lemovici* et les *Cambolectri*, qui ont habité cette province ; après quoi, nous dirons un mot sur les monnaies de ces peuples.

N. B. — Quoique *Lemovicum*, Limoges, ne fasse pas partie du Bas-Limousin, par exception, nous donnerons une étude sur cette cité, sur ses ateliers monétaires, et sur ses monnaies, depuis son origine jusqu'en 1837, date de la suppression définitive de son atelier monétaire, parce qu'elle a été la capitale du Limousin entier. Pour cela nous la placerons en tête des ateliers monétaires du Bas-Limousin qui seront placés par ordre alphabétique.

PEUPLES DE LA GAULE

———

NOTICE HISTORIQUE

Vers le xviiie ou le xviie siècle avant J. C., les Ceiltach, vivants dans les bois, d'où est venu le nom de Celtes, nommés aussi Gaïls, Gaëls, Galls, appelés *Gaulois* par Jules-César, appartenant à la grande race Aryenne, qui a peuplé l'Asie, quittèrent le plateau de l'Asie et, après avoir traversé toute l'Europe, arrivèrent en Gaule, refoulant devant eux les Ibères, qui paraissent être le premier grand peuple connu, qui habitaient déjà la Gaule depuis plusieurs siècles, Les Celtes s'établirent dans le pays bordé au nord par la Seine et le Rhin ; à l'est, l'Isère et le Jura ; au sud, les Cévennes et la Garonne ; et à l'ouest, l'Océan.

Les Celtes, avec les Ibères et les Belges, appelés : Bolgs, Belz, belliqueux, qui vinrent longtemps après les Celtes, mais dont la date est incertaine. envahirent la partie septentrionale de la Gaule, entre le Rhin, la Seine, la Marne et l'Océan ; ces trois grandes races scythiques et quelques colonies grecques et phéniciennes, peuplaient la Gaule-Transalpine. Ces trois grandes races se divisaient en un certain nombre de peuplades ou nations.

La race celtique ou gallique étant la seule qui nous intéresse, nous allons en énumérer rapidement celles de ses peuplades dont le rôle a eu le plus d'importance dans les temps précédant la conquête de la Gaule par les Romains.

La race gallique, qui était établie au nord de la race Ibérienne, comptait trois confédérations :

1º *La Confédération des Ædni.* — La confédération des Ædni étendait sa suprématie sur quatorze peuplades, dont voici les noms :

Les Ædni (qui avaient pour clients : les Ambarri, les Ambluareti, les Blannovici, les Boii, les Brannovici, et les Segusiani), compreniaent les Esubii, les Lingoni, les Mandubii, les Raraci, les Ruteni, les Salasti et les Tigurii.

2º *La Confédération des Arverni.* — Dans la confédération des Arverni étaient grouppées vingt-cinq peuplades dont voici les noms :

Les Arverni (qui avaient pour clients : les Cadurci, les Gabali, les Vellavii), comprenaient les Aulerci (qui avaient pour clients : les Cénomani, les Diablinti et les Eburovici); les Biturigicubi; les Carnuti; les Caleti, les Helvii, les Lemovici (qui, à leur tour avaient pour clients : les Cambiovici et les Cambolectri); les Lexovi; les Meldi; les Nitiobrigi; les Parisii; les Pretocorii; les Pictavi; les Ruteni; les Senoni ; les Santoni; et les Toroni.

3º *La Confédération des Sequani.* — La confédération des Sequani était établie entre la source de la Seine et celle de la Saône et le Jura ; elle comptait cinq peuplades indépendantes dont voici les noms :

Les Allobrogi, les Helvetii, les Nantuati, les Sequani et les Verbigeni.

LEMOVICI, Lemovikes

a. — NOTICE HISTORIQUE

Lemovici, Lemovikes, est le nom d'un peuple gaulois de la race des Galls, confédération des *Arverni*, Auvergnats, qui habitait dans l'Aquitania prima, la province appelée : *Lemovicensis pagus* (voir plus bas cette province).

Les Lemovici opposèrent une grande et vive résistance aux armes romaiues. En l'an 51 avant J. C., lorsque les Romains firent la conquête des Gaules, après 8 ans de combats acharnés, les tribus limousines, de la race des Arverni, furent les dernières qui combattirent pour l'indépendance nationale ; elles ne se soumirent qu'après la défaite et la mort de Vercingétorix.

Les Lemovici paraissent avoir eu deux tribus pour clientes : les Cambiovici, que nous passerons sous silence, parce qu'ils habitaient le Haut-Limousin, devenu depuis la Marche Limousine, qui ne nous intéresse pas, et les Cambolectri qu'on verra plus loin.

Le *pagus Lemovicensis*, Limousin, est une ancienne province gauloise de l'Aquitania, habitée par les *Lemovici* (voir ce peuple); cette province qui dépendait de l'*Aquitania prima*, était bornée par les peuples, savoir : au nord, les *Biturigi-cubi*; à l'est, les *Arverni;* au sud, les *Cadurci*; et à l'ouest, les *Petrocorii*, les *Santoni* et les *Pictoni*; elle avait pour capitale : *Ritum*, postea *Augusloritum*, *Lemovicum*, (voir cette capitale), et pour villes principales : *Acitodunum*, *Andecamulum*, *Cassinomague*, et *Prætarium*. Après avoir successivement fait partie du rayaume des Wisigoths, au v⁵ siècle; de celui des Franks, au vi⁶; du duché d'Aquitaine, au ix⁶; cette province forme aujourd'hui les départements de la *Corrèze*, de la *Creuse* et de la *Haute-Vienne*, avec le *Confolentais* de la Charente, le *Nontron-*

nais et une zône plus ou moins large le long des limites de la Corrèze, dont Hautefort paraît être le centre.

Cette province conserva son étendue de territoire qu'elle avait sous les Gaulois et les Romains, jusque vers le milieu du xᵉ siècle, époque à laquelle la *Marche limousine* en fut détachée par Guillaume II, duc d'Aquitaine, 918 926, qui l'érigea en comté particulier. Après avoir été divisée : en Haut-Limousin, appelé : *Superior-Lemovicensis* pagus, et en Bas-Limousin, appelé : *Inferior-Lemovicensis* pagus, elle forma la nouvelle division du territoire français, en l'an 1790, savoir : le Haut-Limousin, Superior-Lemovicensis, au nord, les départements de la Haute-Vienne et de la Creuse presque entièrement ; et le Bas-Limousin, Inferior-Lemovicensis, au sud, celui de la Corrèze, avec le confolentais de la Charente, le Nontronnais de la Dordogne et une zône le long des limites Corréziennes de la Dordogne également.

Avant la conquête romaine le Lemovicencis faisait partie de la Celtique, région centrale de la Gaule. Une fois maître du pays, les Romains, au lieu de s'y fixer à demeure, se contentèrent de l'occuper militairement en y établissant des postes fortifiés et des camps retranchés. Quelques-unes de ses positions militaires devinrent dans la suite des centres de populations : telle fut l'origine d'Yssandon, de Masseret, de Tintignac, d'Ussel, d'Uzerche.

Les Romaius avaient compris le Limousin dans l'Aquitaine première ; ils y dominèrent pendant cinq siècles.

Octave, 27 aus avant J.-C. 14 après, surnommé Auguste, ayant partagé la Gaule en quatre parties, dont une fut appelée *Aquitaine*, à laquelle il annexa plusieurs provinces de la Celtique ; celle de *Lemovicensis* fut du nombre. Plus tard, Dioclétin, 284-313, ayant divisée l'Aquitaine en deux parties, le Lemovicensis se trouva être dans la première, *Aquitania prima*, qui eût pour métropole : Avacicum postea Bituricæ, Bourges.

Sous Honorius, 395-423, la Gaule ayant reçu une nouvelle division territoriale, l'Aquitaine fut alors divisée en trois parties ; le Lemovicensis se trouva être dans la nouvelle pre-

mière Aquitaine qui eût aussi pour métropole : *Avaricum*.
Cette nouvelle division prit le nom d'*Aquitania prima*.

Cette province reste soumise aux Romains jusqu'aux invasions des Barbares, en 407. En 418, elle passa aux Wisigoths ; de ces derniers elle fut soumise, en l'an 507, à Clovis, 481-511, après la bataille de Vouillé.

A l'époque du partage de la monarchie franque, le Limousin fit partie du royaume de Paris, qui eût pour roi Caribert Iᵉʳ, 511-567. A sa mort il passa sous la domination de Childéric, roi de Soissons, 561-584. En 584, le Limousin fit cause commune avec le reste du Midi, et se donna pour roi un prétendu fils naturel de Clotaire Iᵉʳ. 511-561, Gondowal, qui fut assassiné quelque temps après par ses partisans.

Le Bas-Limousin fut ravagé une premiére fois par les Sarrazins, et pendant les guerres que Unald et Vayre soutinrent, de 760 à 770, contre Pépin-le-Bref, 752-768, et Charlemagne, 768-814, plusieurs combats furent livrés dans les environs d'Allassac, de Turenne et d'Yssandon.

Charlemagne, 768-814, vainqueur, établit dans le Limousin des comtes ou gouverneurs, tiges des grandes maisons féodales, des vicomtes de Comborn, de Ségur, de Turenne, de Ventadour. Le Limousin, à cette époque, fit partie du royaume d'Aquitaine, qui fut constitué pour son fils, Louis.

Charles II le chauve, 840-877, assiégea le château de Turenne et s'en empara. Les Normands envahirent le Limousin et ne se retirèrent qu'après la bataille d'Estresse, prés de Beaulieu, gagnée sur eux par Raoul de Bourgogne. Au milieu de ces déchirements, Eudes, comte de Paris, devenu roi de France, 887 898. dans le but d'une nouvelle organisation, supprima, en 887, le titre de comte de Limoges pour y substituer seulement celui de vicomte, chargé d'administrer le pays et d'y rendre justice, et revêtit de cet emploi Adhémar d'Escals, qui résidait habituellement à Tulle.

A peine délivré des ravages des Normands par Raoul, que le pays fut en proie à de nouveaux troubles à l'avènement des Capétiens.

Une certaine émigration de Lemovici-Lemovikes, se fit à

une date restée inconnue, et alla s'établir en Armaricani,
Armonique, au nord-ouest des Pictoni, Pictons, et au nord
des Agesiati, Agesiates, au sud de l'embouchure de la Liger,
Loire, entre la rive gauche de ce fleuve et l'Océan Atlanti-
que. Dès lors cette émigration s'appela : Lemovici-Armori-
cani, Limousins de l'Armorique.

b. — Ateliers monétaires de l'Inferior Lemovicensis (Bas Limousin)

De ce moment nous entrons dans le cœur de nos études
sur les divers ateliers monétaires gaulois connus de l'Inferior-Lemovicensis et sur les monnaies qui en sont sorties
depuis les Celtes jusqu'à l'avènement des carolingiens. L'Inferior-Lemovicensis, aujourd'hui le Bas-Limousin, était jadis, comme on l'a vu, la partie méridionale de la province
gauloise connue sous le nom de Lemovicensis, dont la capitale était : Augustoritum postea Lemovicum, Limoges.

Dans l'étude des ateliers monétaires de l'Inferior-Lemovicensis, les noms latins des cités et des provinces ont été conservés de préférence aux noms modernes donnés à ces cités
et à ces provinces, parce que tous ces noms latins sont gravés et se lisent sur les espèces monétaires de l'époque, ont
généralement subi, en noms modernes, une traduction dé-
fectueuse et vicieuse. De plus, les anciennes provinces ont
perdu aussi, depuis la dernière division du territoire français, en 1790, en départements, les limites qu'elles avaient
à l'origine. C'est pour conserver l'intégrité du territoire des
anciennes provinces et des appellations primitives que nous
conservons le latin dans nos études de préférence au français. Pour cela, et même pour faciliter les récherches, la
liste des ateliers monétaires du Bas Limousin, que nous
donnons, sera divisée en deux colonnes; la première donnera en latin, les appellations primitives des ateliers monétaires; la seconde les appellations modernes. Les appellations primitives seront placées par ordre alphabétique. En

tête de cette liste, bien qu'elle n'appartienne pas au Bas-Limousin, sera placée la ville de Lemovicum, Limoges, parce qu'elle a été la métropole des Lemovici et la capitale de tout le Limousin.

Il est difficile, pour ne pas dire impossible. de donner avec quelque certitude des détails sur le monnayage des Lemovici, surtout dans les premiers temps du monnayage, Ce n'est qu'à partir d'un siècle ou deux avant la conquête des Romains, qu'on rencontre des premières monnaies gauloises qui ont été découvertes dans la région limousine. Ces monnaies sont généralement muettes ou anépigraphes, ayant pour types, au droit, une tête jeune, imberbe, laurée ou non, le cou orné ou non d'un colier ; au revers, un cheval trottant ou un lion.

Sous les Gaulois, si les documents officiels manquent, le nom du peuple : LEMOVICI de la province Limousine et ceux de ses chefs : CGRNG-EPPILGS, EPILOS, EPILVS, SEDDVLLVS, qui sont gravés et qui se lisent sur des monnaies gauloises, accusent formellement que le peuple de ce nom avait des monnaies portant son nom, frappées dans ses ateliers monétaires dont on ignore complètement leurs noms et leurs emplacements. On suppose que ces ateliers monétaires étaient établis dans leur métropole et dans quelques-unes de leurs principales villes ; mais rien ne le confirme.

Sous les Romains, on peut confirmer que les Lemovici n'avaient pas d'atelier monétaire ; les Romains n'en avaient que trois : Arlatum, Arles ; Lugdunum, Lyon ; et Treveris, Trèves.

Sous les Mérovingiens, si les ateliers monétaires de la province Lemovicencis, pendant la période gauloise et la romaine nous sont restés complètement inconnus, on connaît aujourd'hui à peu près tous ceux qui furent installés dans cette province pendant tout le temps des Mérovingiens.

Des savants (1) ont donné, en noms modernes, un certain

---

(1) Max. Deloche. *Monnaies mérovingiennes.*
L, Guibert. *Monnaies de Limoges.*

nombre de cités, comme étant des ateliers monétaires du Bas-Limousin, en omettant de donner leurs appellations primitives. Cette lacune est très regrettable, elle empêche de contrôler avec la liste des ateliers monétaires gaulois, ces noms donnés comme étant des ateliers monétaires. No-nobstant, tous ces noms seront donnés intégralement, sans exception, dans le tableau ci-après, où ils seront indiqués par un astérique. A ce tableau l'auteur a ajouté d'autres noms d'ateliers monétaires qu'il a découvert en examinant les monnaies de plusieurs collections. Ce tableau se compose de deux colonnes : la première comprendra tous les noms primitifs connus des ateliers monétaires et la seconde les noms modernes, placés en regard des noms primitifs ; mais comme beaucoup de noms modernes n'ont pas de nom primitif connu, ce nom primitif sera remplacé dans la colonne de ce nom par un point interrogatif.

TABLEAU DES ATELIERS MONÉTAIRES DU BAS LIMOUSIN
PENDANT LA PÉRIODE MÉROVINGIENNE

	Noms primitifs	Noms modernes	Départements
1	LEMOVICUM	Limoges	H.-Vienne
2	ABRIACO	* Abriac	Dordogne
3	AGNOLANTE	Eygurande	Corrèze
4	AGOLAS	* Goulles	id.
5	ANDEBRENACO	Ambernac	Charente
6	ARGENTATI	* Argentat	Corrèze
7	ARTONACO	* Arnac	id.
8	BARRO-CASTRO	Bar	id.
9	BENAVIA	* Benayes	id.
10	BLÆNATE	* Beynat	id.
11	BRILLACO	* Brillac	Charente
12	BRIVA	* Brive	Corrèze
13	BULBIA-CURTE	* Bourbacou	id.
14	BURDIALE	Bourdeille	Charente
15	?	* Chabrut	id.
16	CAMILIACO	Chamiliac. comm. de Mansac.	Corrèze
17	CASTERIACO	* Chatras, commune d'Estivaux	id.
18	?	* Chabrignac	id.

Noms primitifs	Noms modernes	Départements
19 CAMPAUNIAC	Champagne, com. de Limeyrat	Dordogne
20 CAMPAUSIAC	Champeuux, com. de Tarnac	Corrèze
21 CHARILIACO	Charlat, commune de Louignac	id.
22 ?	* Chignac	Dordogne
23 CHOISSI	* Choiss	Inocnnu
24 ?	* Cissac, commune de St-Sylvain	Corrèze
25 CIRILIACO	* Sérilhac	id.
26 CLISI	Eglise-aux-Bois	id.
27 CORNILIO	* Cornil	id.
28 ?	* Dagnac	id.
29 EBARIO	* Eyburie	Corrèze
30 ELARIACO	Alleyrat	id.
31 ESPANIACO	* Espagnac	id.
32 GLUNANNO	* Glény, commune de Servières	id.
33 ?	* Juillac	id.
34 GEMELIACO	* Jumilhac	id.
35 ?	* Lissac	id.
36 MARCILIAC	Marcillac	id.
37 MIAICO-VICO	Milhac - Nontron	Dordogne
38 MONS-CENSUS	* Montceix, com. de Chamberet	Corrèze
39 ?	* Montignac	Dordogne
40 Nontron	* Nontron	id.
41 NOVO-VICO	Neuvic	Corrèze
42 ORIACO	Auriac	id.
43 PAULIACO	* Paulhac	id.
44 PETRO-FICTA	* Pierrefitte	id.
45 PRUGNI	Prugné, c. de la ch[lle]-aux-Brocs	id.
46 RIALACO	Rilhac	Corrèze
47 SAGRACIACO	* Sarrazac	Dordogne
48 SALIACO	Seilhac	Corrèze
49 SARACIACO	Sarrazac	id.
50 SELANIACO	* Salagnac	id.
51 SERONNO	* Sarroux	id.
52 TURENNO	* Turenne	id.
53 ?	* Ussel	id.
54 USERCA	* Uzerche	id.
55 VELLINUS	Beaulieu	id.
56 ESANDON	Yssandon	id.
57 LEMARIACO	Limeray	Dordogne

Chacun de ces noms d'ateliers monétaires est précédé,

comme on le voit, d'un numéro d'ordre qui répond à celui qui se trouve en tête de l'étude de chacun d'eux.

Sous les Carolingiens et plus tard, tous ces ateliers monétaires, moins celui de Lemovicun sont successivement supprimés, et les monnaies portant leurs noms disparaissent insensiblement à leur tour. L'atelier monétaire de Limoges ne fût supprimé qu'en l'an 1837, par ordonnance du 16 novembre.

c. — Monnaies de la Lemovicensis

Les espèces monétaires de la Lemovicensis furent d'or, d'argent et de bronze ou de cuivre, contrairement à celles du midi de la Gaule, qui n'étaient qu'en argent et en bronze. En effet, Massilia et les colonies grecques n'employèrent pas la monnaie d'or, ils ne se servaient du métal que sous forme de lingots dont ils coupaient les quantités voulues. Les Gaulois du Midi durent adopter, pour leurs échanges, les mêmes monnaies et les lingots d'or que leurs voisins, qui étaient beaucoup plus riches. Lorsque la Narbonnaise devint province romaine, en 125 avant J.-C., les Romains ne lui permirent pas d'employer l'or pour signe d'échange, car il était considéré comme le privilège exclusif de l'impérium. C'étaient les Gaulois du centre et de la Belgique, et par là du Limousin, qui frappaient seuls les espèces d'or depuis une époque reculée, qui n'est point fixée, jusqu'au moment où ils furent vaincus par Jules César; de ce moment ils ne furent plus en droit à employer dans leurs ateliers monétaires que l'argent et le bronze ou le cuivre. Les Gaulois, à partir de ce moment continuèrent à frapper des espèces monétaires en argent et en bronze pendant les premières années du règne d'Octave-Auguste, 27 ans avant J.-C., 14 ans après, jusqu'au concile de Narbonne, qui supprima définitivement tous les monnayages indigènes.

Monnaies muettes (1)

Type d'un denier.   AR. / 18 /. (

Av. — Dans un grénetis, tête laurée, à sénestre.

Rev. — Dans un grénetis, lion passant à sénestre ; au-dessus, une lampe ; à l'exergue, un épis.

Type d'un ?   AR. / 15 /. (

Av. — Tête à dextre, collier de perles.

Rev. — Cheval marchant à dextre ; au-dessus, une tête humaine, à dextre ; au-dessous, un cercle centré.

Type d'un denier.   AR. / 19/, (   )

Av. — Tête imberbe, à sénestre ; les cheveux divisés en grosses boucles ; devant la bouche, un fleuron qui se partage en deux branches, celle du haut offre la forme d'un s.

Rev. — Cheval allant à sénestre ; la crinière rendue par un grénetis ; sur la croupe une cigogne dont le bec élevé atteint à la hauteur des oreilles du cheval.

Type d'un denier.   AR. /18/, (   )

Av. — Dans un grénetis, tête jeune, imberbe, à sénestre ; le cou orné d'un collier de perles.

Rev. — Dans un grénetis, cheval trottant à sénestre ; la poitrine et le cou serrés par un grénetis ; au-dessus, tête jeune imberbe, le cou orné d'un collier de perles ; sous le cheval un annelet.

Type d'un ?   AR. / /, (   )

Av. — Tête à dextre ; coiffure formée de trois lobes.
Rev. — ?

Monnaies à légendes (2)

CORNO-EPPILOS

Type d'un bronze   Br. / /, (

Av. — Tête radiée, à sénestre, ornée d'un bandeau et d'un collier de perles ; légende : CORNO-EPPILOS.
Rev. ?

---

(1) On appelle monnaies muettes ou anépigraphes, celles qui ne portent aucune inscription.

(2) On appelle monnaies à légendes, celles qui portent toutes inscriptions.

Les signes distinctifs par lesquels on reconnaîtra facilement que

Monnaies de chefs Lémovikes

Corno-Eppilios

Type d'un bronze.   Br. / /, ( )

Av. — Tête radiée, à sénestre, ornée d'un bandeau et d'un collier de perles ; légende : CORNO-EPPILOS,

Rev. —   ?   ?

Sedullus

Type d'un bronze.   Br. / /, ( )

Av. — Tête radiée, à sénestre, ornée d'un bandeau et d'un collier de perles ; légende : CORNO-EPPILOS.

Rev. — Cheval galopant à sénestre, embouchant un cornyx ; devant le poitrail un sanglier-enseigne ; un second sanglier est placé au-dessus de la tête, comme un cimier de casque ; deux autres sangliers paraissent derrière les épaules ; entre les jambes un personnage renversé ; en exergue : SEDVLLVS ; sans légende.

Monnaies d'un chef inconnu

Arthurivicec

Type d'un denier frappé à Lemovicensis, Limoges   AR. /20/, ( )

Av. — Dans une couronne, écu parti de 2 ; au 1er échiquier de 6 tyrs de 3 pièces ; au 2e bandé de 5 pièces ; légende ✝ LEMOVICENSIS.

Rev. — Dans une couronne, crois grecque, légèrement patée, cantonnée au 1er et au 2e d'un annelet ; légende : ✝ ARTVRIVICEC.

N. B. — Dans cet ouvrage, il ne sera question que de monnayage et des monnaies : des peuples, des villes, des provinces, des chefs gaulois ; des rois et de leurs représentants, des monnayers, et des empereurs et autres. Quant au monnayage et aux monnaies seigneuriaux ou féodaux, ils feront le sujet d'un ouvrage spécial qui paraîtra plus tard.

---

telles espèces monétaires appartiennent au peuple Lemovici, sont tirés des légendes ellés-mêmes, soit qu'ils indiquent le nom même du peuple : Lemovici, auquel ils font allusion, soit qu'ils donnent le nom d'un de ses chefs. Ainsi on attribue aux Lemovisi les espèces monétaires portant l'une de ces légendes : CORNO, CORNO-EPPILUS, EPILOS, EPILVS, LEMOVICENSIS, LEMOVICI, SEPVLLUS. (Monnaies de chefs Lemovikes,

CAMBOLECTRI, Cambolectres

a. — NOTICE HISTORIQUE

Cambolectri, d'après la carte générale de la Gaule dressée par A. Brué, revisée par M. E. Levasseur, membre de l'Institut, paraît être le nom d'un peuple gaulois, de la race des Galls, confédération des Arverni, tribu des Lemovici, qui habitait dans l'Aquitania prima, la partie méridionale de la province Lemovicensis; quoique sur la situation de la contrée habitée par les Cambolectri, un doute règne, nous le plaçons, avec M. Levasseur, à cheval sur la Vézère, entre la source de la Corrèze à l'est et l'Isle à l'ouest, d'une part, et les monts du Limousin au nord, et la Corrèze au sud, et peut-être plus loin, jusqu'aux limites de la Cadurcensis, Quércy. Ce territoire, qui dépendait de l'Aquitania prima, avait pour capitale Cambrote vel ampotre, localité qui est inconnue aujourd'hui; il formerait depuis 1790, la partie nord-ouest de l'arrondissement de Tulle et la partie nord de celui de Brive.

Avant la conquête des Romains, en 50 avant J.-C., ce territoire faisait partie de la Celtique, sous Octave, 27 avant J.-C.-14 après, il fit partie de l'Aquitania: sous Honorius, 395-423, il se trouva compris dans l'Aquitania prima, et resta soumis aux Romains jusqu'aux invasions des Barbares, en 407, En 418, il passa aux Wisigoths; de ces derniers, en 507, il fut soumis à Clovis, 481-511, après la bataille de Vouillé.

b. — *Atelier monétaire des Cambolectri*

On ne peut donner aucun détail sur l'atelier monétaire que le peuple Cambolectri pouvait posséder, on ne possède aucun document relatif à ce sujet.

c. — *Monnaies des Cambolectri*

Les signes distinctifs par lesquels onpourra reconnaître

---

(1) Cambotre figure déjà sur la liste des ateliers monétaires gaulois.

que telle ou telles espèces monétaires appartiennent aux Cambolectri, sont tirés des légendes elles-mêmes, soit qu'ils indiquent le nom même du peuple : Cambolectri, auquel ils font allusion, ou ils pourraient aussi donner le nom de ses chefs, mais on ne les connaît pas. Ainsi, on attribue aux Combolectri les pièces de monnaie portant la légende : CAMBOTRE, qui serait la capitale inconnue de ce peuple.

Depuis longtemps, on a l'habitude d'attribuer aux Cambolectri, le joli denier à la légende : CAMBOTRE. Cette attribution peut rester plus que douteuse, et on ne peut qu'affirmer qu'une chose, c'est que ces pièces, suivant plusieurs mimismatistes, paraissent être Bituriges.

Il faut rapprocher les monnaies à la légende CAMBOTRE des monnaies d'argent et de cuivre certainement plus anciennes et sur lesquelles on ne lit que : CAM. Il est à noter que : CAMBIL est le nom d'un chef biturige ; ce fait est démontré par l'examen des monnaies gauloises recueillies par centaines pendant un demi-siècle à Levroux par feu **M.** Lemaître. Ce sont les bronzes de Cambil que **M.** de Saulcy avait été tenté de classer à l'Aulerke Camulogène ; mais cette attribution est abandonnée aujourd'hui.

Monnaies de villes

Type d'un denier. AR. / /, (

Av, — Tête casquée ; sans légende.
Rev. — Cheval à dextre ; légende : CAMBOTRE.

J.-B. Finck.

(*A suivre.*)

NÉCROLOGIE

M. CHAMPEVAL, de Vyers

Les membres de notre Société ont presque tous appris la mort de M. Champeval, de Vyers. Il importe de faire ressortir dans ce Bulletin, la personnalité de cet infatigable travailleur.

Ses recherches incessantes dans les dépôts publics et privés de nos archives l'ont signalé à la considération des érudits. Il a fait partie du petit groupes d'hommes distingués qui, dans notre pays, ont ouvert une route vers la documentation et la preuve écrite des faits historiques.

A tous ceux qui voudraient la suivre, nous proposons comme un bon exemple, sa générosité et son désintéressement qui lui firent oublier les dépenses auxquelles l'entraînaient ses études ; son énergique persévérance à reconstituer le passé de plusieurs provinces, passé si méprisé jadis que l'heureuse initiative de M. Champeval put d'abord être considérée comme inutile, sans but ni résultat, par certains esprits superficiels.

Le sentiment général est aujourd'hui changé. On accorde moins de confiance à l'autorité littéraire d'un écrivain renommé, qu'à la valeur des textes et à l'authenticité des citations. On sent le besoin de remplacer l'histoire écrite comme un roman, d'après des principes et des idées préconçues, par un exposé simple et lucide dont la vérification est facile. Notre nouvelle école atteint les hauteurs de l'éloquence dans les faits eux-mêmes, ainsi que l'a dit Virgile dans un vers célèbre (1). Elle fuit celle qu'un auteur cherche, sans profondeur ni vérité, dans l'habile coordination des pensées et l'harmonieuse disposition des phrases et des termes.

M. Champeval fut donc, dans notre pays, l'un des premiers ouvriers du grand édifice que construisent nos innombrables Sociétés historiques, sous la direction et conformément aux plans d'études de l'École des chartes.

Tel est peut-être son principal mérite ; il restera comme

____

(1) *Sunt lacrimæ rerum et mentem mortalia tangunt.*

le meilleur titre à la reconnaissance de ceux qui lui succéderont.

Puisse cette belle carrière être suivie par les hommes distingués ayant des loisirs et ennemis de l'oisiveté. En se consacrant à l'étude de notre histoire, ils ne trouveront dans l'état religieux de nos provinces, leur condition sociale et politique, militaire et juridique, commerciale et industrielle, aucun détail indigne de leurs laborieuses études.

Ils aimeront le pays en apprenant à le connaître; le patriotisme de la science la fera rechercher davantage. Nous leur promettons des jouissances intellectuelles saines et nobles, parfois même des élévations enthousiastes de l'esprit.

Les publications de M. Champeval sont très nombreuses. Elles s'étendent au Velay, à l'Auvergne, au Quercy, à la Marche, aux Haut et Bas-Limousin et au Rouergue.

Chez nous, il a collaboré au Bulletin de Tulle et donné de multiples travaux à notre Bulletin de Brive. Nous devons nous arrêter à ceux qu'il a confiés à notre Société.

Par les cartulaires de Tulle et d'Userche, il nous initie à la vie de nos monastères, aux mœurs de nos grands seigneurs, les Comborn, Turenne, Ventadour, Malemort, les Ségur, vicomtes de Limoges, les comtes de la Marche, de Toulouse et de Poitiers, les archevêques et évêque de Bordeaux, Toulouse et Limoges, à celles de la noblesse médiate et de la bourgeoisie à son début. Il nous montre leurs rapports avec les grandes abbayes. Il nous fait assister aux transformations de la royauté, impuissante pendant quatre siècles, principe, dans son abaissement même, de l'hégémonie française.

Que de détails charmants et purs, tels que les donations *in osculo*, les regrets des descendants de certains usurpateurs puissants et la réparation des injustices de leurs pères, ne découvrons-nous pas dans cette suite de chartes. Elles nous enseignent que la générosité des Grands a beaucoup contribué à la division des seigneuries et à la constitution de la propriété moderne.

Par la généalogie de la Maison de Comborn, si obscure même après Baluze et Justel, nous remontons aux familles de nos anciens comtes et vicomtes, franques ou galloromaines, ou peut-être issues de la fusion des deux races dominantes après la conquête des Gaules.

Vainement par les jurisprudences romaine et germanique, par les substitutions, l'exercice du droit d'aînesse, l'application de la loi salique, veulent-elles maintenir sur la tête de leurs chefs de noms et d'armes, l'unité et la grandeur de leurs maisons. L'action des siècles les appauvrit. Leurs biens sont morcelés. Elles disparaissent et parfois quelques-uns de leurs enfants tombent par la pauvreté et la dérogeance, dans la masse de la roture destinée à remplacer sans cesse les dominateurs déchus et à recevoir leurs derniers descendants.

Nous citerons encore, parmi les travaux de M. Champeval, la Liste des châteaux de la Corrèze; les simples Notions de géograpbie limousine; les Notes sur les châteaux de Juillac, Beaufort, Bity, Saint-Bonnet-la-Rivière, Leymarie, Tourondel, Chaleyx, Curemonte; les Glanes limousines, etc., etc. Les œuvres de M. Champeval sont si nombreuses que nous ne saurions en faire la nomenclature complète.

Il a intelligemment disposé de l'importante collection de documents qu'il s'était constituée.

Il a légué, à la ville de Limoges, ceux qui concernent la Marche et le Limousin; à Aurillac, ceux qui se rapportent à l'Auvergne et au Velay; à Cahors, ceux qui intéressent le Rouergue et le Quercy. Ainsi chacun de nous, après, après sa mort, pourra t-il les étudier plus facilement que pendant sa vie.

M. Champeval, dont nous ne dissimulerons pas les apretés de caractère, fut un catholique sincère. Sa mort chrétienne a effacé sa part des faiblesses humaines; elle a été le couronnement de son existence. Elle montre la fin et le but de la vie, à nous, à tous ceux qu'il a connus, à ceux-là même qu'il crut devoir contredire ou combattre au nom des droits réels ou supposés de l'histoire.

Julien Lalande.

Société Scientifique, Historique et Archéologique de la Corrèze

Procès-verbal de la séance du 27 juin 1915.

Les membres de la société se sont réunis le 27 juin dernier, à l'Hôtel de Ville de Brive, sous la présidence de M. Philibert Lalande.

Ordre du jour :

1. Lecture du procès verbal ;
2. Communications diverses ;
3. Composition du prochain *Bulletin.*

Après la lecture du procès-verbal de la dernière séance par le secrétaire général, M. de Valon, vice-président, fait connaître que, malgré la décision prise qui suspendait la publication du *Bulletin* pendant la durée de la guerre, à cause surtout de difficultés matérielles d'impression, il a paru convenable de reprendre cette publication. L'imprimeur, M. Roche, ayant pris des arrangements, un *Bulletin*, comprenant deux livraisons, paraîtra dans le troisième trimestre 1915.

Malgré la dépense assez considérable que ce travail entraîne, la réunion maintient la suspension de la cotisation annuelle pour les années 1914 et 1915, en raison du fait de guerre et de la situation prospère de la société. Les cotisations, bien que non exigibles, seront cependant reçues avec reconnaissance.

Le président, prenant alors la parole, rappelle le souvenir des collègues qui se distinguent sur le front ou qui tombent au champ d'honneur.

Parti des le début de la guerre comme médecin-chef de l'ambulance n° 10 du 12ᵉ corps d'armée, le docteur Dubousquet-Laborderie a reçu, pour ses dévoués services, la croix de chevalier de la Légion d'honneur le 8 mars dernier, à Epernay : cette touchante cérémonie a eu lieu devant la troupe, sous la neige et au son du canon de Reims et des tranchées voisines.

Le docteur Robert Mazot, médecin-major de deuxième classe au 126ᵉ régiment d'infanterie, cité à l'ordre du jour, a été décoré de la croix de guerre.

M. Marc Doussaud, capitaine au 132ᵉ régiment d'infanterie territoriale, au feu depuis le commencement de la guerre, a été mis à l'ordre du jour de sa brigade pour une mission périlleuse dont il s'est tiré à son honneur.

M. Léon Roche, promu sergent-major au 326ᵉ, a été également cité à l'ordre du jour.

Enfin, nous apprenons que M. Pierre de Valon, fils de notre dévoué vice-président, vient d'être promu capitaine sur le champ de bataille d'Arras.

Qu'ils reçoivent, bien que tardivement, nos plus cordiales félicitations !

Par contre, nous avons le regret d'apprendre la mort glorieuse de M. Jean de Corbier, fils du baron Luc de Corbier, qui servait au 250ᵉ, ainsi que celle du vicomte Jean d'Ussel, un de nos sociétaires, ancien inspecteur des eaux et forêts, tué, comme capitaine de réserve au 263ᵉ, le 28 août, au combat de Rocquigny, près Bapaume. Notre collègue, M. de Nussac, a bien voulu consacrer à M. d'Ussel une notice bibliographique qui nous le fait mieux connaître et profondément regretter.

M. Robert de Lasteyrie, sous-lieutenant de réserve au 7ᵉ, fils du comte de Lasteyrie, membre de l'Institut, est également mort d'une maladie contractée au service, au moment où il allait partir pour le front.

Nous saluons ces morts glorieux et nous offrons à leurs familles l'hommage ému de nos sincères condoléances.

Plus heureux que les précédents, M. Henry de Jouvenel, blessé au feu, est actuellement rétabli.

Les membres de la société présents applaudissent ces paroles du président.

Sur la motion de M. le commandant Breton de la Leyssonie, président du Souvenir français à Brive, la réunion acclame l'armée française défendant le territoire national et lui adresse ses vœux de victoire prompte et définitive.

Le président met ensuite aux voix la radiation du libraire berlinois Asher, seul membre étranger, laquelle est immédiatement prononcée.

M. de Valon donne la composition du prochain *Bulletin* :

1. « Les combattants limousins de la guerre américaine (1778-1784) », par MM. Joseph Durieux et Louis de Nussac.

2. Suite du travail de M. Laffon sur les « Annales de Larche ».

3. « Etude historique sur Antoine de Chabannes (1408-1488 », par M. Noël Cadet.
4. Etude sur les divers « Ateliers monétaires connus en Bas-Limousin » depuis les Gaulois jusqu'en 752, par J.-B. Finck.
5. « Documents sur la baronnie de Castelnau-de-Bretenoux », par M. le vicomte de Lavaur de Sainte-Fortunade.
6. « Le Maréchal Brune pendant la première Restauration et les Cent Jours jusqu'à sa mort », par M. le colonel Vermeil de Conchard.
7. Procès-verbal de la dernière séance.

Répondant au désir du président de profiter des réunions pour communiquer et lire tous documents ou renseignements intéressants, M. Julien Lalande présente une pièce de procédure donnant la fortune du cardinal Dubois, estimée à 90.000 livres, dont il a fallu déduire 100.000 livres d'argenterie non payées au moment de sa mort. Cette pièce curieuse est intitulée : « Précis pour dame Marguerite Labachellerie et sieur Henri Fontaine, docteur en médecine, son mari, demeurant à Donzenac, intimés, — contre sieur J.-B. Martin Vielbans, propriétaire, demeurant à Blanat (Lot), appelant ». En raison des controverses auxquelles a donné lieu l'estimation de la fortune du Cardinal, M. Julien Lalande est prié de rédiger une note sur ce sujet intéressant.

Enfin, sur la demande du président, le colonel de Conchard donne lecture d'un récit de l'assassinat du maréchal Brune, qui complète l'étude annoncée pour le prochain *Bulletin*. Cette relation est extraite d'un ouvrage ayant pour titre : « L'Assassinat du maréchal Brune », rédigé d'après les pièces officielles du procès et publié en 1887 par le même auteur.

Sont admis dans la société : M. J.-B. Finck, numismate à Egletons, présenté par MM. Ph. Lalande et de Valon. — La Bibliothèque Harvard, de l'Université de Cambridge (Etats-Unis).

Le secrétaire général,
Colonel de CONCHARD.

FRANÇOIS SAUVAGE

*Né à Brive en 1788, mort en 1874, Doyen honoraire de la Faculté des Lettres
de Toulouse, auteur des Pensées morales et littéraires (1876)*

BIOGRAPHIES BRIVISTES[*]

I

François SAUVAGE (1788-1874)

Pendant une cinquantaine d'années, aucun nom
ne fût plus populaire et vénéré que celui de François
Sauvage, dans maintes familles brivistes en particulier, comme d'ailleurs en général dans tout le Sud-
Ouest.

Ce nom était synonyme de bienveillance et même
de providence pour les candidats au baccalauréat, et
il a fait prendre le chemin de Toulouse à des générations d'écoliers avec l'encourageant espoir du succès.
Aussi les détails précis d'une simple notice éveille-
ront-ils encore quelques échos favorables dans bien
des mémoires reconnaissantes : ce sera la plus pure
récompense de cette succincte évocation d'une figure
fort sympathique.

SAUVAGE (François), universitaire et moraliste,

---

* Nous avons l'intention de réunir, sous ce titre général, des notices
succinctes — comme pour un dictionnaire — sur plusieurs Brivistes
de marque à nous révélés au cours de nos recherches, et dont la
mémoire nous semble trop méconnue ou négligée des biographes
locaux, tels François Sauvage, le docteur Georges Rouffy, les généraux d'Alton et de Geouffre, les peintres Vialle et Marbeau, etc.

Il nous semble nécessaire de publier pour chacun de ces personnages, avec un portrait, l'acte de naissance comme initial point d'at-
tache à Brive, et ensuite l'indication de la descendance ou parenté,
d'après les pièces officielles.

né à Brive le 22 septembre 1788 (1), mort le 14 octobre 1874, en sa propriété de Saint-Esprit à l'Ile-en-Jourdain (Gers).

Issu d'une famille de condition très modeste, — mais dont plusieurs membres se sont élevés parallèlement en situation et en fortune, — François Sauvage fut sans doute instruit à l'Ecole secondaire de Brive à laquelle il est fait plus loin allusion, et qui, en 1801 (2), reprit les traditions d'un collège communal, remontant à près de 250 ans !

Ces débuts biographiques rendent assez singulières les lignes suivantes de l'*Eloge* que fit de lui, en 1885 ! à l'Académie des Sciences, Inscriptions et Belles-Lettres de Toulouse, M. Auguste Pujol, auquel certainement le parler des Troubadours était aussi étranger que la vue de la plaine briviste, « la riante porte du Midi » : « L'enfant de ces âpres montagnes, si éloignées à cette époque du contact de la civilisation française, dut tirer parti des écoles fondées à la suite de la Révolution de 1789 et y recevoir les premiers rudiments des lettres. Le fils du Limousin, une des régions où le dialecte local est encore le plus défectueux... », etc.

_____

(1) « François Sauvage, fils légitime de Jâque Sauvage, aubergiste, et de Jeanne Margerie, habitants de Brive, y est né le vingt deux septembre mil sept cents quatre vingt huit, et a été baptisé le lendemain. A été parrein Jacques Sauvage, frère, et marraine Jeanne Margerie, tante maternelle au baptisé. Ils n'ont signé pour ne savoir, de ce par nous requis. Fn. Bruxo, vicaire. » — *(Etat civil de la ville de Brive ; anciens registres de la paroisse Saint-Martin).*

(2) L'Institution Philippe Juge de 1792 à 1800 avait déjà continué à donner à Brive l'enseignement secondaire, c'est-à dire des humanités, qu'avaient professées jusque là les RR. PP. Doctrinaires du collège, avant la Révolution.

Et, en 1877, le comte Félix de Sambucy-Luzançon lui succédant à l'Académie des Jeux floraux, cru devoir le disculper d'être sorti, de « cette province, dit-il, qu'on appela longtemps la Béotie de la France! » Tristes refrains et lieux communs (1).

Bref, à 18 ans, muni assurément de toute la formation et des diplômes nécessaires, François Sauvage entra dans l'enseignement; comme professeur libre, il fut successivement : en 1806, chargé des classes élémentaires à Villefranche-d'Aveyron; en 1807, professeur de troisième à Uzerche (Corrèze), — ce qui le ramenait vers son berceau; — en 1808, au même titre à Périgueux; en 1809, à Toulouse, à l'Institution Saint-Martial, (rappel du vieux collège limousin, de ce nom, en cette ville) où il resta onze ans, participant à la prospérité d'un établissement renommé et préparant en même temps ses examens de licence en droit qu'il passa avec succès; son goût pour la science juridique en faisait alors un assidu des séances de la Société locale de Jurisprudence. C'étaient des gages d'avenir dans une voie nouvelle.

Mais l'Université le retint en l'attirant à elle et en le nommant au collège royal de Toulouse, en 1820, à la tête d'une division de la classe de seconde, et puis, en 1827, comme titulaire de cette classe; enfin, en 1829, comme professeur de rhétorique : il occupait cette dernière chaire depuis un an, quand l'Acadé-

---

(1) Et cela en dépit des autres Mainteneurs, Maîtres et Lauréats limousins des Jeux floraux, de Toulouse, contemporains de Fr. Sauvage, Firmin de La Jugie, Charles-Eugène L'Ebraly, Auguste Lestourgie et son frère, l'abbé, curé de Ste-Féréole, Louis Guibert, Joseph Roux, etc.

mie le désigna en première ligne au Ministre pour
être professeur de littérature latine à la Faculté des
Lettres (29 novembre 1830); en 1840, il était promu
doyen, et en 1863, il prenait sa retraite comme doyen
honoraire, ayant atteint le plus haut degré de la hiérarchie sur place, après 60 ans environ de professo-
rat dont 43 au service de l'Etat. Depuis longtemps,
le maître avait été fait officier de l'Instruction publique et depuis 1845 (décret du 27 avril), chevalier de
la Légion d'honneur.

Les emplois officiels dans l'Enseignement, à Toulouse, avaient servi de base à son action toute personnelle dans le mouvement intellectuel de la métropole méridionale. François Sauvage prit part à ce
mouvement intellectuel dès ses débuts en collabo-
rant activement au *Journal de Toulouse*, avec des
articles littéraires et artistiques; il resta longtemps
attaché au cénacle dont cet organe fut le centre. De
là, il se répandit dans les salons ou réunions intellectuelles et mondaines, qui eurent des années de
vogue locale, puis aux séances académiques des sociétés toulousaines, qui recherchaient sa parole exercée et nourrie : l'Universitaire apportait les idées
originales qui lui venaient de son cours de lettres la-
tines, brillamment fait et brillamment suivi. Et
bientôt du reste son rôle de doyen l'obligea à des
comptes-rendus de la Faculté : il renouvela le genre
en faisant des secs exposés administratifs de chaleu-
reux discours (1), animés par l'expérience, pleins de

---

(1) Le sérieux de ses 'discours, malgré leurs grâces les plus atti-
ques, n'empêchait pas son esprit naturel de découler du meilleur cru
limousin, selon ses origines ; ses bons mots sont encore répétés alors

son amour pour la culture classique et la jeunesse stu-
dieuse, sans cesse variés du reste, bien que vingt-
deux fois répétés, au cours de son décanat.

Dans les compagnies littéraires, il se distingua de
même comme membre de la Société archéologique
où il entra en 1831 ; puis comme Mainteneur, parmi
les 40 académiciens des Jeux floraux, en 1832 — en
même temps que le plus brillant de ses élèves, Léonce
de Lavergne (1), — et marquant parmi les modernes
restaurateurs de la vieille institution de Clémence
Isaure ; enfin comme associé ordinaire, en 1838, de
l'Académie des Sciences, Inscriptions et Belles-Lettres. La Société Académique de Cherbourg le nomna
aussi, en 1850, son associé correspondant.

L'esprit, l'art et la diction qui faisaient la vogue
de ses savantes leçons professionnelles, lui attirant
de nombreux auditeurs, il les répandait également

------

qu'ils étaient les fleurs spontanées de l'occasion fortuite : Ainsi un
jour il se trouve avec un ami à la terrasse d'un café à Toulouse ; un
maladroit garçon leur porte deux fois de suite des verres qu'il laisse
tomber et se briser : —. Oh le malheureux ! fit M. Sauvage, il *per-
sévère...*

Revenant souvent à Brive avec sa famille, il s'intéressait toujours
à ce qui se passait en sa ville natale; aussi quand les jeunes compatriotes se présentaient à lui, craintifs et cérémonieux, malgré les re-
commandations qu'ils portaient, ils les mettait à l'aise aussitôt en
leur demandant sans façon et en souriant : — Quoi de nouveau sur
la Guierle, jeune *Coujou?* (Notes de M. Alfred Mas). — La Guierle,
le grand foirail briviste; *Coujou*, petit melon, le *chaffre* famillier
des indigènes, cela lui plaisait, mais non sans malice.

(1) Voir les discours de réception dans le *Recueil de l'Académie
des Jeux Floraux* pour 1832, où il est question de ce fils intellectuel,
Léonce de Lavergne, né à Bergerac en 1809, qui avait fait ses débuts
littéraires à Toulouse, dans la *Revue du Midi*, avant de se distinguer
comme universitaire, orateur. historien, économiste, même homme
politique, député de la Creuse en 1871, etc.

dans ses communications, en particulier à l'Académie des sciences, avec des dissertations philologiques, des études sur les mœurs des Romains, sur le Joueur de flûte, ou pour l'explication du vers de Boileau : « Le latin dans les mots brave l'honnêteté. » etc., etc.

Ces travaux ont paru dans les *Mémoires* de l'Académie ; on trouve aussi dans diverses publications littéraires de Toulouse, des gerbes de maximes et pensées que François Sauvage faisait goûter et applaudir par les doctes compagnies auxquelles il appartenait : Le *Recueil de l'Académie des Jeux floraux* pour 1862 contient la 20e série de ces essais lus en séances publiques ! Et il avait préparé leur venue par son discours d'installation en 1832, parmi ses collègues, les Mainteneurs du Gai Savoir, en traitant « de l'influence des anciens dans le domaine des « Lettres, sous le double rapport de la Morale et de « la Société. » C'était l'énoncé de ses principes intellectuels et le procès du romantisme.

Dès la première heure, du reste, il avait été encouragé dans sa tâche de moraliste, en présentant devant une élite supérieure, d'une façon incisive et piquante, ces aperçus dans la manière de La Bruyère et de Joubert. « Jeune encore, raconte Cuvillier-Fleury, M. Sauvage avait écrit cette pensée qu'on aurait pu croire plus utile que délicate :

« Après l'amour, à côté de lui, au-dessous, si l'on « veut, mais mieux que lui, il y a l'amitié d'une « femme... Il y a un état du cœur qui peut donner « une idée de la vie douce et sereine, attribuée par « les poètes aux ombres heureuses de l'Elysée, c'est « l'amitié imprégnée d'un peu d'amour... »

« La pensée fut communiquée à Châteaubriand, dans le salon même de Mme Récamier. On dit que l'auteur de *René* y reconnut son image. M. Sauvage eut ainsi à l'Abbaye-aux-Bois, par le premier écrivain de notre pays, et sous le regard de la plus jolie femme de notre époque, son premier et radieux succès. » *(Journal des Débats,* 14 juin 1876).

Il est au moins assez piquant que le fils intellectuel du xviie siècle, autant que d'Athènes et de Rome, partisan naturel des Classiques contre les Romantiques, dont les luttes agitaient à ce moment même la cité palladienne, fût précisément distingué par le chef de ces novateurs, auquel il ne pouvait, il est vrai, que reconnaître le génie !

Ce premier succès décida sa vocation de maximiste, et toute sa vie, désormais, il s'appliqua à limer des chapitres de pensées, en vue d'un ouvrage qu'il ne trouvait jamais assez parfait. Il voulait le faire paraître dès 1863. Le volume ne vit le jour qu'en 1876, deux ans après sa mort.

Dans ses dernières années, partageant ses loisirs de retraite entre Toulouse et sa propriété de Saint-Esprit, près l'Isle-en-Jourdain (Gers), il fut saisi par une courte et rapide maladie en sa maison de campagne, et, à sa mort (1), laissa son œuvre en manuscrit.

---

(1) De Mme Sauvage, née Pradines, qui resta veuve. le défunt avait alors deux fils : l'un Emile, conseiller de préfecture, l'autre Léonce, licencié en droit, et six filles, Mme Du Noyer de Ségonzac, Mme Barthélemy, femme d'un professeur de physique au Lycée de Toulouse, et mère de M. Barthélemy, le renommé professeur de droit international à la Faculté de Paris, MM^lles Camille et Thérèse Sauvage, et deux religieuses, une Fille de la Charité et l'autre qui devint Ursuline à Brive. — D'après la lettre de faire part du décès (Archives de la Légion d'honneur) et des renseignements complémentaires.

Voici du reste les indications bibliographiques du livre enfin édité :

PENSÉES MORALES ET LITTÉRAIRES, *œuvre posthume* de M. F. SAUVAGE, ancien Doyen de la Faculté des Lettres de Toulouse, publiée par les soins de M^ile Camille Sauvage, sa fille. — Paris, Plon, 1876, in-8° de xxvii-430 pp.

L'ouvrage débute par une « Lettre de M. le comte de Rességuier, secrétaire perpétuel de l'Académie des Jeux Floraux à M^ile C. Sauvage », pour accepter le patronage du livre au nom de l'Académie et pour exprimer la reconnaissance de celle-ci, que François Sauvage avait contribué à faire reverdir au xixe siècle.

Une Préface, signée Rosbach, — un professeur de la Faculté des Lettres, — rappelle la mémoire de l'auteur, et explique comment furent élaborées les *Pensées.*

Ces pensées, au nombre de 860, numérotées, diverses en importance comme en étendue, sont groupées en une suite de chapitres sous les rubriques que voici qui analysent l'œuvre : Des Pensées, — La Vie, la Mort, le Temps, — L'Ame, le Cœur, — Les Femmes, — La Vie future, — L'Esprit, — La Poésie, — La Musique, — La Prose et les Vers, — Anciens et Modernes, — Genres littéraires divers, — La Vertu, — Le Bonheur, — Le Rire et les Larmes, — Le Cœur et l'Esprit, — Bonté, Bienfaisance et Gratitude, — Modestie, — Caractères et Humeurs, — Le Travail, — La Vanité, — Contradictions morales, — L'Important, — Le Fâcheux, — Le Calomniateur — Questions sociales et politiques, — Les Grands hommes, — L'Aristocratie, — L'Amitié, — Le Mariage et la Famille, — Le Monde.

La particularité consiste dans le rapprochement de maintes pensées originales de l'auteur avec celles des autres moralistes ou écrivains sur les mêmes sujets; ainsi les idées émises sont pour ainsi dire appuyées et élargies par les citations de maximes analogues où parfois même un peu divergeantes.

Leur facture très soignée et littéraire, dans le goût le plus classique, ainsi que leur esprit profondément religieux, les firent accueillir par les organes les plus autorisés, depuis le *Journal des Débats* jusqu'au *Journal de Rome*. Et au point de vue historique, elles restent comme un intéressant document de la mentalité et de la culture d'un Universitaire de haut rang, — autant homme de salon et d'académies qu'homme de lettres — au milieu du xixe siècle.

Bibliographie biographique. — Discours de M. Vigneaux, Procureur de la République à Lombez, aux obsèques de de M. Sauvage (*Journal de Toulouse*, 19 octobre 1874). — Nécrologie dans le *Messager de Toulouse*, reproduite par *La République de la Corrèze*, le 22 octobre 1874, [avec un ajouté sur la bienveillance insigne du doyen de la Faculté des Lettres pour les bacheliers du département et en particulier de Brive]. — *Eloge de M. François Sauvage*, par Auguste Pujol. (*Mémoires de l'Académie des Sciences, Inscriptions et Belles Lettres de Toulouse*, VII, 1875). — *Eloge de M. Sauvage*, lu en séance publique, le 4 février 1877, par le comte Félix de Sambucy-Luzençon, un des quarante Mainteneurs (*Recueil de l'Académie des Jeux Floraux*, Toulouse, 1877). — Lacoste (du Bouig) article Sauvage (François), pp. 282-3 des *Causeries sur la Littérature de Province*,

(Brive, 1880-1). — Alfred LAVEIX, *Aux Jeux Floraux, Mainteneurs, Maîtres et Lauréats, silhouettes corréziennes* (*Bulletin Soc. hist. et arch. de la Corrèze*, XVIII, 1896, pages
269 70.) — SOURCES MSS. — Notes, *in litteris*, de Mlle T. Sauvage, et de M. A. Vovard, obligeamment prises aux Archives
de la Légion d'honneur (Dossier F. Sauvage).

ICONOGRAPHIE. — L'Académie des Jeux Floraux de Toulouse possède un portrait de François Sauvage, dans sa
salle d'honneur, copie d'un pastel appartenant à la donatrice,
Mlle Thérèse Sauvage.

La phototypie qui illustre cette notice, est faite d'après
une photographie, communiquée par la même, et prendra
place au Musée Ernest Rupin à Brive (Galerie iconogra-
phique des Illustrations du pays).

LOUIS DE NUSSAC.

Notes sur la Vicomté de Turenne[1]

Nous avons promis d'utiliser les notes qu'a bien
voulu nous laisser M. le chanoine Marche. Une partie a trait à la *Vicomté de Turenne* qu'il publia en
1880. Aussi n'est-il pas besoin de présenter au lec-
teur la description d'un château si connu dans la
contrée. Au reste plusieurs travaux ont déjà paru sur
Turenne et le notre concerne seulement le Prieuré et
la Collégiale.

[1] Canton de Meyssac (13 kilomètres) 1.849 habitants. Château à 16
kilomètres de Brive sur la ligne du chemin de fer de Paris-Toulouse
par Brive-Capdenac.

LE
PRIEURÉ ET LA COLLÉGIALE
DE TURENNE

Le prieuré de Saint-Paul de Turenne, autrefois conventuel, dit le R. P. dom Estiennot, fut fondé et doté par les seigneurs de Turenne et soumis au monastère de Saint Pierre d'Uzerche, comme il est dit au cartulaire d'Uzerche, et comme on le lit dans l'*Histoire de la Maison de La Tour d'Auvergne et des vicomtes de Turenne, de Justel*.

C'est l'évêque de Limoges, Eustorge, qui permit l'investiture de l'église de Saint-Paul de Turenne au profit de Gaubert, abbé d'Uzerche. Raymond Ier, vicomte de Turenne et Geoffroy de Salignac renoncèrent à tous les droits qu'ils pouvaient avoir, en cette occasion.

Qu'arriva-t-il par la suite? nous ne savons, si ce n'est que les moines de Souillac, lésés, sans doute, dans leurs droits, s'installèrent dans l'église de Saint Paul de Turenne. Pour justifier leur conduite ils disaient que possesseurs de l'église-mère de Saint-Pantaléon, ils devaient posséder l'autre. Les moines d'Uzerche s'étant plaints de leur côté, l'archevêque décida que l'abbé d'Aurillac, duquel dépendaient les moines de Souillac, posséderaient l'église de Saint-Paul et l'abbé d'Uzerche aurait en compensation la terre de Gondre qu'il possédait déjà « *terra que vocatur Gondra* » où il avait un oratoire « *in quo habebat oratorium* », le doyen de Souillac y levait la dîme, « *hujus mansi decimam accipiebat Soliacensis decanus* », l'abbé d'Aurillac cédait cette dîme à l'abbé d'Uzerche, « *Igitur hujus mansi decimam concessit Aureliacensis abbas Usercensi monasterio pro concordia predicta querimonie »*. L'abbé d'Uzerche pouvait y construire une église et avec le consentement de l'évêque y mettre le saint chrême et placer un cimetière avec tous les droits paroissiaux « *ita quod liceat Usercensibus cum consensu episcopi in eodem manso ecclesiam edificare et habere crisma et cimeterium et omnia parrochialia jura hominum in illo manso manentium.* » (Cartulaire d'Uzerche, 1144) (1). Cet arrangement ne faisait que confirmer ce que le Pape Innocent II avait dit dans une bulle du 29 avril 1142, deux ans auparavant. C'est sur cette décision que, probablement, se basèrent les deux parties. Il y était dit que l'abbé Guillaume d'Aurillac comptait les deux églises de Turenne parmi celles auxquelles s'étendaient les privilèges de son abbaye (2).

Nous ne poursuivrons pas ici ce que devint la prévôté de Gondre qui s'éteignit avec l'abbaye d'Uzerche.

Le prieuré de Saint-Paul, auquel se rattachait l'église de Turenne, n'était donc originairement composé que d'un prieur, gros décimateur, et d'un curé-vicaire perpétuel. Mais plus tard les habitants, ayant désiré voir augmenter le service divin dans leur église, offrirent de payer sur leurs fruits un revenu, qu'ils qualifièrent de prébende, pour quatre autres prêtres, à la présentation du vicomte et du prieur de Turenne et à la collation du doyen de Souillac. Ce fut là, croyons-nous, l'origine du chapitre de Turenne.

Notre opinion est d'autant plus sérieuse qu'un vieux calendrier limousin rapporte la fondation de ce chapitre juste à la même date de la susdite donation des habitants, en 1459.

D'ailleurs, cette collégiale, voyons-nous au *Pouillé* de Mgr. d'Argentré, était moins un chapitre qu'une communauté de prêtres ou chapelains, dont l'église, mise sous l'in-

---

(1) Publié par M. Champeval.

(2) M. Poulbrière, rapporte le fait en le tirant du *Dictionnaire du Cantal* (I, 133).

vocation de Notre-Dame, était composée d'un prieur à la nomination de l'abbé de Souillac, du curé de la paroisse et de quatre prébendés à la nomination du prieur.

Où se trouvait exactement ce prieuré? Il n'existe aucune trace si ce n'est qu'un souvenir. « L'église paroissiale de Turenne ne fut pas toujours sur l'emplacement qu'elle occupe aujourd'hui. Primitivement, toujours selon la tradition, et celle-ci est fondée, l'église de la paroisse était située à l'est du château, au-dessus de la promenade de la Carrière, sur ce terrain qu'on appelle encore le cimetière de Saint-Paul, parce que probablement l'église était dédiée au grand apôtre et que, comme partout, elle était entourée par le champ des morts. Ceci remonte à une époque bien reculée, mais ce souvenir ne peut se perdre. Une croix de fer dressée en cet endroit, sur un piédestal de pierre le perpétuera ». (Abbé Montcourrier).

Cette position était tout indiquée à Charlotte de la Marck pour la reconstruction de l'église du prieuré de Turenne, si cette épouse vertueuse n'avait pas cherché par dessus tout à effacer le triste souvenir de l'impiété de son mari et sa coupable participation à l'incendie qui avait consumé l'ancienne. En tout cas ce fut en expiation de son crime que cette princesse de Sedan posa les fondements de la nouvelle collégiale qui, désormais, serait placée sous le vocable de Saint-Pantaléon. Elle présida elle-même aux travaux, et elle y avait employé une somme de soixante mille francs quand la mort vint la frapper, en 1594. Il en est qui ont prétendu qu'Elizabeth de Nassau avait entièrement terminé ce monument. Ce ne peut être qu'une erreur, comme le dit M. Poulbrière : « Cette femme qui, dix ans après, acceptait, elle aussi, une dédicace du livre du ministre Dumoulin, nous est présentée par Nadaud comme le refuge des Calvinistes. Et d'ailleurs cet auteur du *Nobiliaire limousin* (IV, 202) écrit d'un autre personnage, de Godefroy-Maurice de la Tour, deuxième du nom et postérieur même au grand Turenne, le fils d'Elisabeth et le converti de Bossuet : « Il fit relever à ses dépens l'église de Turenne, qui avait été détruite ; elle fut finie en 1661. » Il n'en est pas moins vrai que le mérite de l'œuvre en est resté à la fondatrice, comme l'atteste la plaque commémorative qui est au-dessus de la porte d'entrée : *Hoc templum insignœ pietatis monumentum nec non munificentissimum Carola de la Marck Henrici Turennæ vicecomitis conjux œdificavit* (1).

L'architecture de cette église est toute de l'époque de sa construction ; et dans ses larges et lourdes proportions, dans la sévère pureté de ses lignes droites, comme dans les flots de lumière qui jaillissent de ses ouvertures et la sobriété de ses ornements, on reconnaît cet esprit de réforme qui pénétrait jusque dans les arts et voulait en finir avec l'exagération des temps passés. Il n'y a pas de division dans ses parties principales, pas de colonnes ni de coupoles pour indiquer le chœur, pas de chevet demi-circulaire pour former le sanctuaire, mais un seul vaisseau allongé à angles droits, coupé au milieu par une nef transversale. Néanmoins ses arcades à plein cintre, sa grande voûte surbaissée et ornée d'un élégant réseau de nervures prismatiques qui vont s'appuyer sur des culs-de-lampe gracieux et se réunir à des clefs extrêmement saillantes ; ses fenêtres enfin, sans compartiments et remarquables par l'ampleur de leurs baies, lui donnent un aspect grave et monumental qui en font une de nos belles églises de campagne.

Aussitôt installés dans cette nouvelle église, les prêtres du prieuré de Turenne crurent devoir changer quelques points du règlement qui avait jusqu'alors déterminé leurs rapports, leurs fonctions et leurs droits. Le service paroissial, nous dit M. René Fage, dans ses *Procès limousins*, fut d'abord contesté au curé-vicaire, et il fallut l'intervention de l'évêque de Limoges pour terminer le différend. En 1680, Mgr Durfé rendit une ordonnance portant que le curé ferait l'office de célébrant, soit aux messes, soit aux vêpres des dimanches et fêtes chomées, excepté les jours où le prieur

____

(1) Cette inscription fut placée, en 1827, par M. de Villeneuve, préfct de la Corrèze.

serait en droit de le faire, et qui bornait aux services des autres jours l'exercice par jour ou par hebdomade de la même fonction entre lui et les autres prêtres.

Environ cinquante-huit ans après, dit le même auteur, le roi, devenu propriétaire de la vicomté de Turenne (1) eut le droit, qu'avait auparavant le vicomte, de présenter trois des prêtres institués. Il paraît même, d'après un mémoire, qu'il ne se contenta pas de présenter les sujets à l'agrément du collateur, mais qu'il les nomma lui-même de sa propre autorité, se passant ainsi de l'institution réservée, selon le règlement de 1459, au doyen de Souillac. Il arriva même que pour l'honneur du style ministériel, les brevets de no-nomination qualifièrent de *chanoines* les sujets présentés.

Ce nouveau titre de chanoine flatta l'amour-propre des quatre ecclésiastiques qui cherchèrent immédiatement à jeter les bases d'un véritable chapitre au détriment du curé-vicaire, qui était en même temps prieur de Turenne. Quels procédés employèrent ils pour atteindre leur but? on l'ignore ; mais c'est à partir de ce moment là que cette église prieuriale et paroissiale prit le titre de *Collégiale royale de Notre-Dame et de Saint-Pantaléon.* Le roi, probablement, en donnant à ce prieuré la forme d'un chapitre, avait voulu le placer sous le vocable de celle qui était tout spécialement la patronne de son royaume.

Pressentant leurs empiétements, le curé dénonça le fait à Mgr du Coëtlosquet, évêque de Limoges, lors d'une visite pastorale que ce prélat fit à Turenne en 1746. Ce fut alors que l'évêque rédigea un règlement sur le service canonial de l'église. Il diminua les exercices, changea l'heure des messes, mais ne toucha pas au titre de chanoine des pré-bendés.

Ceux ci ne se contentèrent pas d'une reconnaissance ta-cite de leur titre. Ils voulaient être les maîtres de l'église, garder le maître-autel pour le chapitre collégial et reléguer le curé-vicaire dans une chapelle obscure pour le service

---

(1) La vicomté fut achetée par Louis XV en 1748.

de la paroisse ; mais pour celà il fallait supprimer le prieuré et jouir de ses revenus.

De son côté, le curé ne s'opposa plus à la création du chapitre, mais il voulut maintenir le prieuré d'où le chapitre avait été formé, afin d'être le chef de l'église paroissiale et de la collégiale.

Les prébendés protestèrent devant le sénéchal de Brive contre cette résistance du curé. Celui-ci réclama à son tour, et la cour lui fut favorable. Les chanoines formèrent opposition à l'arrêt de la cour. La communauté des habitants prit le parti de ces derniers, intervint dans l'appel et mit en cause le prieur de Turenne.

M. René Fage ne nous fixe point sur le sort du procès, mais si nous en croyons le calendrier limousin de 1787, les juges ne donnèrent pas raison aux appelants, puisqu'il y est dit que la collégiale royale de Notre-Dame et de Saint-Pantaléon fondée en 1459, *fut confirmée dans tous ses droits et privilèges par arrêt du parlement du 30 juin 1780*. Cette fondation, est-il dit encore, était purement laïque, et les canonicats en étaient affectés aux prêtres filleuls de l'église de Turenne, exclusivement à tous étrangers qui ne pouvaient y être nommés qu'à défaut des premiers. La collation en appartenait au roi *pleno jure*. Vient enfin la liste des dignitaires qui semble maintenir intacts les droits du prieur et du curé : Certain, prieur, nommé en 1779 ; Reyjal, chanoine, curé de la ville, nommé en 1781 ; Muzac, chanoine, nommé en 1782 ; Reyjal de Meynard, chanoine, nommé en 1783.

Mais puisqu'on invoque continuellement le règlement de 1459 comme la source et la base de toutes les dispositions qui préparèrent la création du chapitre, il importe de faire connaître ce qui s'y rattache, et qui survint à propos d'un différend entre le doyen de Souillac, le prieur de Turenne et les habitants, au sujet des dîmes de la paroisse. Il nous suffira d'exposer sommairement les divers points de la transaction touchant le prieur et les prébendiers de Turenne, qui eût lieu en l'an 1475, à la suite de longs débats engagés

devant le vicomte de Turenne, Agnet de La Tour, et le curé
de Martel, Pierre Garnier, et qui avaient déterminé de leur
part, le 12 juillet 1459, une sentence ou ordonnance arbitrale (1).

Guy d'Ornhac, doyen du monastère de Souillac, d'où dépendait le prieuré de Turenne, agissant pour ce dit prieuré,
dont les intérêts lui étaient provisoirement confiés par suite
de la mort du bénédictin, frère Regnald la Coste, son dernier prieur, demandait à ce qu'il lui fut payé par tous les
habitants de Turenne le dixième du produit de chaque chose
décimale. Il agissait encore comme cessionnaire de l'abbé
de Figeac, le R. P. dom Jean de Narbonne, ancien prieur
de Nazareth, à qui avaient été donnés les fruits décimaux
perçus sur les terres de la paroisse de Turenne, par un certain Bertrand Alvitre, syndic de la communauté et chargé
de pouvoirs des habitants; lequel, en partant, avait cédé son
droit de dîmes au prieur de Turenne, du même ordre que le
sien et, comme lui, relevant du doyen de Souillac. Cette
donation des habitants avait été confirmée par une bulle du
pape Nicolas V, en même temps que l'augmentation du service divin réclamé dans l'église de Turenne « *Novarint
universi quandam causam arbitralem motam et vertentem
coram nobis Agneto de Turre milite et vicecomite Turenæ
ac Petro Garnerii, rectore ecclesiæ parrochialis de Mar-
tello, inter nobilem et religiosum virum fratrem Guidonem de Ornhaco humilem decanum seu commendatarium
monasterii de Soilhaco ordinis sancti Benedicti nomine
et ad causam prioris seu prioratûs de Turennâ in manibus suis pro tunc vacantem per obitum fratris Reginaldi
La Costa monachi dicti ordinis uitimi prioris seu posses-
soris ejusdem prioratûs, petentem sibi persolvi per singu-
los habitatores parrochiæ de Turenâ omnes et quascunque
decimas quarumcunque rerum decimalium in eâdem pa-
rochiâ de Turenâ existentium ; ac etiam ut cessionarium*

---

(1) *Sententia arbitralis pro prioratu Turenæ.* 1475. Archives Na-
tionales. R² 507.

reverendi in Christo patris et domini Joannis de Narbone-
sio, olim prioris seu commendatarii prioratus de Naza
reth a dicto monasterio de Soilhaco immediate depedentis,
nunc vero abbatis sacri monasterii Figeacensis, virtute
cujusdam donationis eidem de Narbonesio factae per ma-
gistrum Bertrandum Alvitre ut sindicum et singulorum
habitantium dictae parrochiae de Turená, confirmatæ per
condam scientificum in Christo virum patrem Nicolaum
papam quintum cum certis. augmentationibus et retentio-
nibus divini officii in ecclesiâ de Turená celebrandis. »

Les habitants s'élevèrent d'abord contre ces prétentions,
tant pour eux qu'au nom de la ville, sous prétexte que leurs
anciens n'avaient jamais payé d'autre dîme que celle qui
était de droit commun, et que le droit particulier dont se
prévalait le doyen de Souillac était nul, attendu que la pré-
tendue donation sur laquelle il se basait avait été faite sans
leur consentement. Mais comme le doyen insistait toujours,
en ajoutant qu'il ne revendiquait d'autre droit que celui de
l'ex-prieur de Nazareth, dont il était le représentant, ils
transigèrent avec lui sur le paiement de ces dîmes et sur
l'augmentation du service divin dans leur église « *Dicti par-*
rochiani et singulorum habitatores dictæ parrochiæ de
Turená cum eodam domino decano super solutione dicta-
rum decimarum ac augmentationis divini cultûs in dictâ
ecclesiâ de Turená celebrandi transigerunt transactione ».

Ces bonnes dispositions durèrent fort peu, car le doyen
ayant été obligé de confier à d'autres personnes la perception de ces fruits décimaux, les percepteurs trouvèrent une
grande résistance chez les habitants, qui alléguaient, dans
leur colère, des prétextes de mauvaise foi. Ce fut alors que
le vicomte de Turenne et le curé de Martel, après avoir entendu les explications fournies de part et d'autre. reconnu-
rent par décision arbitrale la régularité de la donation de la
dîme au prieur de Nazareth et de sa cession au prieur de
Turenne, et autorisèrent ce dernier à en jouir à la condition
d'instituer quatre prêtres pour le service de l'église.

Leur sentence portait notamment que tout cultivateur ou

propriétaire de Turenne paierait la dîme du blé, du vin, du chanvre et des légumes récoltés dans la commune; que la moitié de cette dîme reviendrait au doyen de Souillac pendant sa vie, et, après sa mort, au prieur de Turenne; et que l'autre moitié serait partagée entre le prieur de Turenne, son vicaire et ses futurs auxiliaires « *Quod a cetero omnes excolentes seu excoli facientes solvant et solvere teneantur omnes decimas quarumcunque rerum decimalium in dictâ parrochiâ de Turena existentium veluti bladi. vini canabis et leguminum, quae quidem decimæ levari et dividi debeant prout sequitur, videlicet quod decanus durante tempore vitæ suæ habeat medietatem dictarum decimarum et quod post ejus decessum dicta medietas decimarum ex integro pertineat priori de Turenâ, aliaque medietas decimarum ex integro pertineat priori de Turenâ, aliaque medietas dividatur inter priorem de Turenâ ac vicarium et presbyteros inferius nominandos seu instituendos.* »

Ces prêtres auxiliaires seraient au nombre de quatre, et ils aideraient le prieur et son curé-vicaire dans l'exercice de leurs fonctions sacerdotales. Ils seraient chargés en partculier de dire deux messes par jour ; l'une, basse de requiem, à la pointe du jour ; l'autre, chantée selon l'office du jour, et aussitôt après l'office de *prime*, « *Teneantur in dictâ ecclesiâ de Turenna duas missas, videlicet unam matutinalem sub missâ voce et aliam paulo post horâ primæ juxta officium diei altâ voce et cum cantu celebrare.* »

Ils chanteraient vêpres et complies avec le prieur et le prieur et le vicaire, tous les samedis et dimanches, à l'heure ordinaire ; puis tous les soirs dans les octaves de Pâques, de l'Ascension, de la Pentecôte, du Saint-Sacrement et de la Noël, aux quatre fêtes de la sainte Vierge, à la Circoncision, à l'Epiphanie, à la Nativité, aux fêtes de Saint-Martial, de St-Pantaléon, de St-Antoine, de Ste-Catherine et des saints apôtres, « *Item dicti prior, vicarius et cœteri quatuor presbyteri, omnibus diebus dominicis et sabbatis teneantur honorifice cantando dicere vesperas cum completorio hora debitâ, necnon in vesperis ac diebus et octavis, etc... *»

Ils devaient également chanter, revêtus du surplis, les heures canoniales au même moment qu'elles se disaient dans les églises collégiales « *Teneantur induti superliceis decantando dicere omnes horas canonicas horis debitis et in ecclesiis collegiatis consuetis.* »

Et pour toutes ces cérémonies comme pour les processions d'usage et les vigiles ils se rendraient à la dite église pour y servir et y chanter selon les honneurs dus à Dieu, « *Item et quod omnes personnaliter interesse in prœmissis habeant necnon et in omnibus processionibus fierl solitis et in vigiliis in dicta ecclesiâ Deo honorifice serviendo et decantando.* »

La moitié du produit des dîmes serait employée à payer l'assistance à ces offices ; et s'il arrivait à quelqu'un d'y manquer, il serait privé de son droit de présence, qui serait réparti par égale portion entre les autres prêtres, « *Item et quod pro prœmissis servitiis dicta medietas decimarum dividatur ; itaque si aliquem ipsorum deficere contigerit in præmissis officiis careat portione ærum dictarum distributionum et quod illa portio in communes usus aliorum convertatur.* »

Et pour faire face ainsi aux nouvelles exigences du culte dans l'église de Turenne, il fut réglé que le vicomte présenterait au doyen de Souillac, trois prêtres, et le prieur, un ; et que ledit doyen les installerait dans l'église de Turenne sous le titre de prébendiers, « *Item ordinamus quod pro dicto officio complendo dominus vicecomes habeat jus præsentandi tres presbyteros decano Soilhacensi et prior unum, quiquidem decanus tales presbyteros prebendarios prædictarum distributionnm teneatur instituere.* »

Ces quatre prêtres qui seraient présentés au doyen pour la prébende devraient être choisis de préférence dans la paroisse de Turenne, si on en trouvait d'assez dignes, sinon le vicomte et le prieur les prendrait ailleurs, « *Item et quod dicti vicecomes et prior debeant præsentare presbyteros de propriis filiis parrochiæ de Turennâ casu quo idonei in*

*eâdem reperiantur, et casu quo omnes ibidem reperiri non
possent illos qui ibi non reperientur.* »

Une fois nommés à la prébende, ils ne pourraient plus
recevoir de bénéfice à ou sans charge d'âme, le revenu ne
fut-il que de vingt livres, sans renoncer par le fait même à
la prébende et à son traitement; encore devraient-ils attendre qu'on leur eût donné des successeurs méritants. « *Item
prononciamus quod quotiescunque contigerit aliquem ex
dictis presbyteris in dicta præbenda institutis pro tempore
in futurum obtinere aliquod beneficium cum cura anima-
rum vel alia valoris viginti librarum, quod eo casu locus
suæ præbendæ vacet et ipse careat omnino emolumentis
ejusdem ipso facto, et quo loco ejus alius sufficiens idoneus
instituatur.* »

Le prieur de Turenne, frère Gui Marius ne serait pas
tenu, du vivant dudit doyen de Souillac, à la résidence dans
son prieuré ni à l'assistance aux offices de l'église, et il re-
cevrait néanmoins sa part de la moitié des dîmes qui revenait aux prébendiers. Mais il s'en verrait privé s'il ne résidait pas au prieuré; sa part de ces dîmes serait répartie entre les autres prêtres résidants, et lui devrait se contenter
de l'autre moitié et des autres droits attachés au prieuré.
« *Item quod tempore vitae decani Soilhacensis Guidonem
Mario priorem de Turenna non teneri facere residentiam
in suo prioratu nec interesse celebratione dictorum servi-
ciorum, et quod non obstante sua absentia etiam percipiat
suam portionem distributionum quo non faceret residentiam et sit contentus cum medietate et aliis juribus prioratûs, et quod dicta portio inter cœteros presbyteros resi-
dentes dividatur.* »

Si par malheur il arrivait que quelqu'un de ces prêtres
donnât, par sa conduite et son langage, le scandale d'une
vie déréglée, le vicomte, le doyen et le prieur le déclare-
raient indigne et incapable de remplir ses fonctions, le des-
titueraient et le remplaceraient par un autre dans les conditions voulues. « *Item, casu quo aliquis dictorum presbyterorum reperiantur tam perversæ et inhonestæ vitæ et con-*

versationis, quod dominis vicecomiti, decano et priori videantur esse inhonesti seu insuficientes ad præmissa, quod sit licitum eisdem dominis tales perversos destituere et loco illarum alios modo præfato instituere. »

Au cas où ces dits seigneurs croiraient bon et utile de réunir sous le même toit et de soumettre à une vie de règle commune le vicaire perpétuel et les autres quatre prêtres, ceux-ci devraient s'y conformer. « *Item, casu quo vicecomiti, decano et priori bonum videatur faciendum, dicti vicarius perpetuus et cœteri presbyteri possint cogi ad cohabitandum unà et sub uno tecto et in domo communi licitè et honestè.* »

Les susdits prêtres, présentés au doyen par le vicomte et le prieur, lui prêteraient serment, les mains dans ses mains, de garder et d'observer inviolablement toutes les dispositions de cette ordonnance des arbitres. « *Item quod presbyteri per vicecomitem et priorem presentati decano teneantur jurare in manibus ejusdem tenere inviolabiliter omnia in hac sententia arbitrali contenta.* »

Ils pourraient être choisis indistinctement parmi les fils des nobles ou d'autres, à la condition qu'ils tiendraient de leurs parents présentement ou à l'avenir des maisons ou des héritages dans la ville ou dans la paroisse, comme preuve qu'ils y habitaient ou qu'ils en étaient originaires. « *Item quod possunt præsentari presbyteri filii tam nobilium quam innobilium qui eorum tenent aut tenebunt domos et hæreditagia in dicta villa et parrochia de Turenna voluti si in eadem villa et parrochia orti extitissent et ibidem larem facerent.* »

Le doyen de Souillac et le prieur de Turenne feraient homologuer d'ici à un an la présente ordonnance par l'abbé d'Aurillac et son chapitre, par le chapitre du monastère de Souillac et par le souverain pontife, et celà à leurs propres frais et à ceux des prêtres honoraires de la prébende. « *Item et quod domini decanus de Soilhaco et prior de Turenna præsentem arbitralem sententiam confirmari faciant hinc ad unum annum per abbatem Aurelhaci et ejus conventum*

*et conventum monasterii Soilhacensi et per dominum nos-
trum pontificem suis propriis et presbyterorum in dicta
prœbenda instituendis sumptibus et expensis. »*

Tels étaient les principaux points de cette sentence arbitrale que s'empressèrent de ratifier le doyen de Souillac et
le prieur de Turenne avec les notables de l'endroit formant
la majeure et la plus saine partie de la population, qui tous
s'engagèrent solennellement, par serment et sous l'hypothèque de leurs biens, d'en observer fidèlement toutes les pres-
criptions.

Il ne restait plus qu'à faire approuver la dite sentence arbitrale par l'abbé et le chapitre d'Aurillac et enfin par le
Souverain Pontife. Or pendant qu'on était en instance auprès d'eux à ce sujet, le doyen de Souillac vint à mourir et
tout fut arrêté.

Le frère du défunt, François d'Ornhac, ayant été pourvu
du prieuré de Turenne à la place de Guy Marius, nommé à
un autre bénéfice, fit opposition à cette ordonnance du vicomte de Turenne et du curé de Martel, sous prétexte
qu'elle n'avait reçu aucune sanction, et que le doyen de
Souillac et le prieur de Turenne, qui l'avaient acceptée, ne
pouvaient traiter que pour leur vie sans engager leurs successeurs en quoi que ce soit qui leur fut nuisible. Sur ce il
réclama entièrement les dîmes de la paroisse de Turenne,
donnant pour raison qu'à lui seul incombait, et non point
aux autres prêtres, le service divin dans l'église paroissiale.

Le vicomte et les syndics lui répondirent que ladite ordonnance était parfaitement valide, n'eût elle même pas été
confirmée par l'abbé et le chapitre d'Aurillac, et qu'elle
devait recevoir son effet à l'égard du vicaire-perpétuel et des
autres prêtres, parce qu'ils avaient fait jusqu'à ce jour le
service divin conformément à ladite sentence arbitrale et
qu'ils ne pouvaient par conséquent être privés de leur droit
de dîmes. Toutefois, ajoutaient-ils, il valait mieux que ces
prêtres fissent sacrifice de leurs droits pour le bien de la
paix et pour en finir avec d'interminables contestations;
qu'il y aurait intérêt pour tous qu'elle ne passât pas entre

tant de mains, et que les dits auxiliaires n'auraient pas l'embarras de loger leurs fruits et leur vendange.

Les deux parties se rendirent à ce raisonnement et maintinrent la dite sentence avec certaines modifications. Il était stipulé en particulier que la moitié de la dîme appartiendrait au prieur de Turenne, et l'autre au chapelain et aux autres prêtres, à condition de faire le service divin dans l'église. Le prieur lui-même devait assister au service qu'on faisait chaque semaine pour les âmes du purgatoire et aux diverses cérémonies ou messes solennelles ce qui l'obligeait forcément à résider à Turenne.

Il pourrait seul prélever toute la dîme du blé, du vin, des légumes et du chanvre, et même de la laine, là où serait établie la coutume, mais à ses propres frais et dépens, et avec l'obligation d'acquitter les droits des autres. C'est ainsi qu'il devait payer au chapelain et aux quatre auxiliaires, pour la part qui leur revenait dans le service divin, cent setiers de blé à la moisson et quinze mesures de vin à la vendange ; plus cinquante setiers de froment, cinq de haricots, cinq de farine de froment, trente d'orge ou de baillard.

Quant aux offices divins qui devaient se célébrer dans l'église de Turenne, quoiqu'il dût en principe y assister comme les autres prêtres, cependant il fut fait exception, s'il ne voulait pas perdre ses prérogatives, qu'aux offices qui se célébreraient dans les fêtes solennelles. Mais ce privilège lui était tout personnel, et ses successeurs ne pourraient nullement y prétendre. Pour eux, la question de présence et de résidence serait réglée en commun par le doyen de Souillac, le vicomte de Turenne, le prieur et les autres prêtres, les habitants ou leur syndic.

Il fut réglé ensuite que les obits et anniversaires, fondés dans la dite église tant sur les dîmes que sur autres choses, seraient célébrés et payés selon la coutume locale, et que les dîmes, réservées pour l'acquittement de ces obits et anniversaires, seraient prélevées comme d'habitude sur les vignes de nobles Raymond de Roger et Antoine de Meynard, et sur les propriétés de Gerne et de Montchausé.

Mais avant de prélever ces dîmes à ses frais, et de distribuer au chapelain et aux autres prêtres la portion qui devait leur revenir, le prieur ferait confirmer la dite convention par le doyen et le chapitre de Souillac, et, si ceux-ci le jugeaient nécessaire, par l'abbé et le chapitre d'Aurillac. De plus encore il le ferait homologuer par l'évêque de Limoges, son vicaire général ou son official.

Après celà les dites parties s'engagèrent solidairement et sans réserve envers cette transaction ; renonçant d'avance à toutes les raisons qu'elles pourraient avoir d'y déroger ; se portant garantes les unes pour les autres par une hypothèque mutuelle sur leurs biens présents et à venir et avec serment sur les saints évangiles ; et enfin appelant sur leurs parents, et leurs héritiers qui se permettraient d'y manquer, toutes les rigueurs, peines et censures des diverses cours seigneuriales, vicomtales ou royales.

Lesquels engagements ensuite furent solennellement contractés par devant notaire, d'abord à Turenne, le 19 du mois d'avril 1473, par les quatre syndics, Antoine Coste, Jean Couder, Jean Ferrier et Jean Fadauch, et puis dans la chapelle de Souillac, le 22 du même mois, par le susdit prieur, François d'Ornhac, en présence des religieux du doyenné qui voulurent bien eux-mêmes y donner leur adhésion.

Pour compléter ces renseignements historiques sur les fonctions et privilèges du prieur bénédictin de Turenne et des prêtres placés sous sa juridiction nous donnerons quelques détails précis sur les fondations, les patronages et autres droits honorifiques de ce prieuré en 1566, survenus à la suite d'un échange de propriétés fait entre noble François Maschae, écuyer, seigneur de la Meschaussée et de la Coste, et le prieur Jean Seimbeilha. Le contrat de permutation, qui eût lieu à cette occasion nous fait assister à dix-sept reconnaissances faites à ce prieur et trop importantes pour être omises, attendu qu'elles furent faites comme aux premiers temps de la féodalité par des vassaux en personne *(personaliter constituti)* et contrairement à ce qui se prati-

quait au seizième siècle, où l'hommager n'était plus astreint
à porter la foi lui-même.

Premier hommage

Au nom de Dieu, Amen. Scaichent touz présens et alve-
nir qui ce présent instrument verront, liront et orront que
l'an mil cinq cens soixante six et le vingt deuxiesme jour
du moys de juliet au noble repaire de la Coste parroisse de
Turenne en Limousin regnant très excellant prince Charles
par la grâce de Dieu roy de France en présence de moy
notaire royal et tesmoingtz soubz nommés personalment
constitués Anthoine et Jehan Jalinatz frères filz à feu Jaime
habitanz du vilaige de Jalinac paroisse de Turenne audit
Limosin pour eulx et les leurs lesquelz de leur bon gré pure
et franche volonté ont recoignu a tenir et voloir tenir en
fhieuf perpétuel comme bons pages et emphiteoles de vénérable parsone maitre Jehan Sembeilha prieur de Turenne
illec present et acceptant scavoir est une terre et pré situés
au territoire et fazion de Lionel paroisse dudit Turenne et
toutez possessions que y ont pour leur part confrontant tout
le dit territoire et fazion de Lionet par entier avec le chemin que l'on va de Nazaré à Ryomons et avec le chemin que
l'on va dudit Nazaré à Brive et avec le lac de Malaygue et
avec les pasturaulx des Gerves appellé de la Teulière et avec
les autres confrontations et appartenances; et lui debvoient
payer chacun an de rante perpetuele avoine ung quarton
trois pomadières et quart mesure de Turenne rendus avec
seigneurie et achast, fondalité et directité o protestation
d'augmenter o diminuer ayant esgard aux autres fhieufz et
tenemants dudit territoire de Lyonet laquelle dicte rante
ledict prieur de Turenne a acquise par eschange de noble
Francoys Maschae escuyer seigneur de la Meschaussée et
de la Coste comme appert par contract de permutation receu par mon 'notaire soubzsigné et sont demeurés quictes
les dicts recoignoyssans envers ledict seigneur de la Meschaussée de ladite rante moyennant ladite recoignoyssance

es ont recoigny lesdits Jalinatz ledit prieur estre seigneur foncier et direct desdites possessions et y avoir droict de investir de loux et vantes lesquelz cens et rante lesdits Jalinatz emphitéotes ont promis payer audit prteur de Turenne chacun an a la feste Sainct Julien martir au moys d'aoust et la pourter comme avayt de costume audit noble repaire de la Coste chascun an la seigneurie et achapt à la muctation de chacune partie et ont promis lesdits recoignoyssans ne deterriorer lesdits phieufz aings lez melliorer et ne les mectre en mains mortes fortes ny de droict prohibées, ne mectre rante sur rante et ny faire autre choze par quoy le droict dudict prieur de Turenne ne puisse perdre ny diminuer luy fere samblable recoianoyssance et montre quant plaira audit prieur de Turenne et à ses successeurs et se doybvera fere et ne venir au contrere sous obligation et ypothecque desdits fhieufz et de tous et chacuns leurs autres biens et renunce et jure et compelle et de quoy et faict eñ présence de Gillet Fargniel dudict Turenne et Jammot de Genestat paroisse de Noailhac audit Limosin tesmoingtz à ce appellez. Beylie n^{re} royal.

DEUXIÈME HOMMAGE

Au nom de Dieu, amen. Saichent tous etc... que Jehan Pinhot La Borde Sapinayre pour lui et au nom de Michalt de Jalinac sa femme, habitants du vilaige de Jalinac,... lequel de son bon gré, pure et franche volonté a recoignu à tenir et voloir tenir en phieufz perpétuel comme bon page et amphiteote de vénérable parsone M° Jehan Sembeilha prieur de Turenne illec present et acceptant scavoir est une terre et fozion située au territoire de Lyonet... et luy debvoir et payer chacun an de rante perpétuelle ung quarton une poinadière et quarct de avoine mesure de Turenne rendue avec seigneurie et achapt, fondalité et directite o proprotestation d'augmenter o diminuer,... laquelle dite rante ledit seigneur prieur de Turenne a acquise par eschange de noble Francoys Maschal, écuyer seigneur de la Meschaus-

sée et de la Coste conseigneur des Vaurs,... a recoignu ledit
Jalinac ledit seigneur prieur estre seigneur foncier et direct
desdites possessions et y avoir droict de investir de loux et
vantes lesquelz cenz et rente ledit Jalinac a promis payer
audit seigneur prieur de Turenne chascun an à la feste
Sainct Julien... sur lesquelles chozes tenir et observer ledit
recoignoyssant a renoncé à toutes renunciations de droict
moyenant serement par luy faict et preste sur les sainctz
Evangiles a jure et a volu estre compellé par toutes courtz
l'une ne cessant pour l'autre etc...

Troisième hommage

Au nom de Dieu, Amen. Saichent tous etc... que Jehan
Jalinac dit Bordie... a recoignu à tenir et voloir tenir en
phieuf perpétuel comme bon page et amdhitéote de Mᵉ Jehan
Sembeilha prieur de Turenne illec présent et acceptant scavoir est les terres et possessions qu'il a situées au territoire
et fazion de Lyonet,... et lui debvoir et payer chascun an
de rante perpeteulle avoine ung quarton deux poinadières
et quart mesure de Turenne rendue avec seigneurie et
achapt, fondalité et directité, etc...

Quatrième hommage

Au nom de Dieu, Amen, Saichent tous, etc... que Pierre
Jalinac filz a feu Carbonat... a recoignu à tenir et valoir
tenir un phieuf perpétuel comme bon page et emphitéote
de Mᵉ Jehan Sembeilha prieur de Turenne illec présent et
acceptant scavoir est les terres et possessions qu'il a situées
au territoirè et fazion de Lyonet... et luy debvoir et payer
chascun an de rante perpétuele avoine trois quartons mesure de Turenne rendue avec seigneurie et achapt, fondalité et directité, etc...

Cinquième hommage

Au nom de Dieu, Amen, Saichent tous atc... que Louis

Jalinac fils del Mage... a recoignu à tenir en phieuf perpétuel comme bon page et amphitéote de Me Jehan Sembeilha prieur de Turenne illec présent et acceptant scavoir est une terre frau et boys située au territoire et fazion de Lyonet... et lui debvoir et payer chascun an de rante perpétuele deux quartons et demy avoine mesure de Turenne rendue avec seigneurie et achapt, fondalité et directité, etc...

Sixième hommage

Au nom de Dieu, Amen. Saichent tous etc... que Jehan Brousse alias de la Borie [pour luy et au nom de Estienne Brousse son frère 'absent,... du vilaige de Rochagude alias de la Borie... a recognu à tenir et voloir tenir en phieuf perpétuel comme bon page et emphitéote də Me Jehan Sembeilha prieur de Turenne illec présent et acceptant scavoir est une pièce de terre et pré joignans ensemble situé au territoire del Fraysse... et lui debvoir et payer chascun an de rante perpetuele frement quatre cartes et demye avoine troys quartons quatre poniadères mesure de Turenne rendue avec seigneurie et achapt, fondalité et directité, etc...

Septiéme hommage

Au nom de Dieu, Amen. Saichent tous, etc... que Jehan Jalinier dict Johando filz à feu Jehan Jalinier Teyssier du vilaige de la Vigière... a recogneu à tenir et valoir tenir en phieuf perpétuel comme bon page et emphiteote de Me Jehan Sembeilha prieur de Turenne illec present et acceptant scavoir est une terre située au territoire de Champ-Garel, item plus une nigne située au territoire de Las Combes, une meyson, jardin et circuit à la Vigière et lui debvoir et payer chascun an de rante perpétuelle argent troys soulz cinq deniers et froment une ponadière et demye avoine troys quartons, gellines une et demye, plus par Michalet Jalinier froment demye ponadière mesure de Turenne rendue avec seigneurie et achapt, fondalité et directité, etc...

Huitième hommage

Au nom de Dieu, Amen. Saichent tous etc... que Estienne Jalinier Teyssier dict Dordailhe du vilaige de la Vigière.., a recoigneu à tenir et valoir tenir en phieuf perpétuel comme bon page et emphitéote de M⁰ Jehan Sembeilha prieur de Turenne illec présent et acceptant scavoir est ung pré situé au territoire de las Pontanches, item plus une vinhe située au territoire de La Mole. Item plus une autre vinhe située au territoire de Las Combes. Item plus ung jardin situé au territoire de la Coste. Item plus un petit estable situé à la Vigière appelé de Labat... et lui debvoir et payer chascun an de rante perpétuele argent troys deniers tournois fromet une poniadière et troys quartz de une poniadière mesure de Turenne rendue avec seigneurie et achapt, fondalité et directité etc...

Neuvième hommage

Au nom de Dieu, Amen. Saichent tous etc... que Estienne Soleilhe dit Frido du vilaige de la Vigiére... a recogneu a tenir et voloir tenir en phieuf perpétuel de Mᵉ Jehan Sembeilha... scavoir est une chanabal située au territoire de la Bordarie; item plus une mayson, jardin, plasse, circuit et estoble situés au territoire de la Mey-jouye; ttem plus une terre située au territoire de Bronissart; item plus une terre située au territoire de Champ-Saulière; item plus une vigne située au territoire de Lascombes; item plus une vigne située audit territoire de Lascombes... et luy debvoir et payer chacun an de rante perpétuele; argent, douze deniers tournois; froment, trois cartes; avoine, deux quartons et demy, rendue avec seigneurie et achapt, fondalité et directité, etc...

Dixième hommage

Au nom de Dieu, Amen. Saichent tous etc... que Estienne Soleilhe filz à feu Agnet... a recoignu a tenir et voloir tenir en phieuf perpétuel de Me Jehan Sembeilha, prieur de Turenne... une mayson et circuit situés au territoire de la Borderie; item plus une terre située au territoire de Champ-Saulière... et luy debvoir et payer chascun an de rante perpétuele : argent, cinq deniers tournois; aveine, un quarton, une ponadière et demye, rendue avec seigneurie et achapt, fondalité et directité etc...

ONZIÈME HOMMAGE

Au nom de Dieu, Amen. Saichent tous etc... que Estienne Jaliniea et Raymond Jaliner pour une quarte partie, Jehan Jalinier pour une autre partie, Panthaléon Jalinier et Vinsens Pyolet pour une autre partie, Jacques et Jehan Jalinier frères pour une autre quarte partie... ont recoigneu à tenir et voloir tenir en phieuf perpétuel de Me Jehan Sembeilha prieur de Turenne, seavoir est la moytié par non devis d'une terre située au territoire de la Vigière; item plus de quatre parties les troys de la moitié d'une vigne située au territoire de la Mole; item plus un pré situé au territoire de Fontanelle, item plus une vigne située au territoire del Peuch-la-Chabane; item plus une terre appelée del Champ-Garel; item plus une vigne située au territoire de Lascombes... et luy debvoir et payer chacun an de rante perpétuele : argent, troys soulz neuf deniers tournois; avoige troys quartons; gellines, deux tiers de une, rendue avec seigneurie et achapt, fondalité et directité etc... Item plus une terre située au territoire de Lyons, et luy debvoir... troys quartons, rendus avec seigneurie etc... Item plus un pré des Pradals... et luy debvoir et payer... avoine, une eymine; argent, quinze deniers tournois, rendus avec seigneurie etc... Item plus de quatre parties les troys de la tierce partie d'ung territoire de Champ Vyale; item ples de quatre partz les troys fezant le tout d'ung territoire sous le roc de roc de Lyon... et lui debvoir et payer chacun an de rante perpétuele, avoine, troys quartons deux ponadières et le quart de la ponadière; argent, deux soulz six deniers tour-

nois; gellines, demye, rendus avec seigneurie etc... Item
plus une terre, boys et pré situés au territoire del Lac-
Manen... et luy debvoir... avoine, troys quartons, une poniadière et demye; argent, sept deniers obolle; gelline,
trois quartz; journal, trois quartz, rendus avec seigneurie, etc...

Douzième hommage

Au nom de Dieu, Amen. Saichent tous, etc... que Jacques
et Jehan Jalinier frères du mas de la Vigière... ont recoigneu à tenir et voloir tenir en phieuf perpétuel de Mᵉ Jean
Sembeilha, prieur de Turenne, scavoir est la huictième partie du mas de la Borderie et de la Mayzonie; item plus une
terre située au territoire del Champ-Saulière; item plus
uue terre située au territoire de la Condomine... et lui debvoir et payer... froment, deux cartes; avoine, un quarton,
deux poniadières et la huictième partie d'une gelline; argent, sept deniers et demi, et rendus avec seigneurie etc...,
item plus une terre située au Champ-Saulière... et luy deb-
debvoir de rante perpetuele : avoine, ung quarton et demy
et demye poniadière etc... Item plus une mayson, jardin et
circuict situés au territoire de la Maysona; un boys situé
au territoire de la Gardella; une terre située au territoire del bos de Lanat; une te·re dez Linals; une terre à la
Cordonye; un boys à la Gardelle; une vigne au Peuch d'Is-
saulz... et luy debvoir et payer chacun an de rante perpetuele une carte froment et troys quartz et demie poniadière,
ung denier argent, une demie poniadière froment, ung
quarton avoine, deux cartes froment, rendus avec seigneurie, etc.,.

Treizième hommage

Au nom de Dieu, Amen. Saichent tous etc... que Anthoine
Jalinac minuzier du vilaize de Jalinac... a recognu à tenir
et voloir tenir en phieuf perpétuel, de Mᵉ Jehan Sembeilha,

prieur de Turenne, scavoir est une terre, pré, frau et boys
situé au territoire de Lyonet... et luy debvoir et payer chacun an de rante perpetuele deux quartons et demy avoine
rendus avec seigneurie etc...

Quatorzième hommage

Au nom de Dieu, Amen. Saichent tous, etc... que Pierre
Jalinac du vilaige de Jalinac... a recognu à tenir et voloir
tenir en phieuf perpetuel de Mᵉ Jehan Sembeilha, prieur
de Turenne, scavoir est terres, prés, boys et brosses situés
au territoire de Lyonet... et luy debvoir et payer chacun an
de rante perpétuele ung quarton, une poniadière et demye
avoine, rendue avec seigneurie etc...

Quinzième hommage

Au nom de Dieu, Amen. Saichent tous etc... que Jehan
Jalinac du vilaige de Jalinac... a recognu à tenir et voloir
tenir en phieuf perpétuel, de Mᵉ Jehan Sembeilha, prieur
de Turenne, scavoir est les terres et les prés situés au territoire de Lyonet... et luy debvoir et payer chacun an de
rante perpétuele quatre poniadères avoine rendue avec seigneurie etc...

Seizième hommage

Au nom de Dieu, Amen. Saichent tous etc... que Etienne
Gernolle, Panthaléon son frère et Raymond son cousin...
ont recognu à tenir et voloir tenir en phieuf perpétuel, de
Mᵉ Jehan Sembeilha, prieur de Turenne, scavoir est ung
territoire contenant terre, prés et vignes appelés des Chey-
rols... et luy debvoir et payer chacun an de rante perpétuele :
froment, quinze cartes ; avoine, deux cartons, rendue avec
seigneurie etc...

Dix-septième hommage

Au nom de Dieu, Amen. Saichent tous etc... que Estienne

Deschamps pour lui et son nepveu, Géraud Deschamps pour luy et son frère... ont recoihnu à tenir et voloir tenir en phieuf perpétuel de M⁰ Jehan Sembeilha, prieur de Turenne, scavoir est la terre, pré et vigne situés au territoire del Prat neuf et de Chayrol... et luy debvoir et payer chacun an, de rante perpétuele : froment, cinq poniadieres et tiers; gelline, un tiers de une; argent, le tiers de vingt deniers tournoys, rendus avec seigneurie etc...

Abbé Echamel.

L'ARMÉE

ET

LA CAPITULATION DE METZ

JUGÉES PAR LES ALLEMANDS

La capitulation de Metz est le grand fait historique qui domine toute la guerre de 1870-1871, en raison de l'importance de l'événement et des résultats qu'il eut sur le résultat définitif de la campagne et sur les destinées de la France.

« La journée d'aujourd'hui, dit le lieutenant général de Kretschmann dans ses *Souvenirs,* en parlant du 29 octobre, restera la plus grande de la campagne, une des plus grandes peut-être de l'histoire du monde. »

L'officier prussien prévoyait juste : l'armée de Metz était la dernière armée régulière de la France et sa disparition consacrait le succès définitif des Allemands, car il était impossible de vaincre des armées enorgueillies par leurs victoires avec des troupes improvisées d'hommes mal équipés, mal armés, pourvus de cadres insuffisants et surtout sans instruction militaire.

C'est une vérité qu'il faut bien mettre en lumière, pour répondre à la fausse légende des volontaires de

1791 et 1792 (1), aux déclamations de certains membres du Gouvernement de la Défense Nationale en 1870-1871 et aux projets d'organisation de milices qui étaient tant préconisés récemment encore par des philosophes d'ailleurs pacifistes et par l'extrême gauche de la Chambre des députés. La défense d'un grand pays ne s'improvise pas, et la levée en masse de citoyens insuffisamment exercés n'est que le prélude de la déroute en grandes bandes.

« La plupart des troupes nouvellement formées en 1870, dit l'Etat-Major de l'armée dans la *Revue d'histoire* (septembre 1913), étaient composées de soldats et de chefs improvisés qui, s'ils étaient animés du désir de se dévouer à la défense du pays, ne possédaient ni l'instruction, ni les qualités militaires nécessaires. Le plus grand nombre des hommes n'avait jamais manié un fusil et leur esprit militaire n'était pas assuré. Les unités étaient mal encadrées et sujettes de ce fait à l'indiscipline et à la démoralisation. »

Il n'en était pas de même de l'armée de Metz, qui, malgré tant de misères et de causes de découragement, sut conserver intacts, jusqu'à la dernière minute, son moral et sa valeur guerrière.

Quelle que soit l'étendue du désastre final, cette armée, qui n'avait pas été vaincue, qui n'avait perdu ni un drapeau, ni un canon sur les champs de bataille, mais y avait laissé 42.000 des siens, infligeant une perte de plus de 46.000 hommes aux armées alleman-

---

(1) Lire à ce sujet *Les Volontaires de 1792*, par Camille Rousset, de l'Académie française.

des, restera pour l'opinion française éclairée, comme pour les Prussiens qui avaient supporté ses redoutables coups, « la brave armée de Metz » (1) : elle ne se rendit qu'à la famine. L'opprobre de la capitulation et la responsabilité de l'événement reviennent à Bazaine, chef incapable d'ailleurs, livré à la politique, qui n'a pas fait ce que commandaient le devoir et l'honneur.

L'Etat-Major de l'armée (section historique), en étudiant les grandes opérations du mois d'août, a suffisamment fait ressortir l'inertie du commandant en chef de l'armée du Rhin, lequel inapte à diriger une armée de 150.000 hommes, mais jaloux de son autorité, ne sut pas employer un état-major composé en très grande partie d'officiers de haute valeur et tirer parti de braves troupes qui ne demandaient qu'à marcher et à combattre. Il lui appartiendra, dans la deuxième période de la campagne de Metz, de faire connaître d'une manière irréfutable et définitive les agissements du Maréchal Bazaine et sa responsabilité dans la capitulation et les clauses de la capitulation qui a livré Metz et l'armée à l'ennemi.

« Il n'y a pas eu trahison, disait en 1897 le général Niox dans son récit de *La Guerre de 1870*, au sens propre du mot. Mais un chef trahit son devoir, lorsqu'au lieu de combattre, il entre en pourparlers avec l'ennemi, et lorsqu'il trompe son armée pour lui imposer une capitulation déshonorante » (2).

----

(1) Aucun Allemand pendant notre captivité ne nous a demandé à quelle armée nous avions appartenu, sans ajouter avec respect et considération : « Ah ! vous étiez de la brave armée de Metz. »

(2) Après la guerre, le Maréchal Bazaine comparut devant un con-

Supposant que la guerre ne pourrait se prolonger et que Paris ne saurait résister longtemps, ce qui était d'ailleurs à cette époque l'opinion de tout le monde, croyant d'autre part que le gouvernement révolutionnaire installé à Paris ne serait pas reconnu par le reste du pays, le Maréchal Bazaine pensait sans doute, avec une armée intacte, s'imposer à tous et devenir l'arbitre de la situation.

Tel est l'avis exprimé par le Général Palat dans sa récente publication historique, *Bazaine et nos désastres en 1870*. « Bazaine obéit constamment et uniquement à des considérations d'intérêt personnel. Il se réserve pour le rôle politique qu'il entrevoit derrière les événements. Le succès de la campagne lui paraît peu probable. On peut prévoir une révolution et la chûte de la dynastie impériale. Quoi qu'il arrive, Bazaine est indemne à la tête d'une armée presque intacte; il est l'homme de la situation. »

Après le 4 septembre, ce fut pis encore. Bazaine ignorant en quelque sorte le Gouvernement de la Défense Nationale, qu'il accuse de ne s'être pas mis en relations avec lui, attend tout des événements.

---

seil de guerre présidé par le duc d'Aumale, plus ancien général de division. Le Maréchal fut déclaré coupable (10 décembre 1873) :

D'avoir capitulé en rase campagne ;

D'avoir traité avec l'ennemi, sans avoir fait préalablement tout ce que lui prescrivaient le devoir et l'honneur;

D'avoir rendu la place de Metz sans avoir épuisé tous les moyens de défense.

Il fut condamné à la peine de mort avec dégradation militaire.

Le Maréchal Mac-Mahon commua la peine en vingt années de détention.

Bazaine s'échappa de l'île Sainte-Marguerite en 1874 et mourut en 1888 en Espagne dans la misère et l'abandon.

Au lieu de combattre, il entre en négociations avec les Prussiens, ce qui devait l'amener à capituler par famine.

Dans une lettre écrite après la guerre et destinée à être mise sous les yeux de l'Empereur Napoléon, le Colonel Biadelli (1), après un long réquisitoire contre le Maréchal Bazaine, dont il fait ressortir la conduite louche, les mensonges et la duplicité, affirme (2) qu'on aurait pu passer toujours et qu'il ne l'a jamais voulu. Il termine ainsi : « Et notez que cette armée n'avait jamais été battue et ne demandait qu'à se battre !... Rien ne peut dépeindre notre douleur et celle de nos soldats, à la nouvelle de cette capitulation décorée par ses auteurs du titre de Convention militaire. »

Dans ses *Leçons de guerre (Kriegslehren),* le Maréchal de Moltke (3) n'hésite pas à attribuer l'attitude passive du commandant de l'armée du Rhin, même dès le milieu d'août, à des raisons politiques, et il déclare que cette attitude aurait dû suffire pour éclairer définitivement le haut commandement allemand sur ses plus secrètes intentions. Il montre, du reste, combien il eût été facile à Bazaine, le 16 août, de remporter un brillant succès. La dernière grande bataille, celle de Noisseville, fut, aux yeux du chef d'état-major général des armées allemandes, une

---

(1) Ancien lieutenant-colonel du 3ᵉ voltigeurs de la Garde.
Le Colonel Biadelli. — Souvenirs militaires de Paris à Metz en 1870. Revue hebdomadaire du 22 novembre 1913.

(2) Affirmation personnelle, cette opinion ayant été très controversée.

(3) *Revue d'histoire* rédigée à l'Etat-Major de l'armée (section historique) — avril 1914.

manœuvre de parade plutôt qu'une tentative sérieuse de rompre l'investissement de Metz,

Le prince de Hohenlohe (1), qui était bien placé pour tout connaître, a résumé d'un mot la question Bazaine, en disant : « Il a fait de la politique au lieu de faire la guerre. »

Le 12 septembre seulement, l'armée avait appris par une communication du commandement la défaite et la capitulation de Sedan, la captivité de l'Empereur et en même temps la révolution à Paris et la formation d'un Gouvernement dit de la Défense Nationale. Ces nouvelles furent accueillies avec stupeur et inspirèrent des craintes pour l'avenir.

Le 9 octobre, le Maréchal commandant en chef, depuis longtemps en relations avec l'ennemi (2), travaillait l'opinion des troupes en les trompant. Il faisait annoncer officiellement que la révolution était en France, qu'elle régnait en maîtresse à Paris, Lyon et d'autres grandes villes, que certaines villes appelaient les Prussiens, enfin que l'armée de Metz allait être neutralisée et rentrer à l'intérieur pour aller occuper le Midi...

Bientôt on apprend l'insuccès des démarches tentées auprès de l'Impératrice — et Bismarck, jetant le masque, déclare que toutes les négociations politi-

---

(1) Le prince Clovis de Hohenlohe, cousin et ami de l'empereur Guillaume Ier, successivement ambassadeur d'Allemagne à Paris, statthalter d'Alsace-Lorraine et chancelier de l'Empire allemand.

(2) Intrigues de l'aventurier Régnier, puis mission du général Bourbaki et enfin du général Boyer, chef du cabinet et homme de confiance du Maréchal Bazaine.

ques doivent cesser pour faire place simplement à des ouvertures militaires.

Le 24 octobre, Bazaine, dont les troupes n'avaient plus, depuis quatre jours, d'autre aliment que de la viande de cheval, réunit à son quartier général les commandants des corps d'armée, celui de l'artillerie et le gouverneur de Metz ; il leur communique les dépêches du général Boyer et de Bismarck et ose ensuite leur proposer, en leur demandant leur avis, un projet de sortie, sachant qu'elle était alors irréalisable (1).

Connaissant la situation déplorable où se trouve l'armée au point de vue matériel, les généraux émettent l'opinion suivante :

« Avec des soldats épuisés par la faim, les souffrances, les boues dues aux pluies diluviennes qui tombent depuis quinze jours (2) et dont certains ont déjà succombé, tenter de se faire jour sans artillerie, sans cavalerie (3), serait une folie héroïque, il est vrai, mais conduisant à un désastre inévitable... La famine seule nous a vaincus. A bout de ressources, s'il nous faut tomber, que ce soit en notre intégrité et en notre discipline, en évitant un désastre nouveau et des actes de désordre et d'insubordination... (4)

---

(1) Ces détails sur les préliminaires de la capitulation sont tirés en grande partie des papiers du général Lapasset, commandant la Brigade mixte.

(2) Il faut se souvenir que les soldats, comme les officiers, couchaient sous la tente.

(3) Les chevaux étaient presque tous morts de faim ou avaient été mangés.

(4) On redoutait de voir se reproduire les scènes de désordre qui avaient marqué la dernière journée de Sedan.

Le Maréchal Bazaine conclut en ces termes : « Puisque vous jugez le projet de sortie que j'avais préparé non seulement impossible, mais devant encore amener un désordre matériel et moral, il ne reste plus qu'à capituler. »

Et le général Changarnier est désigné pour aller négocier avec le prince Frédéric-Charles.

L'avis suivant fut porté à la connaissance des troupes, qui croyaient encore à une neutralisation de l'armée : « Les négociations continuent. »

La réponse du prince prussien fut catégorique : l'armée devait être prisonnière de guerre.

Le général de Cissey fut alors envoyé au quartier-général ennemi, afin d'entrer en communication officielle.

Notre condamnation était prononcée : le 27, elle fut signée. Nous n'en eûmes connaissance que le 28 dans l'après-midi. La capitulation fut établie par les chefs d'état-major généraux des deux armées sur les bases suivantes : l'armée était prisonnière de guerre, la place de Metz et tout le matériel, y compris les drapeaux, devaient être livrés aux Prussiens.

Les troupes durent immédiatement transporter les armes, les cartouches, les effets de grand équipement sur divers points indiqués. Au milieu de ce mouvement, de cette précipitation, la pensée ne pouvait s'arrêter. De plus, la pluie tombait, le temps était affreux. Enfin, les soldats étaient persuadés qu'ils allaient être renvoyés dans leurs foyers et tout le monde croyait à la conclusion de la paix. Quant aux drapeaux, d'après l'ordre du Maréchal Bazaine, ils devaient être transportés à l'arsenal de Metz pour y être brûlés. Quelques régiments les détruisirent : cinquante-trois furent livrés à l'ennemi. Bazaine prétendit que, par suite de retards dans l'exécution de son ordre, on perdit des moments précieux et que, une fois la convention signée, c'eût été manquer à la parole donnée que de ne pas exécuter rigoureusement toutes les clauses, quelque pénibles qu'elles fussent. « Du reste, ajoutait-il, les trophées militaires n'ont de valeur morale que lorsqu'ils sont pris sur le champ de bataille. » — Ces explications sont pour le moins inexactes. En effet, la dépêche du Maréchal commandant en chef est du 27 au soir, après la signature de la capitulation, et elle prescrit la remise des drapeaux pour le lendemain 28 au matin.

Le 29 octobre, à deux heures, la dernière partie du sacrifice s'accomplit. Les soldats sans armes furent conduits aux avant-postes et allèrent avec leurs sous-officiers camper dans les lignes prussiennes. Les officiers attendirent dans le camp retranché de Metz le moment d'être transportés prisonniers en Allemagne, où ils rejoignirent les troupes.

Le lieutenant-colonel Biadelli, du 3ᵉ voltigeurs de la Garde, dans son récit déjà cité de la *Revue hebdomadaire* du 22 novembre 1913, exprime ainsi ses impressions : « 29 octobre : date néfaste ! Je viens d'assister au spectacle le plus navrant qu'il soit possible d'imaginer. La troupe, après avoir déposé ses armes dans les fossés des forts, a quitté ses campements pour se rendre par corps dans les lignes prussiennes... Le temps, qui depuis vingt jours est affreux, est devenu encore plus mauvais aujourd'hui. Une pluie fine et pénétrante tombe sans discontinuer. Le terrain est tellement détrempé que les pieds des chevaux disparaissent dans la boue. Il semble que le temps ait pris le deuil pour assister à l'agonie de notre magnifique armée. Tous ont les larmes aux yeux. C'est un spectacle déchirant. »

Témoin plus immédiat encore, c'est-à-dire plus agissant, nous retrouvons dans nos *Souvenirs* une relation succincte de ces derniers événements :

« A 4 heures (le 28 octobre) j'apprends la capitulation et reçois en même temps l'ordre d'aller verser au fort Queuleu les armes de ma compagnie. J'exécute immédiatement cet ordre (1) par un temps affreux, au milieu de l'encombrement des troupes, des voitures renversées ; les soldats déposent pêle-mêle dans la boue de Queuleu les armes qu'ils n'ont pas jetées, en passant, dans la rivière de la Seille...

« Le 29, à midi et demie, revue d'adieu du général Lapasset. La brigade mixte se rassemble entre la Seille et la ferme de la Horgne. L'ordre et la discipline des troupes sont parfaits. Il tombe une pluie fine ; le terrain est boueux. Pendant la revue, nous voyons des officiers prussiens, désignés comme commissaires, se dirigeant vers Metz pour prendre possession de la place et des forts. Le général adresse à sa belle Brigade une harangue énergique et nous fait ses adieux ; il nous dit que la famine nous force à capituler, qu'il faut envisager ce qui a amené ce résultat, conserver l'espoir et vivre pour la revanche. On l'acclame ; l'émotion est à son comble.

---

(1) On nous avait fait savoir que les armes, ainsi que tout le matériel, nous seraient rendues à la paix.

« Je suis désigné pour conduire les hommes de ma compagnie sur la route de Nomény, au-delà de Magny-sur-Seille. Nous attendons sous la pluie le passage des deux divisions du 2ᵉ Corps ; puis nous filons sur Magny. A l'entrée du village nous trouvons quelques gendarmes prussiens, puis des cavaliers ; à 400 mètres de la sortie, nous arrivons au terme : un peloton de hussards bleus très jeunes, paraissant une troupe d'élite ou plutôt une garde princière, est rangé sur le côté de la route, sabre en main ; non loin, on aperçoit dans le brouillard de l'infanterie ; les hauteurs en arrière sont couronnées de troupes en bataille. Le Régiment est arrêté. Des larmes s'échappent de mes yeux en me séparant de ma troupe qui veut me serrer les mains ; j'embrasse les vieux sous-officiers... (1) Le sacrifice accompli, je rentre au Sablon. »

Telle fut la fin déplorable de cette belle armée, la dernière armée régulière de la France ! Ce fut un lugubre et touchant spectacle : les vainqueurs eux-mêmes s'en montrèrent impressionnés, et leur attitude grave et silencieuse fut un dernier hommage rendu à ces troupes vaillantes vaincues par la faim.

Au moment de la reddition, l'armée comptait encore 173.000 hommes, y compris les blessés, les malades et les corps mobilisés, dont 137.000 de troupes de campagne, avec un immense matériel de guerre.

Aux pertes qu'elle éprouva sous Metz, il convient d'ajouter environ 15.000 hommes morts en captivité des suites de misère et de privations. Les débris de

____

(1) Une des choses qui ont le plus étonné les Prussiens a été l'attachement marqué par la troupe à ses officiers.

cette armée devaient fournir plus tard de nombreux éléments, dont le 5ᵉ corps tout entier (général Clinchant), à l'armée de Versailles, et subir encore des pertes sensibles en réprimant l'insurrection de la Commune de Paris.

Sous le coup de cet affreux désastre, l'opinion française, mal éclairée sur les causes, ne vit que les effets et se montra d'abord cruelle pour les *capitulards* de Metz. Aujourd'hui même, elle ne paraît pas complétement revenue sur son impression première, tant le cœur de la patrie saigne encore de cette plaie ouverte.

Le procès de Bazaine, les nombreux écrits et souvenirs déjà publiés ont cependant mis en lumière la valeur de l'armée de Metz et la conduite équivoque ainsi que l'incapacité de son chef. Nous n'en croyons pas moins utile, sans entreprendre un nouveau plaidoyer pour une armée dont nous avons partagé les dangers et les malheurs, de reproduire sans commentaires les appréciations des Allemands : d'abord l'opinion du prince Frédéric-Charles, notre heureux vainqueur, puis le compte-rendu un peu sec de la capitulation rédigé par la section historique du grand état-major prussien; enfin des extraits intéressants des souvenirs publiés récemment du général de Gœben et du général de Kretschman.

Dans ses *Mémoires,* publiés par la *Deutsche Revue* de Stuttgart, le prince Frédéric-Charles, qui assista à la sortie des troupes françaises après la capitulation, s'exprime ainsi : « *Ces troupes se présentaient admirablement bien,* et celui qui ne sut

pas se battre avec elles, ou forcer un passage à travers l'ennemi, doit en supporter toutes les responsa-
bilités. »

« Dès le 4 septembre, dit la relation de l'état-major
prussien, afin de ne pas enlever aux habitants et aux
ambulances le bétail encore existant, de la viande de
cheval était exclusivement distribuée aux troupes (de
l'armée française de Metz). Cette mesure, jointe à la
nourriture d'ailleurs insuffisante donnée aux chevaux, eut pour résultat d'en diminuer promptement
le nombre...

« A partir du 20 octobre, les magasins de la place
avaient cessé leurs distributions aux troupes, de sorte
que celles-ci se trouvaient désormais réduites à vivre
exclusivement de leurs faibles ressources et à ne
manger bien souvent qu'une soupe de viande de cheval, sans pain et sans sel. Mais les chevaux eux-mêmes diminuaient à raison de 1.000 têtes par jour,
tant par la consommation que par les maladies (1).

---

(1) Dès les premiers jours d'octobre, un grand nombre d'hommes,
profitant particulièrement des grand'gardes et trompant toute surveillance, se glissent dans la campagne pour aller chercher des pommes
de terre. « Les Français nous font pitié, écrivait un Prussien à sa
famille, ils meurent de faim et ils viennent gratter la terre devant
nous, pour avoir des pommes de terre et des racines. » En raison
des inconvénients qui se produisent, le commandement donne des ordres pour que ces faits ne se renouvellent plus. Mais comment arrêter des hommes poussés par la faim ?

Après avoir utilisé pendant quelques jours de l'eau salée, on reste
en octobre absolument sans sel et sans sucre. Aussi les forces s'affai-
blissent.

Les chevaux dépérissent à vue d'œil. Ne recevant plus de fourrages
ils se mangent mutuellement les crins, puis ils rongent les arbres et
le bois. Plus de 500 sont abattus chaque jour pour l'alimentation de la

« Le 23, le commandant de la place annonçait que les approvisionnements de la ville et de la garnison allaient se trouver épuisés au premier jour. En réalité, pour ce qui concernait les troupes, à dater du 26, les unes manquaient absolûment de vivres, les autres n'en possédaient plus que la quantité rigoureusement suffisante pour un à quatre jours. A cette disette venaient s'ajouter encore des pluies souvent torrentielles, qui transformaient le sol naturellement argileux en une boue épaisse et rendaient le séjour des camps à peu près impossible...

« Le 26 octobre, le Maréchal Bazaine se déclarait prêt à accepter les conditions des Allemands. Le jour même, le général Jarras, chef d'état-major général de l'armée du Rhin, s'abouchait au château de Frescaty avec le général de Stiehle, chef d'état-major de l'armée prussienne devant Metz, et, dans la soirée du lendemain, 27 octobre, les clauses de la capitulation y étaient définitivement arrêtées et signées. Aux termes de cette convention, l'armée du Rhin était prisonnière de guerre; la forteresse et la ville de Metz (1)

---

troupe et des officiers. La cavalerie est presque complètement démontée; l'artillerie, n'ayant plus d'attelages, reçoit le 25 octobre l'ordre de verser ses canons.

La distribution régulière des rations, sauf de cheval, ayant cessé le 18, on ne donne même plus à partir du 20 le misérable morceau de pain de farine non blutée mélangée souvent de paille et de bois, qui ne fait qu'une pâtée noirâtre. Les troupes doivent vivre sur les réserves consommées depuis longtemps et de quelques ressources particulières. Le 26, il n'y a plus que du cheval.

(1) Metz, surnommée *la Pucelle*, parce qu'elle n'avait jamais été prise. L'inscription de la porte Serpenoise, qui portait ce glorieux surnom, a été modifiée depuis et célèbre la victoire du prince Frédéric-Charles.

étaient rendues à l'armée allemande, ainsi que tout ce qui était la propriété de l'Etat, dans l'état où cela se trouvait au moment de la signature du protocole. Le roi de Prusse accordait aux officiers français l'autorisation de conserver leurs armes (1).

« Conformément aux conventions, le 29 au matin, les troupes allemandes prenaient possession des forts, et vers midi leurs drapeaux flottaient sur les remparts de la place. A une heure et sous une pluie torrentielle, les colonnes françaises commençaient à déboucher par six routes. Sur chacune d'elles un des corps de l'armée de blocus se tenait prêt à les recevoir. *Mornes et dignes* pour la plupart, les prisonniers défilèrent en silence devant leurs vainqueurs; puis ils étaient dirigés aussitôt sur les bivouacs. Dans le courant de la même journée, la 26e brigade d'infanterie (15e et 55e régiments) (2) entrait comme garnison dans la place.

---

(1) Pour reconnaître le courage dont ont fait preuve les troupes, pendant la campagne, dit le protocole de la capitulation, il est permis aux officiers d'emporter leurs armes et leurs effets. Les soldats étaient autorisés à conserver leurs sacs et objets de campement.

Le Maréchal Bazaine refusa les honneurs de la guerre, qui étaient accordés par le prince Frédéric-Charles, et cela malgré les instances du général Jarras, Il craignait, dit-il, des désordres; mais la vérité est qu'il n'osait paraître à la tête des troupes, redoutant un soulèvement de l'armée. Il n'ignorait pas, en effet, les projets de sortie qui avaient été agités à Metz par des officiers à la tête desquels était le général Clinchant, projets qu'il avait fait avorter.

Les honneurs de la guerre, d'après les anciennes traditions des armées, consistent dans le défilé en armes, tambours battants, drapeaux déployés, des troupes vaincues qui reçoivent de' la part des troupes ennemies les honneurs militaires, comme témoignage de leur valeur.

(2) La fameuse brigade de Goltz, du VIIe corps prussien, qui avait laissé tant de cadavres dans le ravin de Colombey (Todten Allée —

Aux abords des camps noyés dans la boue, des chevaux mourants, des corps sans sépulture, des amas de débris calcinés, des monceaux de matières de toutes sortes en putréfaction attestaient éloquemment les souffrances de l'armée vaincue. »

L'ouvrage de Gerhard Zernin : *Le général de Gœben en 1870 d'après sa correspondance,* nous donne des renseignements précieux sur les préliminaires de la capitulation.

Le général de Gœben, Hanovrien de naissance, d'abord lieutenant au service de la Prusse, servit comme officier en Espagne dans les troupes carlistes, puis, après la défaite de don Carlos, il reprit du service en Prusse et s'attira les bonnes grâces du roi Guillaume et du général de Moltke dont il devint un des collaborateurs.

Il commandait, au début de la guerre de 1870, le VIIIe corps (Ire armée).

Dès le 7 septembre, Gœben apprend de Steinmetz, son général en chef, que Bazaine, « qui avait, au début, toute possibilité de s'échapper en faisant un effort un peu vigoureux », cherche à entamer des négociations politiques.

Un mois après, la reddition de Metz n'est plus pour les Allemands qu'une question de jours. On sait que l'armée française a mangé presque tous ses chevaux, ce qui lui rend impossible tout mouvement d'artillerie et, par suite, toute chance de sortie.

---

allée des morts) à la bataille de Borny (14 août) ; elle avait aussi été battue par la brigade Lapasset (27 septembre) au combat de Peltre, où elle avait perdu 7 officiers et 195 hommes (chiffres prussiens).

En même temps, les négociations avec Bazaine deviennent pressantes. Il est intéressant de signaler à ce propos que Gœben, ainsi que le prince Frédéric-Charles lui-même, semble avoir pris au sérieux jusqu'à la fin les pourparlers qui auraient eu pour objet de conserver l'armée de Bazaine pour rétablir l'ordre en France, d'accord avec le gouvernement allemand.

Le 22 octobre, il écrit : « Le prince Frédéric-Charles est souffrant de tension d'esprit et d'irritation. Il est mis complétement à l'écart des pourparlers. Le général Boyer a été conduit à Versailles : il a traité avec Bismarck (négociations politiques, par conséquent), est revenu, puis ressorti pour se rendre en Angleterre... Le prince n'en sait pas plus long. Il conclut seulement, comme nous, de l'attitude des Français et du dire des déserteurs et des prisonniers, que Bazaine se croit appelé à jouer un rôle politique dans le sens de l'Empire ou de la Régence et se croit sûr pour cela de l'assentiment de la Prusse. »

Quoi qu'il en soit, toutes ces négociations aboutissent à la chûte de Metz. La malheureuse armée, prisonnière de guerre, est parquée dans les lignes prussiennes, en attendant qu'elle puisse être transportée en Allemagne. *Le général de Gœben est rempli d'admiration pour sa belle attitude :* les adieux des officiers français à leurs hommes ont été touchants ; bien souvent chefs et soldats pleuraient (1).

---

(1) Aux chefs de corps du 2ᵉ corps d'armée français prenant congé du général de Gœben, leur pénible mission exécutée, celui-ci, encore sous l'impression de ce qu'il vient de voir, répond : « Je dois vous dire, Messieurs, combien je suis touché de l'affection de vos soldats pour vous. »

« L'impression générale, dit-il, est : *superbes trou-pes, respirant l'énergie et l'intelligence...* Nos troupes chargées de garder les prisonniers sont unanimes à dire qu'ils se comportent parfaitement bien ; ils sont énergiques, raisonnables en tout; ils savent admirablement se débrouiller. »

Si les appréciations élogieuses du général de Gœben, esprit éclairé et sans hostilité particulière pour la France, méritent d'être retenues et prises en considération, combien sont plus probantes celles du général de Kretschman, lorsqu'il parle avec admiration de l'armée française de Metz. En effet, à des qualités professionnelles remarquables, qui en font un type d'officier prussien, il joignait la haine de tout ce qui est français et professait du mépris pour la France, ses habitants et ses institutions. Il ne peut donc être suspecté de partialité, lorsqu'il parle en bien de notre nation et de notre armée, et son témoignage aura d'autant plus d'autorité qu'il est d'ordinaire plus hostile et plus malveillant.

Le général de Kretschman était, pendant la guerre, major à l'état-major du IIIe corps d'armée prussien (1).

Dans ses lettres de la campagne de 1870-1871 adressées à sa femme et publiées par sa fille, tantôt il relate les opérations militaires devant Metz, les vaines tentatives de sortie de l'armée française, tantôt il dépeint l'investissement de jour en jour plus

---

(1) C'est-à-dire commandant à l'état-major (colonel de Caprivi, depuis chancelier de l'Empire allemand) du corps d'armée du général d'Alvensleben II, le vainqueur de Vionville.

étroit, les troupes allemandes se consumant dans l'ennui et dans l'inaction en attendant la reddition sans cesse reculée.

La nature semble s'être complue à rendre plus atroces les conditions du drame. A des chaleurs excessives succède le mauvais temps, des pluies torrentielles transforment les camps en bourbiers. L'armée du Rhin meurt de faim au bivouac, sous la petite tente, et est décimée par la fièvre et les maladies.

Dans sa lettre du 24 septembre, Kretschman s'exprime sur Bazaine dans les termes suivants :

« Au début, il lui eût été possible de percer au prix de grands sacrifices. Maintenant, nous avons construit tout un cercle de retranchements ; nous avons de grosses pièces et tous les vides sont bouchés depuis l'arrivée des troupes de remplacement. Actuellement il est trop tard pour sortir. Bazaine n'ordonne d'ailleurs de combats que pour motiver la capitulation... Il a adressé au prince Frédéric-Charles une lettre fort aimable ; il répète beaucoup : « *ma pauvre patrie, ma pauvre France* », et déclare ne pas être du tout décidé à reconnaître *les gredins de Paris.* Raison de plus pour se tenir tranquille. S'il reste à Metz jusqu'à la paix, il met une armée à la disposition du nouveau régime et devient par ce fait un personnage indispensable. »

Malgré toutes les souffrances endurées, la résistance des Français se prolonge : elle finit par exciter l'admiration des Allemands eux-mêmes. « *Cette résistance est admirable.* Huit semaines de mauvaise nourriture, des bivouacs sans paille, dans un pied de boue, des combats! J'en arrive à me demander si nos hommes en auraient fait autant. » (Lettre du 22 octobre).

Enfin, le drame s'achève : Metz capitule. Avant de partir, pour se porter avec la IIe armée désormais disponible, contre les armées improvisées de la Défense Nationale, de Kretschman a un dernier souvenir pour les vaincus.

« *Ils ont fait*, écrit-il le 28 octobre, *plus que l'on ne pouvait attendre même des troupes les plus braves*. L'armée a supporté sans faiblesse les plus terribles privations. S'ils avaient eu à leur tête un chef tant soit peu intelligent, les Français se seraient frayé un passage à travers nos lignes. Au lieu de cela, ils ont tiré le canon tous les jours, sans faire la moindre impression. »

Le 29 octobre, le major de Kretschman assiste à la reddition :

« *La journée d'aujourd'hui restera la plus grande de la campagne, une des plus grandes peut-être de l'histoire du monde :* elle a été pourtant profondément triste. Il pleuvait à torrents. Un peintre aurait appris à connaître toutes les nuances de la douleur et du désespoir. Le premier chef de corps, un beau colonel, me remit son rapport d'un air digne : pas un muscle de son visage ne bougea. Pourtant, de temps en temps, une larme tombait de ses yeux au regard fixe. Ses hommes prirent congé de lui en sanglotant. L'attachement des soldats pour leurs officiers était impressionnant, ils leurs embrassaient les mains. Un capitaine d'artillerie restera inoubliable pour moi, tant que je vivrai. Il chancelait sur son cheval : je pensai qu'il était ivre ; mais, lorsqu'il s'approcha, je reconnus qu'il était sous le coup d'une terrible émotion. Je cherchai à le calmer, en évitant de lui adresser des paroles de nature à le blesser : « Vous me paraissez être un soldat de cœur, me dit-il tranquillement. Dites-moi franchement, pouvions-nous encore nous battre? » — « Oui, lui répondis-je, mais vraisemblablement sans espoir de succès, » — « Voyez-vous, me dit-il en pâlissant, dans ces conditions autant mourir tout de suite. » Cet homme m'a produit une profonde impression.

Ainsi tomba cette brave armée trahie par la fortune. L'abattement était si grand, que personne ne se rendait bien compte des conditions d'une pareille capitulation. Beaucoup de soldats avaient cru rentrer dans leurs foyers, comme le bruit en avait été répandu; les officiers pensaient de leur côté qu'ils n'iraient pas en Allemagne, la paix devant se faire, ainsi qu'on le leur avait affirmé. D'ailleurs, par suite de l'habitude d'obéir sans discuter, l'armée resta généralement calme, digne et résignée dans sa douleur, en attendant une revanche tant désirée.

Quelle que soit l'opinion que l'on conserve sur la capitulation de Metz, quelle est l'armée nationale qui pourrait prétendre soutenir, mieux que cette armée de métier, trois grandes batailles (les 14, 16 et 18 août), une bataille de deux jours (31 août et 1er septembre) et un grand nombre de combats sanglants, sans être aucunement ébranlée, et après tant de semaines de faim et de misères, conserver intacts son honneur et sa discipline?

Colonel VERMEIL DE CONCHARD.

Chronique locale ou Annales

DE LA

Commune de Turenne (Corrèze)

DE 1830 A 1860

J'ai trouvé dans les archives de la mairie de Turenne un petit manuscrit inédit enfoui sous la poussière et les vieilles paperasses. il m'a paru d'un certain intérêt. Aussi, de mon mieux, j'en ai rassemblé les feuilles éparses. On en lira plus loin la transcription.

En 1910, M. Emile Roche a publié un mémoire (1) relatant : *Quarante ans de vie municipale à Turenne pendant la moitié du XIXᵉ siècle (1812-1841).* Les pages qui vont suivre viennent compléter à souhait l'intéressant travail de M. Roche.

Elles ont été écrites, année par année, de 1830 à 1860, et leur auteur a été témoin des faits qu'il rapporte ; quoique le manuscrit ne soit pas signé, nous avons pu établir que l'auteur était M. Giles Muzac, secrétaire de la mairie de Turenne de 1830 à 1860. L'écriture du manuscrit est en effet celle que l'on rencontre sur tous les registres de l'époque qui sont à la Mairie (registre des délibérations du Conseil municipal, registre des arrêtés du maire, registres des actes de l'Etat-civil, etc.) M. Muzac, mieux que tout autre, était donc bien placé pour relater les évènements importants qui se déroulaient dans la petite localité. Il l'a fait en un style clair et simple : Nul doute qu'il ne soit sincère.

---

(1) Publié par le *Bulletin de la Société scientifique, historique et archéologique de la Corrèze,* 1910.

La lecture de ce document nous montre l'auteur très attaché à la personne de M. Vachon, le maire de l'époque. C'est en effet la carrière administrative de M. Vachon qu'il nous trace. Il loue en maintes reprises l'énergie dont fait preuve M. Vachon pendant les diverses manifestations qui se déroulent dans la petite bourgade. Il parle toujours du maire avec le plus grand respect.

Le document nous montre aussi M. Muzac très attaché à la Monarchie. Lorsqu'en 1848, « année d'exécrable mémoire par l'avénement de la République, » le curé de Turenne est contraint par le peuple de bénir l'arbre « dit de la liberté, » et de chanter un *Te Deum* au milieu d' « hommes vils et tarés », M. Muzac éclate d'indignation. On ne peut plus nettement se montrer ennemi du nouveau régime.

Enfin, le document nous montre que, comme la France entière, la petite bourgade de Turenne a souvent changé d'opinion politique. En 1831 et en 1832, elle acclame les préfets de Louis-Philippe. En 1848, elle fête avec brio l'avénement de la République. Quatre ans après, sa municipalité adhè.e au coup d'Etat de 1851 et réclame le rétablissement de l'Empire· La même année, la proclamation de l'Empire est fêtée comme l'avait été l'avénement de la République.

La petite localité se ralliait-elle aux plus forts, ou bien obéissait elle sincèrement à ses penchants politiques? Nous l'ignorons. Nous constatons simplement des faits. La vieille capitale des puissants vicomtes qui demandait en 1789 le rétablissement de l'ancien régime, brûlait quelques années plus tard les archives du château de Turenne, pillait le couvent des Capucins et s'emparait du château de Linoire, ne pouvait que suivre les ondulations de la pensée française.

Les lignes que nous allons transcrire, en nous faisant connaître pendant une trentaine d'années la vie de la petite bourgade, apporteront donc leur modeste contribution à l'histoire nationale.

Chronique locale ou Annales

*Evénements remarquables et faits historiques qui
se sont succédés dans la commune de Turenne,
depuis le mois de septembre 1830, époque de la
nomination de M. Vachon, maire de Turenne,
jusq'en 1860, date de la mort de M. Vachon.*

1830

7 Septembre. — Arrêté de M. le vicomte de Bondy, préfet
de la Corrèze, qui nomme M. Vachon Maire de Turenne, en
remplacement de M. Molinié.

14 Septembre. — Prestation de serment de M. Vachon entre les mains de M. Muzac, adjoint.

17 Octobre. — Fête de la garde nationale à l'occasion de
la bénédictian du drapeau tricolore qui lui est confié (1).
Emeute pendant la nuit du 17 au 18, ayant pour principal
mobile de faire rendre à la commune, le drapeau blanc qui
avait été enlevé de la mairie pendant les premiers jours de
la Révolution. La maison de M. Tournier (2) est menacée
d'être forcée et son domicile violé par quelques émeutiers ;
ils sont arrêtés dans leur projet par la contenance énergique
de M. le Maire et de M. Roche père (3).

Le reste de l'année se signale par le refus des débitants
de boissons de payer les contributions indirectes. Le paye-

(1) Voir p. 25 de la brochure de M. E. Roche, le compte-rendu de
la cérémonie (*Quarante ans de vie municipale à Turenne, pendant
la première moitié du XIXe siècle*).

(2) Aujourd'hui maison Gimel.

(3) Il s'agit de M. Gaubert Roche, ex-procureur du roi près la prévôté de Turenne, ancien avocat au Parlement, ancien membre, sous
la Révolution, du directoire du département, ancien Maire de Turennne.

ment des contributions directes éprouve même des retards
et quelques contribuables manifestent publiquement leur
refus de payer l'impôt. Proclamation de M.ǀ le Maire faite
aux habitants, le 4 décembre, pour les engager à payer leurs
douzièmes échus (1).

Vote par le Conseil municipal d'une somme de 49 fr. 44
destinée à construire un mur de soutènement sur la rive
droite du ruisseau « La Tourmente » (2), sur 30 mètres de
longueur et 2 mètres 76 cent. de hauteur, en aval du pont
Estor. Cette réparation ayant le double avantage d'élargir
le chemin et de renforcer la culée du pont.

1831

8 Avril. — Lettre de M. le Sous-Préfet de Brive, qui met
en demeure la commune de payer le montant de l'impôt in-
direct dont la perception avait été suspendue pendant les
derniers mois de 1830. Refus par M. le Maire de convoquer
le Conseil à ce sujet, par le motif que cet impôt avait été
payé et qu'il y avait erreur de la part de l'Administration.

De concert avec M. le Curé et conformément à la circu-
laire de M. le Préfet, M. le Maire fait disparaître les fleurs
de lys qui existaient aux angles des croix qui décorent les
places et autres lieux publics.

Arrivée et séjour à Turenne d'un détachement de 30 hommes, réfugiés espagnols. Ces hommes étaient logés chez
l'habitant et avaient les mêmes droits que les soldats en
voyage.

Arrêté de M. le Maire portant défense de laisser errer les
porcs sur les places et dans les chemins sans être conduits
et gardés à vue.

Nomination par M. le Préfet de M. Vachon aux fonctions
de Maire et de M. Roche, fils, aux fonctions d'Adjoint, en
vertu de la nouvelle loi municipale.

---

(1) Voir pp. 27-28 de *Quarante ans de vie municipale à Turenne*,
par Emile Roche, le texte de la proclamation.

(2) *La Tourmente*, ruisseau qui passe dans la vallée, à l'est de Turenne.

Délibération du Conseil municipal ayant pour but : 1° de rendre à l'hospice le terrain qu'il céda à la commune, dit pré de l'hôpital, pour la tenue des foires ; 2° de reprendre la propriété de la halle ; 3° de faire porter le menu bétail, les jours de foire, sur l'allée des claux ; 4° de prendre à bail à location pour la salle de la Mairie une salle de l'ancienne administration ; 5° le rétablissement du canton de Turenne (1) ; 6° la permission de la culture du tabac ; 7° le classement d'un chemin vicinal de Brive à Figeac, passant par Turenne ; 8° le pavage des rues.

La promenade dite de La Carrière (2) presque entièrement couverte par les décombres qui provenaient de la démolition du château et qui n'offrait de passage que sur une petite étendue est déblayée de tout ce qui l'encombre, d'un bout à l'autre, par l'élan des habitants, hommes, femmes et enfants se mettent à l'œuvre et dans moins d'un mois cette vsste promenade offre tous les agréments d'une place unie qui se couvrit plus tard de gazon. Plus de 2.000 charretées de décombres furent enlevées sans aucune dépense pour la commune.

Le 4 avril, M. Dubousquet vient visiter Turenne et fut reçu en vrai triomphe.

20 fusils de calibre anglais sont envoyés à Turenne, par l'administration, pour le service de la garde nationale.

1832

Quelques contribuables se refusent à payer l'augmentation de l'impôt voté par la Chambre des députés dans la

---

(1) En 1791, lorsque la France fut divisée en départements, districts et cantons, Turenne fut le chef-lieu d'un canton, comprenant les paroisses de Jugeals, Nespouls, Estivals, Ligneyrac et Noailhac. Le canton de Turenne fut supprimé en 1803. Le cachet de la justice de paix a été retrouvé par mon oncle, M. Trespeuch, instituteur en retraite : il se trouve actuellement au musée scolaire de Turenne.

(2) La promenade dite de « La Carrière » est située à l'est du château. Elle sert de cour de récréation à l'école communale de garçons.

session de 1831. Proclamation de M. le Maire pour ramener les récalcitrants à leur devoir. Heureux effets de cette proclamation (1).

Arrêtés de M. le Maire prescrivant de ne conduire les chèvres aux champs qu'à la corde, prescription de l'élagage des branches des arbres et haies bordant les chemins publics.

Commencement des travaux d'ouverture du chemin vicinal de grande communication, de Brive à Vayrac, quoique non encore classé, et que le Conseil municipal avait désigné en 1831 sous le nom de Brive à Figeac, par Turenne. Le premier atelier se porte dans la Garenne de Lapeyrouse et sous le rocher de Laroche. Aucun chemin n'est praticable pour aboutir à cet atelier; on y arrive péniblement par le Marchadiol, Montgalvy et Lavaysse (2). Chaque ouvrier porte sur son dos les instruments de travail et chaque jour les travailleurs se réunissent en troupe, marchent on ordre au son du tambour de ville, jusqu'à l'escarpement qui doit recevoir les premiers coups de pioche et qu'on aborde comme une redoute.

Nomination des commissaires classificateurs pour le classement des propriétés foncières nouvellement cadastrées.

La distribution des lettres et dépêches n'était faite à Turenne que tous les deux jours. Le Conseil municipal demande et obtient que ce service soit quotidien.

Le choléra qui sévissait sur plusieurs points de la France ne fut point ressenti à Turenne, mais il y régna une espèce d'épidémie qui porta le nombre des décès à 90, chiffre exorbitant qui n'avait jamais atteint une telle élévation dans cette commune.

Le Conseil de fabrique de l'église est entièrement reconstitué, conformément au décret de 1809 et fonctionne légalement.

____

(1) Voir ouvrage déjà cité, p. 35.
(2) Villages à l'ouest de Turenne.

1833

Continuation de la mortalité, suite de l'épidémie de 1832. Cette année le chiffre des décès atteint 52.

L'école mutuelle communale est rétablie sur ses anciennes bases. Il est accordé une somme de 200 fr. par l'Etat, pour l'acquisition du matériel.

Classement de tous les chemins de la commune en deux catégories, conformément à la loi du 28 juillet 1824.

M. Charmet, contrôleur des contributions directes à Brive, rend compte du résultat du classement des propriétés imposables, divisées en cinq classes.

Délibération du Conseil municipal sur le projet d'acquisition du bâtiment avec la masure d'église qui dépendaient de l'ancien couvent des Capucins (1), pour servir de salle d'école et de maison commune, lesquels bâtiments furent estimés 1.000 fr.

La place du foirail des bœufs est nivelée sur toute sa surface; l'escavation que nécessite ce travail met à découvert un grand nombre de tombes.

Sur la fin du mois d'août, M. Thomas, préfet de la Corrèze, vient visiter Turenne; il est escorté par la garde nationale et un grand nombre de cavaliers qui avaient été au devant de ce magistrat pour le recevoir. Il est logé chez M. le Maire et y reste jusqu'au lendemain.

1834

Refonte de la grande cloche du poids de 850 k. Cette refonte donne lieu à une dépense que l'exiguité des revenus de la fabrique ne permet pas de payer. Elle est couverte par des dons volontaires. Grande cérémonie religieuse pour la bénédiction de cette cloche.

Incendie d'une maison et d'une grange appartenant à

---

(1) La communauté des Capucins avait été établie en 1644 par Frédéric-Maurice de La Tour d'Auvergne, duc de Bouillon, frère du grand capitaine. L'église de la communauté sert actuellement de préau à l'école de garçons mais il n'en reste plus que les murs et la voûte.

François Chauzu, de Nazareth. La malveillance n'a pris aucune part à ce sinistre.

Pavage des rues de Turenne dans les principaux quartiers, aux frais des propriétaires riverains. Ce travail avait été commencé en 1833 et resté inachevé.

Mise en recouvrement du rôle des Contributions directes dressé sur la matrice cadastrale.

La foire de Turenne du 14 août, instituée par décret impérial du 2 décembre 1811, ne se tenait plus. Démarches faites par M. le Maire pour que cette foire soit fréquentée; elles sont couronnées d'un plein succès.

54 propriétaires contreviennent au ban des vendanges, publié par M. le Maire; il est dressé contre chacun d'eux un procès-verbal constatant la contravention. Traduits devant le tribunal de simple police, ils sont tous condamnés à une amende dont le versement à la caisse municipale a produit plus de 300 fr. Grande rumeur à cette occasion que l'énergie de M. le Maire parvient à calmer.

M. le Ministre de la Justice et des Cultes accorde 300 fr. à la commune pour la réparation de l'église et du presbytère.

12 individus assujettis à la vérification des poids et mesures sont sous le poids d'une contravention constatée par procès-verbal du vérificateur. Persistance de l'autorité supérieure pour la poursuite; résistance de M. le Maire qui finit par obtenir grâce.

Aliénation d'une portion de terrain dépendant du champ de foire, longeant les propriétés de MM. Muzac, Malès, Leyma et Lacroix. Les acquéreurs sont assujettis à construire et entretenir un mur de soutènement pour garantir le reste de la place de tout encombrement.

Acquisition de M. Roche de la maison et de la masure d'église avec la place attenant. Destination de ce bâtiment à l'école primaire et à la salle de la Mairie.

1835

Le cimetière de Nazareth placé dans l'intérieur du bourg

est supprimé et transféré à l'extérieur par mesure de salubrité.

Adresse au roi votée par le Conseil municipal à l'occasion de l'attentat du 28 juillet (machine Fieschi).

1836

Procès intenté par les habitants du village de Lignoire (1) contre M. de Lamberterie au sujet d'un terrain prétendu communal.

La variole attaque beaucoup de personnes de moyen âge et beaucoup d'enfants; quelques-uns de ces derniers succombent.

Disparition d'un sourd-muet âgé de 20 ans, de la famille Crémoux. Démarches faites par l'autorité pour découvrir le lieu de la retraite de ce jeune homme, non suivies d'effet.

Les récoltes ne réussissent point. Disette de grains, misère générale.

Autorisation de l'acceptation d'un legs de 825 fr. fait en faveur des pauvres de la commune par d^lle Reyjal. Création d'un bureau de bienfaisance à l'occasion de ce legs.

Classification du chemin vicinal de grande communication de Brive à Vayrac par Turenne, sous le n° 8.

1837

Mort de Mlle Molinie, directrice de l'hospice, emportant les regrets des pauvres dont elle était la bienfaitrice, et de tous les habitants de la commune.

Pendant la nuit du 8 au 9 mai, des malfaiteurs inconnus tentent de s'introduire dans l'église par la porte extérieure de la sacristie. Cette porte était déjà forcée et une pierre cassée à l'aide d'instruments. La maison des d^lles Chauviniat (2) placée devant l'église est l'objet des mêmes tentatives.

---

(1) Linoire, village au sud-ouest de Turenne, possède un vieux manoir assez bien conservé. Près du château on remarque un tilleul séculaire.

(2) Aujourd'hui maison de M. Louis Sol.

Les malfaiteurs furent détournés de leur dessein par le passage d'un domestique de M. Roche.

Pendant la nuit du 25 au 26 du mois de mai, le nommé Guillaume Bourbon, de Turenne, trouvé dans l'un des moulins de Lapeyrouse (1), volant de la farine, est blessé mortellement d'une arme à feu par le garde du château. Le blessé meurt le lendemain des suites de cette blessure. La justice informe et il est déclaré n'y avoir lieu à poursuivre contre le garde.

Arrêté de M. le Maire portant injonction au propriétaire du jardin joignant la tour de César, d'ouvrir un passage sur ce jardin pour être livré au public à l'effet d'aborder à ladite tour. Arrêté de M. le Préfet sur le même sujet (2).

M. Denucé, propriétaire du domaine de Rodoles s'oppose par acte extrajudiciaire à ce que le chemin vicinal de grande communication n° 8 soit ouvert sur sa propriété; il est passé outre cette opposition.

Incendie d'une grange au lieu de Monchancel; la malveillance n'a pris aucune part à cet événement.

Antoinette Castanet, épouse d'Antoine Gironie de la Gironie, meurt subitement à la suite d'une forte querelle engagée avec son mari. Celui-ci est soupçonné d'être l'auteur du meurtre. Transport de justice : aucune trace de blessure n'existe sur le cadavre. Le mari n'est point poursuivi criminellement mais seulement devant le tribunal correctionnel. Il est acquitté.

M. le Préfet accorde une subvention de 1.500 fr. affectée au chemin vicinal de grande communication n° 8. Le Conseil municipal vote des remerciements.

1838

Dans la journée du 25 mars, la nommée Françoise Cha-

____

(1) La Peyrouse est un joli château, au nord-ouest de Turenne, près de la route de Brive à Vayrac, à la limite de la falaise du Causse. Il appartient à Mme la comtesse de Curières de Castelnau.

(2) Voir dans l'ouvrage déjà cité, *Quarante ans de vie municipale à Turenne*, par E. Roche, pp. 39-40, le texte de l'arrêté de M. Vachon.

rier, tenant un enfant de 13 mois, et s'étant placée sur la tour de Mauriole (1), laissa, par imprudence, tomber cet enfant de haut en bas de cette tour. La mort de ce malheureux enfant fut instantanée.

Le 27 avril M. le Sous-Préfet de Brive informe par sa lettre de ce jour, si, sur quelques points de la commune de Turenne on pourrait faire des recherches utiles à la science archéologique (2). Réponse négative du 21 mai.

Décision du jury d'expropriation pour cause d'utilité publique, sur l'indemnité réclamée par M. Denucé pour le terrain emporté par l'ouverture du chemin vicinal de grande communication n° 8; il ne lui est accordé qu'un mur de soutènement à l'entrée du foirail et 50 fr. pour se faire clore.

Orage de pluie et de grêle dans la journée du 24 juin, qui détruit une grande partie des récoltes. Les ruisseaux sortent de leur lit et inondent les prairies voisines.

Dans la journée du 29 juin, le nommé Etienne Crémoux, âgé de 24 ans, pour effectuer une gageure, parcourt une partie des rues de Turenne dans un état complet de nudité. Rapport de M. le Maire à l'autorité : punition correctionnelle de ce délit d'outrage à la pudeur.

La voie qui conduit de la place de la tour de César à la fontaine de Saint-Paul, par le vieux cimetière (3), était impraticable et même périlleuse sur plusieurs points. Elle est ouverte dans toute sa longueur, d'une largeur de 3 mètres. L'ancienne porte et les murs de ville sont démolis et les matériaux employés à construire des murs de soutènement (4).

____

(1) La tour de Mauriole se dressait près de l'entrée de l'église des Capucins : elle est presque complètement démolie aujourd'hui.

(2) Il nous paraîtrait cependant utile de faire quelques recherches au puy du vieux Turenne. Il y a là en effet, des restes assez visibles d'une tour et d'une muraille, et, ainsi que le dit M. l'abbé Poulbrière, ne serait-ce pas là que Pépin-le-Bref assiégea le duc Vaïfre ?

(3) L'emplacement de l'église de Saint-Paul qui fut détruite pendant la guerre de religion, par les protestants, est aujourd'hui marqué d'une croix. Le vieux cimetière dont il est fait mention ci-dessus entourait l'église Saint-Paul.

(4) Cette partie de Turenne était autrefois la plus peuplée. Aujour-

Vote de félicitations au Roi par le Conseil municipal, à l'occasion de la naissance de S. A. R. le prince Louis-Philippe Albert, comte de Paris.

1839

Opposition par le propriétaire du jardin du château à l'exé cution de l'arrêté de M. Thomas, Préfet de la Corrèze, sur l'ouverture d'une voie pour arriver à la tour de César. M. Meunier, préfet actuel, suspend cette exécution.

1840

Classement du chemin de Larche à Meyssac au rang des chemins de grande communication. Avis du Conseil municipal en faveur du projet.

Le Conseil municipal demande le dégrèvement de l'impôt personnel et mobilier qui pèse trop lourdement sur la commune de Turenne, en comparaison des autres communes.

Les parois intérieures des murs et de la voûte de l'église sont crépis et blanchis (1).

Grosses réparations faites aux bâtiments de l'hospice ; construction d'une chapelle tenant aux dits bâtiments, lesquels travaux sont donnés à l'entreprise et dirigés par l'architecte d'arrondissement.

1841

Quatre colonnes torses en bois, artistement sculptées qui, depuis la Révolution de 1789, languissaient toutes poudreuses, gisant sur le pavé du fond de l'église, dans un honteux oubli, sont dressées au maître autel. Elles sont couronnées d'un entablement surmonté d'un arc en bois. Ce travail d'architecture encadre l'autel. La boiserie du chœur reçoit en même temps des réparations utiles et urgentes (2).

---

d'hui ce n'est plus qu'un amas informe de ruines. Seules, quelques rares maisons y ont résisté à l'action destructrice du temps.

(1) Le crépissage a été enlevé en 1912 : l'église s'en est trouvé considérablement embellie.

(2) Cette œuvre sculpturale du xviiiᵉ siècle existe encore.

Trois sœurs de la Congrégation du Sauveur arrivent à Turenne, sur les instances de l'administration hospitalière et de la commune, vers les premiers jours du mois de mai. Les appartements de l'hospice n'étant pas prêts à les recevoir, M. le Maire les prend chez lui provisoirement ; elles sont installées à l'hospice le 28 juin avec beaucoup de cérémonie.

Trois chemins vicinaux reconnus inutiles sont vendus au profit de la commune.

Plantation d'une allée d'ormeaux sur la route de Brive à Vayrac, à l'avenue de Brive et sur la place du foirail.

Division d'opinion à l'assemblée du Conseil municipal, sur le choix d'un instituteur communal (1). Grande rumeur dans cette assemblée : la voix du président est méconnue ; M. le Maire quitte le fauteuil ; M. l'Adjoint témoigne le désir de le remplacer. L'assemblée finit par se séparer avec un bruit confus ; il est dressé procès-verbal de cette séance. La suite de cette scène amène la destitution de M. Roche, comme adjoint.

1842

Nomination de M. Molinie, notaire, aux fonctions d'adjoint en remplacement de M. Roche.

Les colonnes et toutes les boiseries du maître autel de l'église sont peintes ; entre les intervales des colonnes et au-dessous du cintre du même autel, plusieurs figures et symboles allégoriques sont peints à la fresque. Toutes les boiseries du chœur sont également peintes. Ce nouveau décor exécuté par des artistes distingués donne un nouvel éclat aux travaux d'architecture exécutés l'année précédente.

---

(1) Il s'agissait de nommer un remplaçant, M. Castanet, instituteur étant démissionnaire. Deux candidats sont en présence : M. Castanet, élève de l'école normale de Tulle, fils du précédent, et M. Lavergne. M. Castanet « dont la capacité et la moralité ne font aucun doute, mais qui n'est qu'un adolescent inexpérimenté » voit sa candidature écartée. M. Lavergne est remplacé en 1843 par M. Laverdet précédemment instituteur à Strenquels (Lot).

L'arrêté de M. le Préfet sur l'ouverture d'un chemin pour aller à la tour de César est restreint en une déclaration sous signature privée donnée par Mlle Fontenillé, portant soumission de donner passage sur son jardin aux autorités et quand il s'agira de faire des réparations à la tour. Dépôt de cette déclaration en l'étude de Me Molinié.

Le nommé Jean Rouget, maçon, qui avait déjà essayé de se suicider avec une arme à feu, trompe la surveillance de la garde malade, se rend péniblement sur la tour de Mauriole et se précipite au bas de cette tour. Il ne meurt que quelques jours après cette chute.

20 juin. — Orage de pluie et, de grêle qui cause la perte de beaucoup de récolte, surtout de châtaignes.

Adresse au Roi par le Conseil municipal sur la perte douloureuse du prince Royal, le duc d'Orléans de glorieuse mémoire.

1843

Dans la session de février, le Conseil municipal refuse d'adopter la mesure qui tendrait à demander que le marché aux grains, légalement établi à Turenne le jeudi fut renvoyé au dimanche, est pourtant d'avis de tolérer la vente des châtaignes qui se portent le dimanche sur le marché et même des céréales, sans que l'autorité accorde une autorisation spéciale.

Après cette délibération et pendant quelques dimanches, à l'excitation de quelques membres du Conseil municipal et de propriétaires notables, quelques hectolitres de grains paraissent sur le marché avec les châtaignes. Mais insensiblement la quantité diminue et le marché s'efface tout-à-fait dés que les châtaignes sont épuisées.

M. Pierre-Antoine Valen, chevalier de la Légion d'honneur, chirurgien major des armées, retraité, natif et domicilié à Turenne, ayant fait don en 1841 et 1842 d'une somme de 3.000 fr. à la fabrique de l'église, employé en réparations ou achat de linge pour la sacristie, et ayant aussi institué en faveur de l'hospice une rente perpétuelle de 150 fr. et toutes ces libéralités étant effectuées de son vivant, le Conseil municipal lui vote des remerciements en récompense d'une action aussi généreuse.

Inventaire des meubles et archives de la Mairie ordonné par l'autorité supérieure.

Une distribution solennelle de prix aux élèves de l'école communale a lieu dans la salle d'école. Les élèves jouent à cette occasion une pièce de comédie. Chaque acteur se distingue plus ou moins dans le rôle qui lui est assigné. Le clergé, les autorités, les parents et un grand nombre de personnes remplissent la salle ; des discours sont prononcés et chacun se retire content de cette fête.

La même distribution solennelle de prix a lieu aux élèves de l'hospice avec plus de pompe que l'année précédente. Les élèves jouent une pièce de comédie ; plusieurs se distinguent par le chant ; des discours sont prononcés. La fête est on ne peut plus brillante.

Le Conseil municipal et les plus forts contribuables votent un impôt extraordinaire sur la commune pendant 4 ans pour subvenir aux dépenses du chemin vicinal n° 8.

Le Ministre de l'Instruction publique accorde une somme de 400 fr. à titre de subvention pour réparation et ameublement de la salle d'école. Cette salle est planchéiée, plafonnée et convenablement meublée.

1844

Mission prêchée par MM. Murat et Grafoulière pendant les mois de janvier et février. Cette mission opère un grand nombre de conversions.

Mgr Bertaud, évêque de Tulle fait sa première visite pastorale à Turenne ; il y arrive le 20 juillet à 9 h. du soir. Un arc de triomphe lui est dressé sur l'avenue de la route de Brive. Le prélat reste deux jours dans la localité ; le dimanche, 22 juillet, a lieu en présence d'un clergé nombreux, la cérémonie de la plantation de la croix de la mission.

L'administration supérieure ayant refusé provisoirement l'allocation au budget de l'hospice du traitement des sœurs hospitalières, il est pourvu à ce traitement par une cotisation de dons volontaires faite par les habitants sous les auspices de l'abbé Tarieux, vicaire de Turenne, dont le zèle a été infatigable.

Distribution solennelle des prix aux élèves de l'école primaire et de l'hospice.

Le Conseil municipal par une délibération demande que la foire de Turenne du 14 août soit renvoyée au 22 du même mois.

1845

L'administration des ponts et chaussées fait des études sur le territoire de la commune pour le tracé de la route de Toulouse à Paris, qu'il s'agit de rectifier entre Brive et Cressensac.

Le Conseil municipal demande que l'église de Turenne soit classée au rang des monuments historiques (1).

1846

11 Avril. — Incendie à Nazareth de trois maisons et cinq granges. Ce sinistre arrive en plein jour, veille de Pâques. La malveillance est étrangère à cet événement. Perte évaluée à 6.000 fr.

Règlement pour le service intérieur de l'hospice, dressé par la commission administrative.

Dans le mois de mai, des eaux souterraines causent un ébranlement sur le versant occidental de la colline sur laquelle est bâtie le village de La Vigère (2). Depuis le chemin qui conduit à ce village, jusque dans les prés Meynard, les prés, les terres et les vignes qui couvrent

----

(1) On peut encore voir l'original de cette demande dans le registre des délibérations du Conseil municipal. Ajoutons que cette demande est restée sans effet.

(2) La Vigère, village au nord-est et à 3 kilomètres de Turenne, appartenait autrefois aux de la Geoffrie. Aujourd'hui la moitié des maisons sont en ruines.

la colline éprouvent une forte secousse; des fondrières s'y forment sur plusieurs points, des crevasses énormes s'ouvrent, des arbres sont arrachés, d'autres plantations sont entraînées à plusieurs distances; enfin, plusieurs parcelles de propriétés sont méconnaissables.

3 Octobre. — Le cadavre d'un nommé Dizon, de Branty, commune de Sarrazac, est trouvé noyé dans la fuite du moulin de Bazillou. Il s'y était jeté la nuit précédente.

1847

Travaux d'ouverture du chemin de Larche à Meyssac, par le moulin du Peuch. Construction d'un pont en pierre au même moulin, sur le ruisseau « La Tourmente ». Le Conseil municipal vote 1.200 fr. pour être employés à ces travaux. La commune obtient un secours du gouvernement pour entretenir un atelier de charité sur le même chemin.

Acceptation par le Conseil municipal d'un don de 300 fr. fait à l'hospice par feu M. de Cosnac, ancien Maire de Turenne, et d'une rente de 100 fr. faite par feu M. Giles Muzac.

Construction du chemin vicinal de grande communication de Larche à Meyssac sur le territoire de la commune de Turenne, depuis le pont du moulin du Peuch, confin de la commune de Ligneyrac, jusqu'à la jonction du chemin de Brive à Vayrac. Cette construction est faite par un atelier composé d'indigents et sur les fonds accordés par le gouvernement.

Le 15 août, pendant la procession solennelle de l'Assomption, et à la suite d'une orgie dans l'auberge du sieur F....., des jeunes gens se prennent de querelle. Le nommé François J... de Neyragues, commune de Cressensac, est frappé de plusieurs coups de couteau par le nommé Pierre L..., de Ligneyrac.

1848

Année d'exécrable mémoire par l'avènement de la République.

Rassemblements tumultueux, plantations de plusieurs mais au chef-lieu de la commune et dans tous les villages. Ces manifestations populaires sont suivies par des orgies dégoùtantes. L'autorité est partout méconnue. Pour prévenir les suites fâcheuses de ces désordres, quelques membres de la municipalité se joignent aux attroupements ainsi que quelques hommes influents. M. le Maire fait les frais d'un banquet sous la halle, pour célébrer la plantation du mai qui eut lieu sur la place du foirail; plus de 150 individus y furent invités.

M. le curé était absent; les principaux meneurs exigent que M. le vicaire se rende sur les lieux pour y bénir l'arbre dit de la *Liberté!*; cet ecclésiastique (l'abbé Tarieux) condescent à cette exigence; il est conduit sur la place avec ses habits sacerdotaux, au milieu d'hommes vils et tarés, chamarrés de rubans tricolores et armés de piques. Il est reconduit à l'église par le même cortège et on chante un *Te Deum*. Quelle profanation! C'est de cette cérémonie que les convives du banquet donné par M. le Maire se rendent à table, la plupart ont bu à gogo. Le chant de la *Marseillaise* retentit sous les charpentes de la halle; les cris de Vive la République et Vive M. le Maire se font entendre. Un tonneau de vin placé sous la halle n'avait pu être vidé à fond, alors tout le public est admis à boire au robinet et les ruisseaux de vin coulent aux environs. Cette journée se termine par des cris, des chants, et surtout force querelles.

Le moment d'élire les représentants à l'Assemblée nationale par le suffrage universel arrive. Tous les électeurs doivent se réunir au chef-lieu de canton. Cependant Turenne est désigné par les commissaires du département pour former une section électorale. Les communes de Noalhac et de Ligneyrac font partie de cette section. L'assemblée électorale eût lieu le jour de Pâques et le lendemain dans la salle de l'école.

D'autres scènes de désordre ne tardèrent pas à suivre. Un placard affiché à la porte de l'église pendant la nuit, apparaît le dimanche. C'était un manuscrit d'une main peu exercée exhortant les contribuables à ne pas payer les 45 centimes d'impôt créé par le gouvernement provisoire. M. Sclafer, percepteur, en est informé et, usant du devoir que lui imposaient ses fonctions, il se rend sur la place et arrache cet écrit. Des murmures, des vociférations éclatent; des groupes menaçants se forment, se grossissent, s'arment de pierres et menacent l'asile du percepteur. Il se ferme chez lui : on veut forcer la porte. L'autorité reste inactive; les forcenés ne cèdent à leur dessein que par les représentations de quelques honnêtes gens qui haranguent la foule. Quatre des principaux auteurs de ce désordre furent pourtant, grâce à l'énergie de M. Sclafer, traduits et punis par le tribunal correctionnel.

La personne de M. Vachon, maire, avait été encore respectée; le banquet de la halle avait assoupi ou plutôt retardé les querelles que les républicains lui préparaient. Ils jugèrent le temps opportun. Pendant plusieurs nuits, un grand nombre d'individus déguisés et travestis, armés de fusils et d'autres armes, porteurs d'instruments bruyants, se réunissaient à un rendez-vous donné, organisaient un charivari et se rendaient devant la demeure de M. le Maire, déguisant leurs voix pour lui faire des menaces et lui adresser des épithètes grossières. Ces désordres se renouvelèrent plusieurs fois sans qu'il fut employé aucun moyen de répression.

Les 30 et 31 juillet, élection des Conseillers municipaux. 9 membres seulement réunissent la majorité au premier tour de scrutin; 7 membres restent à nommer : il y a lieu de commencer une seconde opération; il est 6 heures du soir. Cette opération doit nécessairement avoir l'inconvénient de se prolonger pendant la nuit. M. le président consulte le bureau qui décide que l'opération doit être renvoyée au lendemain, à 5 heures du matin et la décision est annoncée à l'assemblée par le président.

Quelques électeurs manifestent le désir que l'opération soit continuée sans désemparer, d'autres électeurs se joignent à cette manifestation et enfin presque toute l'assemblée partage cette opinion. Une grande confusion règne dans la salle; la voix du président est méconnue, le poste de garde nationale préposé au maintien du bon ordre se mêle en partie aux mécontents. Néanmoins, au milieu de ce bruit M. le président quitte le fauteuil, traverse la salle, non sans peine, et les membres du bureau suivent son exemple. La décision du bureau reçoit son exécution malgré les opposants.

Le 31 juillet, à 5 heures du matin l'assemblée des électeurs est à son grand complet. On rapporte que dès le grand matin la cloche de Gernes (1), de sa voix argentine, appelait à grands cris les électeurs endormis.

1849

Le Conseil municipal vote des fonds pour réparation à la chapelle de Nazareth. Cette chapelle qui était interdite depuis plusieurs années, à cause de son mauvais état, est restaurée par les soins de M. le Maire de Jugeals avec les fonds votés par la commune de Turenne et des dons volontaires faits par des habitants de la commune de Jugeals.

Il est accordé un secours de 220 fr. aux propriétaires qui out éprouvé des pertes par la grêle de 1848.

1850

La chapelle de Nazareth est bénite par M. Laplasse, curé de Turenne et rendue à l'exercice du culte.

14 Juillet violent orage de pluie et de grêle qui détruisit une partie des récoltes.

1851

Vote d'une somme de 1.000 fr. par le Conseil municipal sur les fonds en caisse et emprunt de 1.000 fr. pour être employé à l'ouverture du chemin vicinal de grande communication n° 8, de Brive à Vayrac, depuis la Dercie jusqu'à la route départementale n° 4.

----

(1) Gernes est un hameau situé à 6 kilomètres au nord-est de Turenne.

Décret du Président de la République qui renvoi au 22 août la foire qui se tenait précédemment à Turenne le 14 du même mois. Ce renvoi avait été instamment demandé par le Conseil municipal à plusieurs reprises.

Le Conseil municipal vote une somme de 100 fr. pour réparation à la chapelle de Gernes.

Retrait et versement dans les arsenaux de 20 fusils de calibre qui avaient été confiés à la garde nationale de Turenne en 1831.

1852

Adresse d'adhésion à l'événement de 1851 par le Conseil municipal (11 janvier).

Echange du presbytère avec la maison Reyjal et l'enclos attenant.

22 et 29 août, élections des membres du Conseil municipal.

4 octobre, Installation du Conseil municipal qui émet ensuite un vœu pour le rétablissement de l'Empire.

Procès-verbal de la proclamation du rétablissement de l'Empire ; banquet à la suite de cette proclamation. Inauguration du buste de l'Empereur à la mairie.

1853

Les travaux d'ouverture du chemin vicinal n° 8 sont donnés à l'entreprise, depuis la route n° 4 jusqu'à la Dercie.

La demande d'une brigade de gendarmerie à Turenne déjà faite l'année précédente, est réitérée par le Conseil municipal.

Réparations exécutées à la chapelle de Gernes. Installation de l'abbé Moncourier, curé de Turenne, en remplacement de M. l'abbé Laplasse, nommé à Laroche-Canillac.

1854

Les rues et principales places sont pavées d'après le système de macadam. Un atelier de charité est créé à cette fin.

Arrêté de M. le Maire qui défend la vente des grains et

des châtaignes sur la place du marché, les jours de dimanche et prescrit ce trafic les jeudis, jours institués par le gouvernement. Cet arrêté reçoit son exécution. Les premiers marchés sont abondamment pourvus.

Association des habitants notables et mesures prises pour que les marchés du jeudi soient maintenus.

Arrêté de M. le Maire qui fixe la place de l'église pour le marché des moutons, brebis et chèvres, la place qui longe le jardin de l'hospice pour le marché des porcs et autres dispositions sur la tenue des foires.

Autre arrêté de M. le Maire qui prescrit le maintien à l'état de propreté des canivaux et chaussés des rues et places nouvellement pavées et met à la charge des propriétaires riverains cet entretien.

Construction d'une loge sur la tour carrée pour mettre à couvert les rouages de l'orloge.

Arrêté de M. le Préfet portant classement d'un chemin d'intérêt collectif de la route départementale n° 6 à la ligne vicinale de grande communication n° 8, de Lanteuil à l'Hôpital-Saint-Jean, par le col de Goutoulles, avec embranchement par Noailhac, se dirigeant sur Turenne, sur la demande du Conseil municipal de cette localité.

1855

Election des Conseillers municipaux.

Arrêté du Maire sur les mesures propres à assurer la vente des menus objets de consommation pour les besoins de la localité.

Mort de M. Molinié, adjoint au maire, regretté de tous les habitants.

Demande adressée à l'autorité pour l'établissement d'un bureau de poste à Turenne.

Nomination de M. Lescot, adjoint, en remplacement de M. Molinié, décédé (24 décembre).

1856

Incendie dans le village de la Vigère qui a consumé deux maisons, deux granges et plusieurs étables.

Le Conseil municipal vote une adresse à l'Empereur à l'occasion de la naissance du prince impérial.

Réunion extraordinaire du Conseil municipal et de 48 notables à la salle de la mairie qui, après avoir délibéré sur la station du chemin de fer demandent que cette station soit placée entre les bornes 55 et 67. Il est dressé procès-verbal de cette assemblée. Ce procès-verbal est envoyé au siège de la compagnie (1).

Le Conseil municipal émet l'avis que le chemin de Turenne à Cressensac soit classé comme chemin d'intérêt commun.

1857

Arrêté de M. le Préfet qui approuve les délibérations du Conseil municipal des 10 août et 9 novembre 1856 sur les concessions de terrain dans le cimetière. Arrêté du Maire pour mettre cette mesure à exécution.

Lettre de M. le Maire à M. le Ministre de l'Agriculture, du Commerce et des Travaux publics, tendant à s'opposer à ce que la ligne du chemin de fer, Réseau central, passe par Tulle.

1858

La jouissance et possession de la halle dont l'hospice percevait les revenus depuis longtemps est cédée à la commune moyennant une rente annuelle et perpétuelle de 120 fr. payée à l'hospice.

____

(1) La commune de Turenne a bien regretté depuis que la municipalité de 1856 ait choisi cet emplacement de la station de chemin de fer. Eloignée de 3 kilomètres du bourg, la gare aurait très bien pu être construite à Turenne même : il suffisait de faire passer la ligne Brive-Turenne dans la vallée située entre la colline de Turenne et la falaise du Causse. Cette modification dans le tracé de la voie n'aurait pas entraîné, il nous semble, une grande dépense,

Réparations faites au presbytère aux frais de la commune. Continuation du pavage des rues au système de Macadon, depuis le 1er carrefour de la rue droite jusqu'au sommet et depuis l'ancienne porte de la ville jusque devant la mairie.

1859

Délibération du Conseil municipal assisté des plus forts contribuables de la commune, portant une imposition extraordinaire pour l'acquisition de la maison Roche destinée à devenir maison d'école.

Arrêté de M. l'Adjoint portant défense de vendre de la chair en d'autres lieux que sur l'étal des bouchers.

Grand orage de pluie et de grêle (20 juillet) qui détruisit toutes les récoltes et arracha les arbres.

Enquête de commodo et incommodo de laquelle il résulte que tous les habitants ont été d'avis que la station du chemin de fer fut placée entre le Gravier et Coussiral (1).

1860

Mort de M. Vachon, maire de Turenne depuis le 6 septembre 1830.

M. Lescot, adjoint, est nommé maire, M. Tournier adjoint.

Jean Trespeuch,
Instituteur.

---

(1) Avis dont il ne fut tenu aucun compte.

Étude d'une Inscription gallo-romaine
DU MUSÉE DE BRIVE

Inscription gallo-romaine du Musée de Brive

I. — En 1888 des ouvriers occupés à refaire un égout sur la Grand'Place de Brive, mirent à jour derrière l'abside de l'église Saint-Martin une pierre portant une inscription ancienne qui attira l'attention des érudits locaux. M. Philibert Lalande notamment, archéologue de mérite, assista à l'enlèvement de cette pierre qui fut, avec raison, jugée précieuse pour l'histoire locale et transportée au Musée de la ville où elle est encore. Il l'a décrite dans son mémoire sur les

« *Monuments romains* » lu au *Congrès archéologique de France tenu à Brive en 1890*. (Paris, Alph. Picard, 1891, page 212). L'inscription qu'elle porte a été publiée sans commentaire dans le *Corpus inscriptionum latinarum A. XIII, n° 1453*; et, antérieurement à la présente note, elle a fait l'objet de quelques recherches encore inédites.

II. — La pierre, dans son état actuel a approximativement la forme d'un rectangle d'environ 54 centimètres de base sur 36 centimètres de hauteur. Son épaisseur est de 13 centimètres et elle paraît provenir des carrières de Grammont, près de Larche (Corrèze), qui ont fourni à Brive une grande partie du grès permien jaune verdâtre employé pour la construction de ses monuments.

La face latérale de gauche et celle de la base paraissent à peu près intactes; mais la partie supérieure de la pierre a été nettement brisée, comme en témoigne sa cassure irrégulière, et le coin inférieur de droite manque également. Elle est formée de trois fragments qui ont été sans doute déterminés par un coup de pioche malencontreux, lors de sa découverte, puis recollés avec du ciment prompt. Mais, avant cette cassure, la largeur de la pierre a dû être réduite à droite car l'inscription qu'elle porte paraît tronquée de ce côté.

Cette inscription, en majuscules romaines de 7 à 8 centimètres de hauteur est assez mal gravée et paraît d'époque très ancienne.

La lettre qui suit le mot CALENVS et termine la ligne semble être un T dont la barre supérieure est dégradée. La lettre E qui termine le mot COLLE placé au-dessous est tronquée par le bord de droite. Or, il est inadmissible que le graveur de l'inscription, si maladroit qu'il fût, ait ainsi tronqué lui-même une lettre : Il l'aurait plutôt rapetissée ou supprimée.

Le T qui vient après CALENVS, comblant l'espace compris entre ce mot et le bord de droite supprime toute marge de ce côté. Il en est de même des lettres L, E qui terminent le mot COLLE : cela n'est pas naturel. Il était on ne peut plus aisé au graveur de s'arrêter à l'S de CALENVS et de reporter le T isolé qui suit, au commencement de la llgne suivante. De même il eût pu, au dessous, réduire sans inconvénient le mot COLLE à COL formes abréviatives également usitées du mot COLLEGIO, comme on va le voir. La marge eût été ainsi égale à droite et à gauche. S'il ne l'a pas fait, c'est apparemment parce qu'il avait le champ libre, la pierre étant plus large qu'elle ne l'est actuellement. Elle a donc certainement été retaillée à droite pour servir à nouveau dans quelque construction. M. Ph. Lalande pense qu'elle a servi au Moyen-Age à construire une des nombreuses tombes en pierre (monolithes ou non) qui entouraient l'église Saint-Martin (ibid, p. 213). Cela n'est pas impossible, la largeur de la pierre et son épaisseur convenant parfaitement à un couvercle ou une paroi de sépulcre. Elle a pu aussi être utilisée dans la construction d'un égoût ancien traversant le Grand'Place.

III. — L'étude de l'inscription achève de justifier notre manière de voir : Telle qu'elle est, cette inscription est nécessairement incomplète et fait présumer non seulement une partie supérieure disparue, mais encore des lettres manquant à droite.

D'abord, le sens de l'expression EX . COLLE n'est pas douteux : elle est fréquente en épigraphie. COLLE est partie intégrante du mot COLLEGIO ou COLLEGII, et il est probable que la terminaison de ce mot existait primitivement dans l'inscription. Cela suppose que trois lettres au moins manquent à droite, sans compter une marge à peu près égale à celle de gauche EX . COLLEGIO signifierait : *au nom du Collège*. S'il y avait eu EX . COLLEGII, il y aurait eu nécessairement à la suite, soit un D abrégé de DECRETO, soit encore un I abrégé de IVSSV, l'expression EX . COLLEGII . D . ou I signifiant *par décret* ou *par ordre du Collège*. Mais cette expression catégorique parait peu convenir à une association sans doute déjà riche et prospère, mais assurément modeste, comme cela devait être dans une bourgade de province. On sait d'autre part que, d'après le Digeste (xlvii-22), toute association, corporation ou confrérie, en un mot, tout collège, si humble qu'il fût, échappait au contrôle municipal et relevait directement de l'Etat qui seul pouvait autoriser sa formation, Les actes des collèges n'avaient de valeur qu'autant qu'ils avaient l'approbation des proconsuls légats ou gouverneurs de provinces représentants du Sénat ou de l'Empereur romain. D'après M. C. Jullian (*Hist. de la Gaule*, T. IV, p. 396), « *les documents qui nous font connaître les collèges gaulois se réduisent à quelques inscriptions très courtes et très sèches. Cependant elles nous montrent bien ce lien étroit de tutelle et de dépendance qui en dehors des pouvoirs locaux unissait directement les collèges et l'empereur.* »

Le nom de CALENVS que porte l'inscription et qui est le sujet de POSVIT (1) ne peut donc être que celui d'un haut personnage auquel le collège brivois ne pouvait donner un ordre. S'il a agi au nom de ses administrés, c'est bénévolement et conformément aux pouvoirs qui lui étaient conférés par sa fonction. EX . COLLEGIO est par suite la leçon la plus probable.

Il ne serait pas impossible toutefois que l'initiale du nom de la corporation ait suivi le mot COLLEGIO. F par exemple, pour FABRVM s'il s'agissait d'un collège d'ouvriers du bâtiment; O ou OL, pour OLITORVM, si l'on n'avait affaire qu'à une confrérie de jardiniers, etc. Mais, ce n'est là qu'une supposition gratuite. L'expression EX COLLEGIO se suffit à elle-même. Le collège dont il est ici question pouvait fort bien être la seule association officiellement reconnue à l'époque où fut faite l'inscription, et cette inscription en consacrait peut-être indirectement l'existence et la fonction. Toute désignation plus explicite était donc inutile et n'a pas même dû venir à l'esprit des dédicants.

L'espace occupé par les trois lettres GIO suffit d'ailleurs à déterminer toute la largeur nécessaire au développement de l'inscription. En effet, entre le nom, au nominatif, du

---

(1) R. Cagnat. *Cours d'Epigraphie latine,* Paris. Thorin, 1886, p. 119.

personnage qui érige ou consacre le monument faisant l'objet d'une dédicace et l'indication du motif de cette érection. motif exprimè ici par EX . COLLEGIO, se trouve ordinairement, 1° la filiation du personnage, 2° le nom de sa tribu (1).

La lettre T qui suit CALENVS serait donc, si elle était seule, l'abréviation du prénom TITVS; et, dans ce cas, la première ligne de l'inscription devrait être restituée ainsi :

CALENUS . T. FIL.

abréviation de CALENVS TITI FILIVS, *Calenus fils de Titus*.

Mais, le plus souvent, le mot filius s'écrit avec un F seulement. Pour cette raison nous devrons préférer la restitution plus probable :

CALENVS . TIB . F

qui comporte également trois lettres supplémentaires.

Le prénom eu père de Calenus serait donc vraisemblablement *Tibérius*; mais TUL = *Tullus* ou TREB = *Trébius* ne seraient pas non plus impossibles.

L'abréviation TR. qui commence la ligne suivante désigne vraisemblablement le nom de la tribu dans laquelle était inscrit CALENVS; cette tribu ne saurait être que la tribu

---

(1) id. *ibid*. p. 120. Suivant M. Cagnat, consulté au sujet de l'Inscription de Brive, la filiation et le nom de la tribu doivent suivre immédiatement le gentilice et précéder le cognomen. Mais cette règle générale comporte des exceptions, du moins pour la Gaule. c'est ainsi par exemple qu'on tronve dans le recueil de Boissieu l'inscription suivante citée par E. Desjardins (*Géographie de la Gaule romaine*, t. III, p. 192) : C.sERVILLO MarTIANO ARVERNO C. SERVILII DOMITI - FILIO SACERDOTI - AD TEMPLVM - ROMAE ET AVGVSTORVM TRES PROVINCIAE GALLIAE.
Il ne nous parait pas douteux que le gentilice est ici SERVILIVS, tandis que MarTIANO et ARVERNO de même que DOMITI sont des cognomina. La filiation vient cependant après ARVERNO. D'autre part, certains cognomina anciens et illustres ont fini par faire partie intégrante du gentilice de quelques familles et en sont insépables. Tel était par exemple le cognomen Scipio commun à une fraction de la gens Cornelia Tel était sans doute aussi le cognemen Calénus dans la gens Fufia.

Tromentina (1) fondée par Rome, en l'an 387, de sa fondation, en territoire d'origine étrusque (2). CALENUS, quoique la terminaison *enus* rappelle un nom originaire du Picenum ou de l'Ombrie, est cependant le nom d'un fameux devin étrusque qui vivait vers l'époque de la fondation de Rome et qui, suivant Pline, prédit la grandeur future de cette cité, quand on lui eût montré la tête humaine qu'on avait trouvée en creusant les fondations du Capitole. Mais il n'y a là qu'une contradiction apparente ; car, même après la fondation de Rome l'Etrurie s'était étendue bien au-delà, jusque dans une partie de l'Ombrie, du Picenum, du Latium et même de la Campanie (3). CALENUS parait être un cognomen dérivé du nom de CALES, ville ausonienne de la Campanie qui est aujourd'hui *Calvi* et qui était célèbre autrefois par son vin (calenum). Elle devint une colonie latine dont on possède encore une monnaie d'argent portant l'inscription CALENO (Duruy. *Hist. Romaine*, t. I, p. 305). Suivant le même historien (ibid. p. 492) il existe une autre monnaie ou médaille d'argent au nom de KALENVS et ce nom serait un cognomem de la famille TRVFIA. Mais il y a là certainement une erreur de lecture, le vrai nom de la famille ou gens dont faisaient partie les *Caleni* n'est pas *Trufia*, mais *Fufia*. Il existe en effet un autre CALENVS dont le rôle a été important dans l'histoire et dont le gentilice est bien connu : c'est *Quintus Fufius Calenus*, lieutenant de César durant la conquête des Gaules, en 51 av. J.-C., et qui, après avoir été tribun du peuple en 61, devint préteur en 59, consul en 47 et fut gouverneur de la Gaule celtique en 41, au moment de la lutte entre Octave et Antoine dont il avait embrassé le parti.

Nous avons toutes raisons de croire que le personnage important dont il est question dans l'inscription gallo-ro-

---

(1) Id. *ibid.* p. 25.
(2) Duruy. *Histoire Romaine*, t. I, p.   .
(3) D'Arbois de Jubainville. *Les Premiers habitants de l'Europe*, t. I, p. 152. Paris. Thorin. 1889.

maine de Brive n'est autre précisément que ce CALENVS qui fut légat de César et gouverneur de la Celtique au nom d'Antoine.

La gens *Fufia* faisait sans doute partie de la tribu *Tromentina* et les *Caléni*, d'origine étrusque probablement, avaient selon toute vraisemblance longtemps habité Calès avant d'accéder aux hautes fonctions de la République romaine. Q. *Fufius Calenus* qui avait pris part au siège d'Uxellodunum (?) (1) connaissait vraisemblablement la région de Brive toute voisine et dut y revenir pendant son gouvernement peut-être pour y rassembler les troupes éparses que César avait laissées « in finibus Lemovicum, non longé ab Arvernis, » en divers postes qui tenaient le pays en respect. Il avait en effet le commandement d'une nombreuse armée de onze légions et se préparait à intervenir pour Antoine contre Octave qui cherchait toutefois à se le rendre favorable (Appien. B. C. v-51), lorsqu'il mourut subitement en Gaule on ne sait où exactement. Il est probable toutefois qu'un monument funéraire lui fut élevé pieusement par son fils qui l'accompagnait ; ce dernier en effet avait dû prendre momentanément le commandement de l'armée de son père, puisqu'au dire d'Appien « Octave s'appropria sans combat cette armée ainsi que les provinces de Gaule et d'Espagne qui appartenaient à Antoine, le fils de Calénus, Fufius, lui abandonnant tout par crainte. »

Ce tombeau de Calénus n'a pas été recherché jusqu'ici, du moins à notre connaissance ; nous croyons cependant que c'est celui du chef romain dont on a retrouvé une statue équestre malheureusement mutilée, mais dont les débris sont fort beaux, près de Bort (Corrèze), à Saignes (Cantal), en établissant la voie du chemin de fer qui va de Bort à Narbonne par Neussargues (2). Cette statue est ac-

---

(1) Nous faisons toutes nos réserves sur ce nom que nous croyons erroné et substitué à tort au véritable nom que portait le texte original d'Hirtius et qui est *Userco dunum* (Uzerche). Brive est d'ailleurs voisine de cette localité et aussi du Puy d'Issolu (Exelodunum).

(2) Abbé Pau. *Bulletin hist., scientif. et archéol, de la Corrèze*, t. I, p.   , Brive, 1879.

tuellement au Musée de Brive ainsi que de nombreux et beaux vases, poteries, fragments de statuettes, amphores enduits coloriés, etc., recueillis au même endroit parmi une foule de débris gallo-romains, tuiles à rebord, etc. L'un des vases recueillis porte précisément sur le sceau le nom de Calénus : est-ce le nom d'un potier de la famille même de Calénus et qui aurait travaillé sans doute pour son illustre parent d'origine plébéienne comme on sait ? Quoi qu'il en soit, ce fut de toute évidence à son passage à Brive que le gouverneur de la Gaule celtique, Calenus, donna une consécration officielle à quelque confrérie locale semi religieuse, ayant pour objet la célébration d'un culte à une divinité païenne. C'est pour cette raison sans doute que son nom fut inscrit sur la dédicace de l'autel ou du temple élevé à cette occasion. Etant donné la briéveté des inscriptions analogues de la même époque et d'autre part la situation délicate de Calénus, au point de vue légal; car le Sénat, plus porté vers Octave que vers Antoine, n'avait peut-être pas ratifié la nomination, faite par ce dernier, de Calénus au gouvernement de la Gaule, on ne doit pas être surpris de l'absence dans l'inscription des titres honorifiques. C'est d'ailleurs surtout à partir du règne d'Auguste, comme on sait, que l'étalage pompeux du « cursus honorum » se montre le plus dans les inscriptions. Antérieurement à cette époque les inscriptions sont plus simples, plus courtes, et les lois de l'épigraphie sont moins sûres surtout en ce qui concerne la Gaule. La règle générale indiquée par M. Cagnat s'applique surtout aux inscriptions du nord de l'Afrique que l'éminent savant a particulièrement étudiées.

En mettant donc à leur place convenable, c'est-à-dire avant le cognomen CALENUS, et par suite, à la fin de la première ligne entièrement disparue de l'inscription de Brive, le prénom et le nom abrégés comme à l'ordinaire Q. FVF = Quintus Fufius, il ne reste plus que l'espace d'environ cinq à six lettres à restituer. Mais, pour achever cette restitution il est indispensable de faire appel aux traditions locales,

IV. — D'après les « *Ephémerides de la Généralité de Limoges pour l'année 1765* » il existait autrefois à Brive un lieu consacré (bosquet avec autel ou temple?) où les habitants « gaillards » allaient offrir leurs vœux au dieu des Jardins *Priape*. C'est aussi l'opinion de Marvaud *(Hist. civ. pol. et rel. du Bas-Limousin,* t. I.)

D'autre part, suivant le P. Bonaventure de Saint-Amable qui dans les « *Annales du Limosin* » a fait le récit du martyre de Saint-Martin de Brive, c'est bien un temple ou autel païen qui causa la mort du saint : « Saint Martin était Espa-
« gnol de nation, né d'honetes parens (non pas d'un roy
« d'Espagne, comme assure le sieur Colin en sa *Table chro-
« nologique* avec fort peu de vérité et de considération) les-
« quels estoient Idolâtres : le bon exemple des chrétiens de
« son païs et leur vie irréprochable luy donnant dans les
« yeux, et le saint Esprit l'éclairant entiérement, il vid bien
« que l'espérance de salut ne pouvoit pas estre dans *un culte*
« *sale et abominable,* tel qu'étoit celui des Païens, ny parmy
« *des Dieux de pierre et de mortier faits des mains des*
« *hommes.* » S'étant fait chrétien, il passa en Italie puis en
Gaule, « où la foy fleurissoit depuis longtemps : or encore
« qu'on dise que la Foy estoit en vogue dans ce païs, ce n'est
« pas pour y comprendre tous les Bourgs et Villages de la
« Gaule; puisque peu de temps avant Saint Martin détrui-
« sit les Idoles de plusieurs villages, selon Sévère Sul-
« pice en sa vie, et convertit plusieurs payens; et que nous
« lisons de Saint Benoît qu'encore longtemps aprez il trouva
« de l'Idolatrie au Mont Cassin, laquelle il ruina. »

« Saint Martin étant donc venu en Gaule, passa jusques
« au Périgord, et trouva au lieu nommé Savignac un fort
« honnete et vertueux Prêtre appelé Laurens, auquel il
« s'attacha par une étroite amitié, et par le désir d'imiter
« ses vertus, et de l'avoir *temoin de ses beaux exploits,*
« l'ayant parfaitement contretiré, et estant déjà rempli de
« l'Esprit de Dieu comme l'ardeur de sa charité au salut
« des âmes et le zèle de la gloire de Dieu le poussoient éga-
« lement, ayant appris que *dans Brive, qui estoit au voisi-*

« *nage du lieu de sa demeure, il y avait encore un Temple*
« *ou au moins un Autel d'Idoles, au bord de la Rivière de*
« *Courrèze, ou les infidèles avoloient chaque Samedy pour*
« *y faire leurs sacrifices abominables*, il persuada son ami
« Laurens de ne souffrir davantage cet opprobre de la Reli-
« gion Chrétienne, estans tous deux résolus ou de donner la
« Foy ou le sang à ce peuple. Ils prennent leur temps et vont
« aborder cette populace aveuglée et *ces Pretres charmez de*
« *leurs Sacrifices*. Ils leur remontrent leur erreur : SAINT
« MARTIN S'ÉCHAUFFE A LEUR METTRE DEVANT LES YEUX LA
« VANITÉ DE LEURS DIEUX et la nécessité d'un seul Dieu qui
« s'était incarné pour le salut des hommes. *Ces gens deve-*
« *nus furieux commencent à attaquer saint Martin à coups*
« *de pierres et de batons* ; et estant déjà demy mort et tout
« sanglant de ses playes il se met à genoux et profère les pa-
« roles du premier Martir Saint Etienne disant : *O Seigneur*
« *ne leur imputez pas ce passé, mais convertissez les à*
« *votre culte et service.* Un de ces démons incarnez au lieu
« d'ouïr la voix du sang de cet Abel, dégaine son épée et luy
« couppe la téte. Ce sang précieux coule en abondance pour
« sanctifier cette terre polluë, *et le bon Pretre Laurens pre-*
« *nant le Corps et la tête lui donne une sainte sépulture* » (1).

Le bruit des guérisons miraculeuses opérées sur le tom
beau du saint s'étant répandu, un oratoire primitif ne tarda
pas à être établi sur ce tombeau suivant l'usage des premiers
chrétiens. D'après Grégoire de Tours, (*Gloria Confessorum*,
cap. 80), Saint-Aoust, originaire du Berry, aurait même
fondé en ce lieu un monastère ; mais en ce qui concerne
saint Aoust cela est contesté, nous ne savons pourquoi, par
l'érudit abbé Poulbrière. Quoi qu'il en soit, l'église actuelle
de Saint-Martin ayant succédé à plusieurs autres bâties
dans le même endroit, notamment par Rorice II, évêque de
Limoges, doit encore recouvrir le tombeau primitif du saint

---

(1) *Histoire de St Martial apotre des Gaules.* 3ᵉ partie, par le R. père
Bonaventure de St Amable, carme déchaussé. — Limoges, Ant. Voisin, imprimeur, 1685, p. 141.

enseveli près du lieu où il fut lapidé. Il est vraisemblable que cet endroit était lui-même voisin du lieu où s'élevait le temple qu'il aurait voulu détruire et l'on sait qu'une branche de la Corrèze passait autrefois près de là formant une île dont une partie est la Guierle actuelle (Guierle - hierle - hirle - isle - île). Il n'est donc pas surprenant qu'on ait retrouvé dans le voisinage de l'église Saint-Martin, la dédicace du temple païen mutilée par les premiers chrétiens, volontiers briseurs d'idoles, à moins que ce ne soit par le saint lui-même. Il en avait déjà brisé d'autres, au dire de Sulpice Sévère, et il voulut peut-être montrer l'impuissance, le néant « la vanité » du dieu païen adoré à Brive, en brisant la pierre où était inscrit le nom de ce dieu sans que celui-ci manifeste sa colère et punisse le sacrilège.

L'inscription est en tous cas manifestement la dédicace d'un autel ou d'un monument consacré à une divinité et l'on peut affirmer que le nom de cette divinité se trouvait, au datif, au commencement de la première ligne suivi de la lettre S, abrégé du mot *sacrum*, qui signifie autel ou temple (1) Si l'on s'en rapporte aux traditions citées plus haut, la première ligne disparue dans l'inscription serait donc

PRIAPO . G . Q . FVF

et sa longueur correspondrait exactement à celle des autres lignes. Mais, nous devons reconnaître que, jusqu'à plus sûre information, il n'y a pas de certitude absolue relativement au nom de *Priape*. Le fait que le culte orgiastique cher aux anciens Brivistes gaillards était célébré chaque samedi, jour de Saturne, a donné sans doute lieu de croire, comme l'indique l'abbé Poulbrière, dans son *Histoire de Saint-Martin de Brive*, que ce culte pouvait aussi s'adresser à *Saturne* (2).

____

(1) R. Cagnat, ibid., p. 120.

(2) Saturne paraît avoir été chez les Lemovices l'objet d'un culte important. L'inscription des andecamulenses Rancon (Haute-Vienne), en fait foi. Peut-être s'adressait-on à lui pour conjurer la maladie ou la mort. Brive, à l'époque de Galénus devait être encore un marécage fertile mais malsain.

Dans ce cas, il faudrait remplacer dans l'inscription Priapo par Saturno. Nous estimons toutefois que le premier nom est le plus probable; d'abord parce que Saturno tient plus de place dans l'écriture et que dans ces conditions la première ligne eût débordé sur la marge de droite; ensuite parce qu'une confrérie de jardiniers riches, influents et déjà... gaillards, paraît très vraisemblable au temps de Calénus. Le culte à Priape n'était d'ailleurs peut-être pas alors aussi perversement licencieux qu'il a pu le devenir aux dernières périodes du paganisme où les croyances aux faux dieux avaient à peu près disparu. En tous cas, le culte de Priape se rattachait à celui de Saturne avec lequel il avait une étroite parenté et des attributs communs. Les orgies qui les caractérisaient dûrent être réglementées de bonne heure à jours déterminés par le pouvoir central, soucieux de l'ordre public, et fixées au samedi lorsque, vers le ii⁰ siècle, la semaine actuelle, d'usage ancien chez les Aryens, les Israélites d'où sortirent les premiers chrétiens et probablement aussi, parmi quelques peuplades gauloises, finit par s'imposer à toute la Gaule.

Le samedi était en effet le jour du sabbat et des saturnales et cela expliquerait le récit que Bonaventure de Saint-Amable paraît avoir emprunté à Sulpice Sévère.

En résumé, l'inscription gallo-romaine de Brive paraît devoir être reconstituée ainsi :

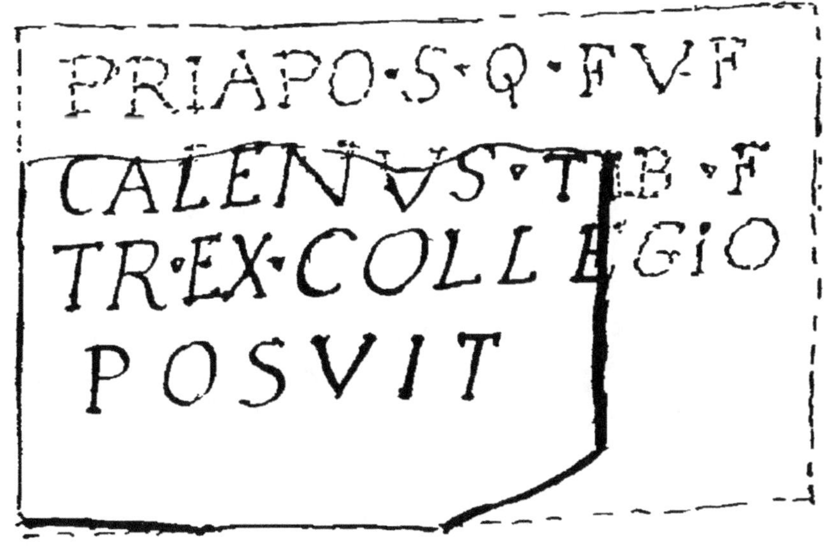

La traduction serait la suivante :

Quintus Fufius Calénus, fils de Tibérius de la tribu Tromentina a édifié, au nom du collège, ce monument consacré à Priape.

Tel est actuellement le monument sans doute le plus ancien de Brive et qui fait remonter l'existence de cette ville, quoique mentionnée pour la première fois par Grégoire de Tours, à l'an 41 avant J.-C.

L'existence d'un collège déjà prospère à cette époque permet même d'attribuer à Brive une origine plus ancienne encore ; et c'est évidemment à la fondation du pont ou des ponts sur la Corrèze dont elle tire son nom Brive ou Brives qu'il faut faire remonter l'agglomération d'où elle est sortie.

Tulle, le 1ᵉʳ décembre 1915.

B. Marque.

HISTOIRE D'UNE FAMILLE BOURGEOISE

II

Le bailli de Versailles et ses enfants

1° *Joseph Froment, seigneur de Champlagarde et des Condamines*

Nous avons assisté, pour ainsi dire, à la naissance de Joseph Froment et nous savons l'impression que ressentit sa mère lorsqu'on lui présenta ce premier fils qui venait de naître d'elle : c'est un petit veau *(un taurelou)* dit-elle en se cachant sous le drap pour ne pas le voir. Il était laid. Ce qu'il devint plus tard, nous le savons par Joseph Froment lui même : le « taurelou » se transforma en un joli garçon.

Ce que nous aurions mieux aimé apprendre, c'est comment se développa l'esprit de l'enfant, à quelle école et sous quelle direction mûrit son intelligence, à quelles influences est due l'orientation de sa vie. Il en a gardé le secret, et personne n'a parlé pour lui. Le livre de raison auquel il confia ses plus anciens souvenirs ne contient aucun renseignement sur ses années d'école, sur son apprentissage de magistrat, et nous regrettons cette lacune que d'autres documents ne nous ont pas permis de combler.

Né à Tulle, le 8 août 1733, dans le château qui était la demeure de son père Pierre-Anne Froment et de sa mère Jeanne Faugeyron, il fut baptisé le même jour en l'église Saint-Pierre et mis en nourrice au lieu de la Planche, près Saint-Sylvain. Au bout de trois ans, il fut rendu à ses parents et dès le premier jour, par la grâce et la vivacité de ses manières, conquit les tendresses de tous et la prédilection de son grand-père.

Il est probable qu'il commença à Tulle ses études, et, dès

qu'il eut l'âge convenable, les poursuivit au collège des
Jésuites de cette ville. Fit-il ses humanités et sa philosophie
dans cet établissement? Nous ne pouvons le savoir n'ayant
ni l'état des élèves ni les programmes des exercices littéraires de cette époque. Comme le dernier événement qu'il a
mentionné sur le livre de famille est antérieur à 1750, nous
pouvons en conclure avec quelque vraisemblance qu'il avait
quitté Tulle à cette date.

Nous le perdons de vue jusqu'en 1779. Quand nous le re-
trouvons, il a 46 ans, il habite Versailles, avenue [de Saint-
Cloud; il est veuf de Marie-Madeleine Cornu de Noyon.
Ses trois fils sont avec lui, ses deux filles sont en pension.

Il a fait un beau chemin : l'Almanach de l'époque nous
apprend qu'il est bailli de Versailles en survivance et auditeur en la Chambre des Comptes. La série des Almanachs
de Versailles, conservés aux archives de Seine-et-Oise, présentant des lacunes, nous ne pouvons pas fixer avec précision la date de son admission à la dignité de bailli en survivance. Tout ce que nous pouvons dire c'est qu'elle est
postérieure à 1775 et antérieure à 1779.

Le bailli en titre était alors Regnier de Miromini qui venait de succéder à son frère nommé bailli honoraire. Lors
de la titularisation de Regnier, Froment de Champlagarde
prit sa survivance, c'est-à-dire qu'il fut nommé bailli sup-
pléant avec succession future. La suppléance n'était pas
une sinécure : Il remplaça souvent le titulaire et pendant
quelques mois toutes les audiences furent tenues par lui.
Le 24 mars 1784, dans un procès-verbal de nomination
d'expert, il est encore qualifié « bailli en survivance ». Une
pièce de même nature, datée du 27 du même mois, lui donne
le titre de bailli. En qualité de bailli titulaire, il tint sa première audience le 30 mars (1).

Ce bailliage devait une importance toute spéciale à la résidence du roi. Avant la construction du château, Versailles

---

(1) Arch. de Seine-et-Oise, Registres du bailliage, n° 106, et pièces de greffe, n° 919.

était une bourgade et n'avait qu'une justice seigneuriale. La ville fut tracée, bâtie, peuplée comme par enchantement. Un juge ordinaire était perdu dans ce milieu de luxe, manquait d'autorité et n'avait que de trop restreintes attributions. Louis XIV supprima, en 1693, la juridiction seigneuriale et créa le bailliage royal.

Le nouvel officier connaissait de tous les cas royaux, civils et criminels dans l'étendue du bailliage et des justices qui en ressortissaient. Les délits concernant la chasse, la pêche, les coupes de bois, étaient de sa compétence. Les communautés de commerce et d'arts et métiers, les chirurgiens, apothicaires, perruquiers et sages-femmes devaient lui soumettre leurs différends.

Ses jugements relevaient directement du Conseil du Roi ou du Parlement. Il avait la police des rues et de la voirie. Son titre était : bailli, juge ordinaire, civil, criminel et lieutenant de police. Son ressort comprenait plus de 20 paroisses. Lorsque Froment de Champlagarde prit possession du siège, le bailliage comptait près de 100,000 justiciables ; il devait s'accroître encore par la réunion de Montreuil à Versailles. La besogne était lourde pour un juge unique et la tâche difficile, car il fallait distribuer la justice, assurer l'ordre, la sécurité, la propreté dans la ville où résidaient le roi et les seigneurs de la Cour. Pour le seconder le bailli titulaire était assisté d'un bailli en survivance, qui devait lui succéder, et d'un lieutenant, qui serait appelé à la place du bailli en survivance lors de la titularisation de celui-ci (1). On comprend bien que de pareils offices n'étaient pas donnés à la légère ; que pour y prétendre, il fallait faire preuve de capacité et avoir au Château des sympathies et des protections.

Joseph Froment de Champlagarde, seigneur des Conda-

_____

(1) Voir : *Almanachs de Versailles ;* — M. E. Coüard, *Les Baillages royaux en 1789,* p. 12 ; — M. Armand Brette, *Recueil de documents relatifs à la convocation des Etats Généraux de 1789,* t. III, pp. 284-289.

mines, eut la bonne fortune, alors qu'il était encore sup-
pléant de Regnier de Miromini, de voir son fils, Jean-François, adjoint à sa personne en qualité de lieutenant. La perpétuité de la fonction se préparait ainsi dans la famille.

Quand il fut titularisé, il venait de quitter le logis qu'il
occupait dans l'avenue de Saint-Cloud et de s'installer dans
l'hôtel de la Feuillade, rue de Marly, non loin de la place
d'Armes. Il y resta jusqu'à la Révolution.

Lors de la convocation des Etats Généraux, Froment présida l'Assemblée préliminaire du bailliage qui désigna 21
électeurs pour représenter au Collège électoral la ville de
Versailles, les prévôtés et communautés de son ressort. Il
fut du nombre des électeurs délégués. Lorsque ces députés
se présentèrent à l'assemblée de « la Prévôté-Vicomté de
Paris hors les murs », quatre d'entre eux furent dénoncés
comme nobles, et, devant la violence de leurs collègues,
obligés de quitter la salle. Froment qui était un des quatre
exclus, rédigea un procès-verbal de protestation qu'il fit
aussitôt notifier au bureau. Ce fut peine perdue. Les uns
l'écartaient parce qu'il était noble et les autres parce que,
s'il jouissait des privilèges de la noblesse, il ne justifiait pas
d'une noblesse acquise et transmissible. Par ces motifs con-
tradictoires, son exclusion fut maintenue. Le lieutenant
civil du Châtelet l'invita à se retirer, et il sortit. Avec huit
de ses collègues de Versailles il fit remettre aux Etats Généraux un Mémoire imprimé qui rappelait ses griefs et posait
à l'Assemblée de la Nation ces trois questions : « Les communes du royaume ont-elles eu la faculté de se faire représenter par tels électeurs ou députés que bon leur a semblé,
nobles ou non nobles ? — La commune de la Prévôté-Vicomté de Paris a-t-elle eu un droit particulier d'exclure les
nobles nommés par un bailliage secondaire ? — La voie de
fait dont a usé la commune de Paris doit-elle priver celle
de Versailles d'être valablement représentée aux Etats Généraux » (1). Il ne fut pas répondu à ces questions. Froment

---

(1) *Mémoire pour la Commune du Bailliage de Versailles*, s. l, n. d.
un feuillet, in-4° (Bibl. nat. L⁶ 23/179.

fut tenu en dehors de l'assemblée; son nom ne se trouve pas
sur le procès-verbal de la noblesse (1).

Sa carrière était finie mais ses plus graves tribulations
allaient commencer. Froment, qui n'avait pas quitté Versailles, est arrêté comme aristocrate et jeté en prison. Son
fils aîné, enrôlé dans l'armée du Nord, se conduit brave-
ment, est blessé à Watignies; le sang qu'il a versé pour la
Patrie pourra-t-il sauver le vieux bailli? Nous touchons aux
jours les plus furieux de la Terreur, à la crise suprême. S'il
faut en croire son petit-fils, Joseph Froment aurait été
appelé à comparaître devant le Tribunal révolutionnaire où
son sort n'était pas douteux. « Mais, ajoute-t-il, le char funèbre marcha trop lentement et la chute du farouche tyran
lui ravit la gloire du martyrologe. »

Rendu à la liberté, Joseph Froment rentra à Tulle avec
ses fils. Il passa ses dernières années dans sa maison natale
du Fort-Saint-Pierre, et y mourut le 27 mai 1798. L'acte de
son décès, rédigé le lendemain, 8 floréal an VI, par l'adjoint municipal Pauphille, sur la déclaration des citoyens
Grimont, cultivateur, et Bousquet, arquebusier, porte que
« Joseph Froment, homme de loy était décédé hier à dix et
demys du soir, dans son domicile fixé rue du Fort, âgé d'environ 66 ans » (2).

---

(1) Arch. nat., C. 22.

(2) Voici la copie de l'acte de décès de Joseph Froment qui nous a
été communiquée par notre obligeant confrère de la *Société des Lettres* de Tulle, M. J. Baluze, ancien contrôleur d'armes :

« Aujourd'hui huit Floréal, an six de la République française une et
indivisible à l'heure de neuf du matin, sont comparus en la maison
commune, par devant moi, Jean Martin Pauphille administrateur municipal de la commune de Tulle, les citoyens Jean Nicolas Grimont
cultivateur, habitant de cette commune au lieu de Maure, et Pierre
Bousquet arquebusier, habitant de cette commune rue du Canton,
témoins majeurs; lesquels m'ont déclaré que Joseph Froment, homme
de loy, était décédé hier à dix heures et demys du soir dans son domicile situé rue du Fort, agé d'environ soixante six ans. D'après cette
déclaration et m'être assuré du susdit décès, j'ai dressé présent acte
en présence des dits Grimont et Bousquet non alliés du décédé, lesquels ont signé avec moi.

« GRIMONT. BOUSQUET. PAUPHILLE adjoint municipal. »

Homme de loi! voilà tout ce que l'acte civil a retenu du passé de ce personnage qui avait rempli une haute fonction auprès de la Cour. Un paysan et un artisan ont été les deux témoins officiels de l'acte de son décès. La ville où il est né et où il est mort a perdu son souvenir ; mais la ville de Versailles a honoré sa mémoire en donnant à deux rues les noms des deux seigneuries dont se titrait le bailli royal : Versailles a sa longue rue Champ-la-Garde, dans le vieux quartier de Montreuil et sa rue des Condamines qui va de la première à l'église Saint-Symphorien.

2° *Joseph-François Froment de Champlagarde.*

Le livre de famille nous donne sur ce personnage des renseignements qu'il est à peine besoin de compléter.

Voici d'abord une biographie écrite par son fils d'après des notes qu'il avait laissées :

« Dans la nuit du 26 au 27 février 1827, mourut mon père Joseph-François Froment, né le 11 mai 1764. Il exerça, depuis le 22 juin 1784, les fonctions de Lieutenant de Police au Bailliage de Versailles. Nommé au mois de janvier 1791 membre et secrétaire du bureau de paix établi près le tribunal du district de Tulle, il a rempli les fonctions jusqu'au mois de septembre 1792, époque à laquelle étant forcé de se cacher il fut remplacé par la société populaire.

« Choisi au mois de mars 1793 pour faire partie du recrutement des 300,000 hommes, décrété le 22 février, il a eu le bras emporté le 15 octobre suivant au combat de Watigny.

« Dans le courant du mois d'avril 1797, il a repris l'exercice de ses fonctions civiles, d'abord dans une place de membre de l'administration municipale de Tulle, et, au mois d'août même année, par celle de juge au tribunal civil du département de la Corrèze. Depuis il a continué à remplir les fonctions de Juge près le tribunal d'arrondissement de Tulle dont il fut nommé vice-président en 1811. Il continua d'exercer cette place jusqu'à sa mort, L. M. Louis XVIII et Charles X l'y ayant continué.

« Nommé membre du Collège électoral, en exécution de
l'ordonnance de S. M. du 21 juillet 1815, il a rempli les fonctions de secrétaire aux Collèges électoraux à plusieurs reprises. »

A la suite de cette notice qui a la valeur d'une autobiographie puisque nous savons qu'elle a été écrite, en quelque
sorte, de la main de Joseph-François et que son fils « n'y
a fait que peu de changements », nous trouvons l'article
nécrologique qu'on va lire, dont nous ne connaissons pas
l'auteur et qui nous paraît être resté inédit :

« La Magistrature vient de perdre un de ses membres les
plus honorables, le Roi un de ses serviteurs les plus dévoués
dans la personne de Monsieur Joseph-François Froment,
chevalier de l'ordre royal de la légion d'honneur, vice-président du tribunal de 1re instance de Tulle. Sa vie comme
chrétien, comme citoyen, comme magistrat, offrit la réunion
de toutes les vertus. Destiné à succéder à son père à la
charge de bailli de Versailles, ses études furent dirigées
vers la magistrature, où il a laissé de glorieux souvenirs. La
Révolution vint détruire les espérances de sa famille et le
força à chercher dans le Limousin, berceau de tous les siens,
un asile que les proscripteurs eurent bientôt découvert.

« Le jeune Froment devint soldat et lui qui, pour ainsi
dire, s'était élevé à l'ombre de la royauté, dut essayer ses
armes contre ceux qui s'étaient réunis au delà du Rhin pour
la défense de la royauté. Il brulait de l'ardeur de se joindre
aux nobles soutiens du trône ; mais la République gardait
son vieux père pour otage, et la piété filiale fut la garantie
de sa fidélité. Un boulet lui emporta le bras gauche et il
oublia sa mutilation, heureux d'être délivré d'un poste qui
lui était insupportable.

« Ce gage donné à la Révolution par le fils ne sauva pas
le père : le vieux bailli de Versailles faisait ombrage aux
proscripteurs. On le sortit des cachots pour l'envoyer au
tribunal révolutionnaire ; mais le char funèbre marcha trop
lentement, et la chute du farouche tyran lui ravit la gloire
du martyrologe.

« Lorsque les temps devenus plus calmes eurent ramené les idées d'ordre et de justice, et que le besoin de relever les ruines fit recourir aux hommes sages que la providence semblait avoir mis en réserve, M. Froment fut appelé des premiers à faire partie de la nouvelle organisation judiciaire. Il fut tour à tour juge et vice-président du tribunal civil de Tulle. Il présida en 1815 la cour prévotale du département de la Corrèze, et cette juridiction exceptionnelle qui semblait devoir être toujours effrayante, toujours armée, conserva, sous sa sage présidence, la douceur des juridictions ordinaires.

« Tout entier aux devoirs de sa charge, satisfait du bien qu'elle lui permettait de faire, il s'était constamment refusé à toute autre élévation. Cependant il fut forcé de céder aux vœux de ses concitoyens : les suffrages unanimes du collège du département le portèrent à la chambre des députés dans la session de 1822. Il ne put accepter qu'une seule année un mandat aussi honorable. Les soins de sa famille lui étaient devenus plus que jamais nécessaires ; le germe de la cruelle maladie à laquelle il a succombé se développait avec des progrès effrayants. Il lui eût fallu du repos, mais lorsque ses amis le suppliaient de se ménager, il leur répondait ce que disait aux siens l'illustre Lamoignon dont il reproduisait les éminentes vertus : « que sa santé, sa vie étaient au public et non pas à lui ». Ce n'est pas qu'il se fît illusion sur son état. Il regardait sans s'étonner l'appareil de son sacrifice. La mort en le frappant ne pouvait le surprendre ; sa piété était si fervente ! sa vie était si riche de bonnes œuvres ! Sa fin ne s'annonça par aucune infirmité nouvelle et aucune douleur plus vive ne vint déranger l'ordre de ses occupations. Il termina la journée du 26 février par une pieuse lecture, et à l'heure où il se livrait ordinairement au repos, après avoir invoqué le Dieu de miséricorde, il s'endormit dans le Seigneur. Il était âgé de 63 ans.

« Pieux, tolérant, charitable, il fut le meilleur des amis, et sut, par l'aménité de son caractère, [ajouter] de nouveaux charmes à l'amitié. Modeste dans ses mérites, il ne fit jamais valoir que ceux de ses collégues, et il fallait un prince juste appréciateur de ses utiles services pour le découvrir dans sa retraite, lorsqu'à la solennité du sacre il fut nommé chevalier de la Légion d'honneur.

« Ses funérailles ont été celles de l'homme de bien. La population entière suivait sa dépouille mortelle, et au religieux silence du cortège funèbre on eut dit une seule famille qui accompagnait un père adoré à sa dernière demeure.

« Monsieur Froment laisse une veuve inconsolable et deux enfants qui font espérer de faire revivre les vertus de leur père. Il était l'aîné de deux frères, l'un nommé Monsieur Froment de Champlagarde, consul pour le roi à Milan, l'autre l'abbé des Condamines partagea avec le vénérable abbé Augé la direction du collège Stanislas. »

Sur sa tombe fut gravée cette épitaphe :

« Ici repose

« Joseph François Froment, chevalier de l'ordre royal de la légion d'honneur, Vice Président du tribunal civil de Tulle, décédé le 26 février 1827, à l'âge de 63 ans.

« Dieu et le Roi fut sa constante devise.

« Sa veuve et ses enfants pleurent en lui le meilleur des époux, le plus tendre des pères.

« Sa charité répondit aux plaintes des malheureux.

« Rendez-lui une prière !!! »

L'autobiographie qui précède fixe au 11 mai 1764 la date de la naissance de Joseph-François Froment de Champlagarde. L'exactitude de ce renseignement est confirmée par la notice nécrologique et par l'épitaphe qui nous apprennent qu'il est mort le 26 février 1827 à l'âge de 63 ans. Or, nous lisons dans l'Almanach de Versailles de 1779 que les officiers du baillage étaient à cette époque :

« Bailli. — Regnier.

« En survivance. — Froment de Champ-Lagarde.

« Lieutenant. — Froment de Champ-Lagarde, auditeur en la Chambre des Comptes, demeurant avec son père, avenue de Saint-Cloud. »

Les Almanachs de 1780 à 1784 donnent la même composition. En 1779 Joseph-François, né en 1764, n'avait que 15 ans. Le titre de lieutenant qui lui fut donné à cet âge, quand son père était nommé à la survivance de Regnier de Miromini, était donc pour le moment simplement honorifique ; mais il marquait et assurait ses droits à la succession de son père lorsqu'il atteindrait l'âge requis et aurait la maturité nécessaire. Sa situation ne changea pas quand son père fut titularisé en 1784 ; il n'avait encore que 20 ans et ne pouvait être nommé en survivance. La Révolution supprima le baillage avant qu'il ait été pourvu d'une fonction effective.

La nécrologie que nous avons reproduite a le ton d'une homélie. On sent bien que c'est un royaliste qui loue les vertus et les mérites d'un autre royaliste. Donne-t-elle une image ressemblante de Froment de Champlagarde. Pour l'ensemble des traits, il n'y a pas à en douter. Dans le détail, le portrait pourrait recevoir quelques retouches. Nous ne voulons pas entreprendre ce travail et nous nous bornerons à signaler sur un seul point une exagération qui altère un peu trop la vérité. L'auteur de la nécrologie dit que « les suffrages unanimes du collège du département le portèrent à la Chambre des députés dans la session de 1822 ». Or, si nous nous reportons au procès-verbal de l'élection, nous voyons que sur 109 suffrages exprimés, Froment n'en obtint que 56. Appréciant ce scrutin, le comte de Seilhac dit que : « M. Froment, très honnête, estimé comme magistrat, dévoué aux Bourbons, n'était ni sympathique ni populaire » (1).

Qu'il n'ait pas été populaire, nous le croyons sans peine ; la popularité ne fait pas cortège aux modestes et aux timides. Son rôle à la Chambre fut effacé ; au milieu des intrigues il ne se sentait pas à sa place. Son tempérament modéré le tenait sur la lizière des partis. Il était mieux à son aise sur son siège de magistrat et dans le groupe d'amis qui avaient éprouvé ses qualités morales et la sûreté de ses

____

(1) *Histoire politique du département de la Corrèze*, p. 393.

relations. Dans ce cercle étroit, les sympathies ne lui manquaient pas.

Il ne remplit son mandat de député que pendant deux sessions. La Chambre ayant été dissoute en décembre 1823, Joseph-François Froment ne se représenta pas; il reprit ses fonctions de magistrat et ne se laissa plus distraire d'une vocation qui avait été celle de toute sa vie.

3° *Anne-Charles Froment de Champlagarde*

Le second fils du bailli de Versailles naquit à Paris le 4 avril 1765. Il embrassa la carrière des Consulats et débuta, le 5 avril 1789, par le poste de vice-consul à Tripoli.

Les scènes tragiques, les révolutions, les guerres civiles qui se succédèrent sans interruption de 1792 à 1794 dans cet état barbaresque étaient de nature à intéresser un jeune homme à l'esprit curieux et appliqué. Il notait, sur un journal personnel qui est perdu, les événements de chaque jour, et en transmettait au gouvernement français un récit résumé. Dans sa correspondance officielle, nous voyons relatés tour à tour le meurtre du prince héritier Hassan-Bey; la révolte d'Youssouf contre Ali Caramanli, son père et son souverain; la tentative faite par Ali l'Algérien, que soutenait l'Espagne, pour s'emparer du trône, ses premiers succès, sa défaite finale et sa fuite; l'abdication d'Ali Caramanli et le retour d'Youssouf, triomphant, montant sur le trône et prenant le nom héréditaire de Caramanli.

Dans ce milieu agité, les fonctions d'un consul n'étaient pas simplement honorifiques; pour sauvegarder les intérêts dont il avait la charge, pour représenter dignement et utilement la France, pour renseigner avec exactitude son gouvernement, il fallait du tact, du sang froid et quelquefois du courage. Il fallait aussi une grande vigilance et une attention de tous les instants. Les relations commerciales entre la Tripolitaine et la France, qu'il avait pour mission d'entretenir et de développer, ne limitaient pas son action aux seuls marchés de la côte. Le littoral était approvisionné par des caravanes qui venaient de Tombouctou et de Bornou. Froment étudiait les trajets de ces convois et les ressources des pays traversés. Le cours du Niger lui paraissait être le but vers lequel devait tendre nos principaux efforts.

Le décret de la Convention du 27 brumaire an III, qui excluait les nobles de tous les emplois de la République, lui ayant été notifié, Froment qui se considérait comme noble ne fit aucune difficulté pour abandonner son poste. Quelques mois auparavant, Rohan, grand-maître de Malte, pour le récompenser des services qu'il avait rendus à la Chrétienté et à la civilisation, l'avait nommé capitaine de chasseurs de l'Ordre (27 septembre 1794). En quittant Tripoli, il se rendit à Malte où il fit son apprentissage d'officier. De là, il gagna l'Espagne et prit part à la campagne de Navarre, dans la légion noble de Saint-Simon, que commandait le duc d'Aumont. Le traité de juillet 1795 ayant mis fin à la guerre d'Espagne, Froment, qui possédait assez bien la langue et la littérature de la péninsule, fut nommé, après un concours, professeur, bibliothécaire et interprète de l'Ecole royale des Gardes-Marines à l'Isle de Léon, département de Cadix. Une atteinte de fièvre jaune l'obligea à résigner ses fonctions en l'an X et à rentrer en France.

Le parti qu'il avait pris au milieu des émigrés de l'autre côté des Pyrénées et l'emploi qu'il avait tenu dans une école militaire étrangère auraient pu l'écarter pour longtemps de toutes charges officielles. Il n'en fut rien. Son dossier témoignait assez de son aptitude, de son zèle et de son dévouement. Bien accueilli par le ministre des Affaires étrangères, il fut nommé, dès le 26 messidor an X, sous-Commissaire des relations commerciales à Candie et chargé conjointement de la gérance du Consulat de la Canée.

Son nouveau poste n'était pas sans danger. Les côtes de l'Asie Mineure, quelques îles de la mer Egée, la Crète, étaient ravagées par la peste. Il organisa les secours et prit toutes les mesures en son pouvoir pour protéger les résidents et les navigateurs français. Pendant son séjour à Candie, il rédigea un Mémoire, très documenté, sur la situation du commerce français au Levant (1). En juin 1806, il obtint un congé et revint en France comme Courrier chargé de dépêches; il traversa plusieurs capitales pour prendre les plis de nos ambassadeurs. Son voyage, de Constantinople à Paris, dura 22 jours.

Ses états de service ne nous font pas connaître l'emploi de son temps de 1806 à 1812. Il est probable qu'il passa ces six années à Paris et à Tulle où résidait une partie de sa famille.

Le 18 janvier 1812, il est nommé vice-consul à Tonningen, et le 27 septembre 1814, avec le même grade, à Elseneur. Depuis cinq mois Louis XVIII était monté sur le trône. Charles Froment, très royaliste, avait salué avec enthousiasme le retour des Bourbons. Sa fortune avait péri presque entièrement dans la Révolution. Les 5.000 francs qu'il touchait pour son traitement étaient insuffisants pour lui permettre de faire figure à l'étranger. Il nous apprend que la location de sa maison absorbait la moitié de ses émoluments; à peine lui restait-il de quoi vivre. Il n'en travaillait pas moins avec ardeur, heureux de servir la France et son roi. C'est à cette époque qu'il rédigea une étude sur « La Navigation au passage du Sund » qui fut imprimée aux frais du roi, distribuée à toutes les Chambres de Commerce et publiée aussi dans les *Annales Maritimes* (2). La Société royale de Londres fit l'éloge de ce travail.

Il ne quitta pas Elseneur pendant les Cent-Jours, mais il continua à se considérer comme l'agent du roi. « L'écusson royal, écrit-il, n'a pas cessé d'orner ma maison. » Le marquis de Bonnay rendit hommage à sa fidélité dans cette attestation qu'il adressait, le 29 février 1816, au Ministre des Affaires étrangères :

« Je soussigné, Pair de France et ministre du Roi à Copenhague, certifie que pendant tout le temps de ma mission en Dannemark, et notamment pendant la nouvelle usurpa-

----

(1) Arch. du Ministère des Affaires Etrangères, Mémoires sur le Commerce, Turquie, 9, F** 278-280.

(2) Année 1817, pp. 92 à 211, et 121 à 135.

tion de Bonaparte appelée *des Cent Jours*, M. Froment de Champ la Garde vice-consul du roi à Elseneur, s'est conduit en bon, fidèle et zélé serviteur du Roi, et que comme récompense d'une conduite noble et pure, une décoration ne saurait être mieux appliquée qu'à lui.

« Paris, 29 février 1816.

« Signé : Le marquis DE BONNAY » (1).

La croix, que sòn chef demandait ne lui fut accordée que le 1ᵉʳ mai 1821.

Il était, depuis le 15 décembre 1815, consul aux Iles Baléares en résidence à Mahon. Le poste était important, car le consul de France à Mahon était chargé d'informer le gouvernement de la force et du mouvement des divisions navales, européennes, américaines et barbaresques dans la Méditerranée. Pendant la cinquième année de son séjour aux Iles Baléares, la peste envahit Majorque. Froment nous a laissé un curieux récit du rôle qu'il joua en cette circonstance :

« En 1820, la peste levantine, apportée du royaume de Maroc sur la côte de l'île de Majorque, s'y est propagée avec une effrayante rapidité à la ville de Arta et à trois villages voisins. L'absence de tous les secours et la stupeur faisaient tout craindre pour la capitale, quand la providence amena au lazaret de Mahon un navire procédant du Tétuan, qui ramenait vingt et un galériens espagnols, échappés de Velez Malaga, dont quatorze avaient recouvré leur liberté, pour prix de la résolution avec laquelle ils s'étaient soumis à l'inoculation de la peste, qui avait été pratiquée sur eux le 19 juillet 1819 par le docteur Dom Séraphin Sola, médecin espagnol. L'inutilité de mes efforts pour déterminer à profiter d'une assistance aussi précieuse qu'inattendue, me fit tout hasarder. Je n'hésitai plus à me mettre en communication avec eux. J'abrège les détails pour lesquels je me réfère au rapport que j'ai adressé au ministre le 21 juin 1820. Qua-

_____

(1) Arch. du Ministère des Affaires étrangères.

tre de ces hommes engagés à mes frais ont été dirigés de suite sur les points les plus contaminés où ils ont soumis les pestiférés au même traitement qui avait été pratiqué sur eux-mêmes avec tant de succès. Un de ces infortunés a succombé, mais un grand nombre de victimes ont été sauvées. Les troupes du cordon ont repris courage, et six semaines après il n'y avait plus que des convalescents aux infirmeries, et la sécurité était partout. Le procès-verbal de l'une des premières séances des Cortès fait mention de ce service » (1).

Charles Froment avait bien mérité quelques mois de repos. Il venait d'obtenir un congé et allait s'embarquer pour la France, quand la fièvre jaune, apportée de Barcelone, commença à ravager Palma et Mahon. Il ne pouvait, dans ces circonstances, abandonner son poste ; il différa son départ afin de pouvoir tenir le gouvernement au courant des progrès du mal qui menaçait d'envahir la France par Marseille et les autres ports de la Méditerranée en relation constante avec les îles Baléares.

Il avait 59 ans quand il épousa, en 1823, Mlle Marie de Bourcet, fille du comte de Bourcet, consul général à Naples. Appelé bientôt à remplacer son beau-père qui s'était démis de ses fonctions en sa faveur, il ne resta que quelques mois dans cette ville, sa femme ne pouvant en supporter le climat. Il y reçut la croix de Chevalier de Saint-Louis, le 20 août 1823, et alla, avant la fin de l'année, occuper le consulat général d'Amsterdam. Le 14 décembre 1825, il fut nommé à Milan. Sa vue s'affaiblissait ; en septembre 1829, presque aveugle, il sollicita et obtint sa mise à la retraite (2).

Il mourut en 1840. Sa veuve ne quitta pas Tulle ; elle vécut jusqu'au 6 septembre 1848.

---

(1) Ministère des Affaires étrangères. Etat des services, rédigé par Froment et daté de Paris le 25 novembre 1826.

(2) Presque tous les renseignements de cette notice ont été puisés par nous aux Archives du Ministère des Affaires étrangères.

4° *Armand-Bernard-Charles Froment des Condamines*

Le plus jeune des fils du bailli de Versailles occupe une place des plus distinguées dans l'histoire de l'enseignement pendant la première moitié du xix⁰ siècle. Le livre de famille résumè sa carrière dans les quelques lignes que nous transcrivons :

« Le 23 juillet 1852 (1), mourut dans ma maison mon oncle Armand- Bernard-Charles Froment des Condamines, fondateur avec MM. Liautard et Augé de plusieurs maisons d'éducation : la première, rue Neuve-Notre-Dame-des-Champs, devenue Collège Stanislas ; la deuxième à Gentilly, il en fut supérieur ; les petits séminaires de Versailles, Reims et Châlons ; d'un pensionnat à Terminié dans le diocèse de Blois ; de deux maisons en Amérique. Il devint supérieur de la maison Marie-Thérèse rue d'Enfer à Paris, où l'on recevait les prêtres infirmes. Il était chanoine honoraire de Paris, vicaire général honoraire de Tulle. Il était doué d'une grande humilité, d'une grande douceur et d'une grande modestie. On le regardait comme un saint. »

Son nom demeurera attaché à la fondation du collège

---

(1) Voici l'acte de décès d'Armand-Bernard-Charles Froment :

« L'an 1852 et le 24 du mois de juillet heure de 10 du matin, pardevant nous François Favart, maire de Tulle, chevalier de la légion d'honneur, remplissant les fonctions d'officier public de l'Etat civil de ladite commune, sont comparus les sieurs Froment de Champlagarde, Joseph-Basile-Louis, âgé de 47 ans, demeurant à Tulle rue Portes-Chanac, et Charles-Henri Brugère, notaire, âgé de 41 ans, demeurant à Tulle, rue Nationale, lesquels nous ont déclaré que le jour d'hier à 6 heures du soir, Mʳ Armand-Bernard-Charles Froment de Champlagarde, vicaire général honoraire de Tulle, chanoine honoraire de Paris, supérieur de la maison de retraite des prêtres de Marie-Thérèze, né le 20 août 1772 à Paris, fils de M. Joseph Froment de Champlagarde des Condamines, écuyer du roi, bailli de Versailles, conseiller à la Cour des Comptes, décédé, et de feue Marie-Magdeleine Cornu de Noyon, est décédé en sa maison d'habitation sise à Tulle, ainsi que nous nous en sommes assuré. Et ont les comparants signé avec nous, de ce requis après lecture faite. Signé : Favart, Froment de Champlagarde, Brugère. »

Stanislas et c'est dans les annales et les archives de ce célèbre établissement que nous avons puisé les renseignements qui nous permettent de compléter la courte notice qu'on vient de lire.

Elève du collège de Juilly, Froment termina ses études à Louis-le-Grand. En 1789, il entrait à Saint-Sulpice. Sa santé, gravement atteinte, l'obligea bientôt à quitter Paris. Il se retira à Tulle, dans la maison familiale, loin du bruit de Paris et des agitations de Versailles. En 1793, il fut compris dans une levée de 300.000 hommes et servit jusqu'en mars 1794 au régiment du Doubs. Les fatigues de la vie militaire avaient épuisé ses forces. Il lui fallut un long repos pour se reprendre. Son père, sorti de prison, était revenu à Tulle ; tous les siens s'y trouvaient réunis. Charles Froment resta avec eux. Dans la douceur du foyer, dans le calme qui avait succédé au mouvement désordonné de la Révolution, il sentit renaître sa vigueur physique et son énergie morale. Il n'avait pas quitté Saint Sulpice sans esprit de retour ; le moment lui parut venu de regagner son cher séminaire. Au mois de septembre 1801, il y fit sa rentrée.

L'année suivante, le séminaire Saint-Sulpice voyait venir à lui un jeune savant de 28 ans, Claude-Marie-Rosalie Liautard, ancien élève de l'Ecole Centrale des Travaux publics (la future école Polytechnique), disciple de Monge et de Lagrange, travailleur acharné, linguiste, mathématicien et philosophe. Liautard était hardi, brillant et persuasif ; Froment était calme, concentré, humble. Ces deux tempéraments si contraires n'en étaient pas moins faits pour s'attirer l'un l'autre ; ils étaient animés de la même foi divine, de la même confiance, du même besoin de prosélytisme. L'amitié de Liautard et de Froment allait engendrer l'œuvre commune : le collège Stanislas.

En juillet 1804, Liautard fait sa déclaration légale comme chef d'une maison d'éducation. Il s'installe à l'hôtel Traversaire, rue Notre-Dame-des-Champs, avec ses collaborateurs Froment, Augé, Gally et Douillac. Le 15 août, la maison est ouverte. Cinq jours après, l'abbé Froment, qui vient d'être

ordonné prêtre, dit la messe du Saint-Esprit devant 20 élèves. A la rentrée de 1805 le nouveau collège a 45 élèves ; on
en compte 150 en 1806.

A côté du collège proprement dit, Liautard avait fondé un
petit-séminaire, où étaient préparés les jeunes gens qui se
destinaient à l'Eglise. Froment y faisait le cours de religion
et de théologie et présidait à la plupart des exercices. Ancien
élève des Oratoriens, il avait expérimenté les plans d'étude
du P. de Condren et exerçait une influence prépondérante
sur la rédaction des programmes.

Stanislas étant en pleine prospérité, la maison de Gentilly,
près de Paris, est créée en 1806. C'est d'abord un petit collège que complètent bientôt des classes d'humanités. Froment en est le directeur. Gentilly a cent élèves en 1808 et
deux cents en 1810. Pendant les guerres de 1814, l'établissement fut fermé et transformé en hôpital. En soignant les
blessés et les malades, l'abbé Froment contracta les germes
d'une maladie qui le laissa languissant pendant tout le reste
de sa vie.

Lorsque Liautard donna en 1824 la direction de Stanislas
à Augé, l'abbé Froment, malgré sa santé débile, ne se sé-
para pas du nouveau directeur et l'aida de sa collaboration
dans toutes ses œuvres.

En 1838, n'ayant plus la vigueur nécessaire pour continuer son enseignement, il s'éloigna des maisons qu'il avait
fondées et fut nommé supérieur de l'asile Marie-Thérèse où
étaient recueillis des prêtres âgés ou infirmes.

Nous venons de dire quel a été son rôle dans la fondation
de Stanislas et de Gentilly, combien son apport de zèle, de
dévouement et de savoir a contribué à la fortune de ces deux
établissements. Il nous reste à faire connaître sa manière,
son esprit, son âme, les trois facteurs de l'œuvre qu'il a
accomplie.

« C'était, a écrit l'auteur d'une notice sur Stanislas, une
âme timide, faite pour l'intimité et non pour la représentation, qui, pour s'épanouir et pour donner tout son fruit,
avait besoin de protection et d'appui. Il appartenait à cette

famille d'esprits qui n'éblouissent pas de loin, qui gagnent au contraire à être vus de près. Pour briller de leur éclat, ces sortes d'esprits demandent qu'il fasse beau autour d'eux... M. Froment avait étudié à Juilly, qui passait en son temps pour avoir les meilleures méthodes d'enseignement et d'éducation. Lorsque les Oratoriens furent dispersés, il vint achever sa philosophie à Louis-le Grand, et il avait dès lors songé à l'enseignement. Son nom se joint naturellement à ceux de M. Liautard et de M. Augé, mais je ne sais avec quelle discrète modestie et comme en demandant grâce. Il aimait l'ombre et le silence ; il se montrait moins souvent, disent ceux qui l'ont connu, il ne jouait pas, ne riait presque jamais » (1).

Et le même auteur ajoute :

« On ne trouvera pas souvent le nom de M. Froment dans ce récit, cependant son action est au fond de tout ce que nous aurons à dire sur l'esprit de Stanislas....... C'était l'homme de l'intérieur ; il laissait la gloire plus bruyante et la lutte au dehors à un caractère plus fort, plus trempé, mais pas plus pur que le sien. Il y a dans cette existence qui se consume obscurément dans un collège et, plus tard, dans un hospice de vieillards infirmes (2) quelque chose de secret, d'humble et de caché qui attire. Même après que l'homme a disparu, on respecte encore cette modestie qui s'entourait de tant de voiles, pendant qu'il vivait encore. C'est un de ces noms qui ne volent pas sur les bouches des hommes ; ils vivent au ciel et dans le cœur de ceux (et ils sont nombreux) qui les ont connus et aimés » (3).

Ceux qui l'ont connu affirment la ressemblance de ce portrait. Dans un discours prononcé à la distribution des prix de 1855, M. Lalanne disait de lui : « L'expression de sa

---

(1) *Le Collège de Stanislas, Notice historique,* p. 33.

(2) En quittant Stanislas, il fut nommé supérieur de la maison Marie-Thérèze, fondée pour les prêtres âgés et infirmes du diocèse de Paris.

(3) *Le Collège de Stanislas,* p. 34.

physionomie était plutôt semblable à de la tristesse qu'à la gaieté la plus calme, mais parmi les rapports intimes, on trouvait dans cette âme, tant de douceur, une si tendre charité, une bonté si indulgente, que, déposant toute crainte, on lui abandonnait plus volontiers qu'à tout autre tous ses secrets. »

Quand il fut nommé directeur de l'asile Marie-Thérèse en 1838, l'abbé Buquet, alors directeur de Stanislas, parla ainsi à ses élèves du maître qui venait de les quitter :

« Malgré le voile de modestie dont il a toujours aimé à s'envelopper, il brillait par la réunion de toutes les vertus sacerdotales ; une piété vraie, une humilité profonde, un zèle qui lui eût fait sacrifier sa vie pour le bien de ses semblables, le rendaient et le rendent encore un objet de vénération universelle. Il suffisait de voir et de connaître cet homme si bon, si pieux, pour se représenter ce que la vertu a de plus pur, la charité de plus tendre, le caractère du prêtre de plus saint et de plus parfait. Je tairai son nom, mais vous m'avez prévenu, il est déja sur vos lèvres. »

L'abbé Buquet le connaissait bien ; il avait été son élève et son collaborateur avant de devenir le directeur de Stanislas. C'est lui qui annonça aux lecteurs de l'*Univers*, le 29 juillet 1852, la mort de son ami, Charles Froment. Dans sa notice nécrologique, il rappelle toute la vie de son ancien maître et collaborateur, la naissance à Paris le 20 août 1772, les études à Versailles et à Juilly, l'entrée à Saint-Sulpice, l'admission à l'école Polytechnique, le retour à Saint-Sulpice et la fondation de Stanislas. Il donne ensuite ces touchants détails sur la retraite du supérieur de l'asile Marie-Thérèse et sur sa mort à Tulle dans la vieille maison du Fort-Saint-Pierre :

« Mgr. Affre, juste appréciateur du mérite, et qui connaissait particulièrement M. Froment, le nomma supérieur de l'infirmerie de Marie-Thérèze.

« Aucun choix ne fut accueilli avec tant de faveur que celui ci. M. Froment était renommé par sa piété, sa douceur, sa modestie, sa profonde humilité. On ne pouvait donner aux ecclésiastiques retirés à Marie-Thérèse un supérieur qui fût plus digne de leur respect et de leur vénération que ce saint prêtre. Aussi, tous se trouvaient-ils heureux sous son gouvernement paternel.

« Il les environnait de prévenance, d'égards et des soins les plus empressés et les plus délicats ; il s'informait de tous leurs besoins avec sollicitude ; il leur rendait tous les services qui étaient en son pouvoir, compâtissait avec une touchante affection à leurs souffrances et à leurs infirmités.

« Il visitait dans leurs chambres ceux qui ne pouvaient sortir ; il cherchait à les distraire en prenant part avec eux à de petits jeux ; et souvent il se privait, pour remplir cet acte de charité, de sa promenade dans les plus belles soirées de l'été.

« M. Froment espérait et désirait mourir au milieu de ses chers confrères, comme il les appelait. Dieu ne lui a pas accordé cette consolation.

« Il était parti au mois d'août 1848 pour aller passer les vacances dans sa famille, à Tulle. A quelques lieux de cette ville il fit une chute en descendant de voiture, et se cassa le col du fémur. Transporté avec peine chez son neveu, auprès duquel il trouva tous les soins et toute l'affection du fils le plus tendre, il ne put jamais se remettre de ce grave accident.

« Depuis cette époque, il fut obligé de garder le lit ou la chambre : pendant ces quatre années, il donna encore l'exemple de la patience et de la résignation les plus parfaites, ne laissant jamais échapper aucune plainte, montrant, au contraire, un caractère toujours égal, et adressant à tous des paroles douces et bienveillantes. Il était l'édification de tous ceux qui l'approchaient.

« Cependant sa santé s'était sensiblement altérée, ses forces s'épuisaient tous les jours ; on prévoyait que sa fin était prochaine.

« On crut devoir lui parler alors de recevoir les derniers sacrements ; il accepta cette proposition avec joie : son âme était si bien préparée !

« Il reçut le saint Viatique et l'Extrême-Onction en présence de sa famille, de ses amis, avec des sentiments de foi
et de piété qui arrachaient des larmes à tous les assistants.

« Enfin, il rendit sa belle âme à Dieu le 23 juillet 1852 » (1).

C'est un prêtre qui parle d'un prêtre, mais il en parle
comme il convient; ils étaient, l'un et l'autre, des meilleurs.
L'évêque de Tulle voulut administrer lui-même les sacrements au malade. Il se rendit au Fort-Saint-Pierre, dit un
journal de l'époque, « précédé de la croix et de son chapitre » (2). Les membres du clergé et le bas-chœur de la cathédrale assistèrent à la cérémonie. Les funérailles furent
imposantes.

5° *Adélaïde-Louise Froment des Condamines*

Comme le plus jeune des fils, la plus jeune des filles du
bailli porta le nom des Condamines. Le fils fut un prêtre
d'une piété exemplaire et un éducateur éminent; la fille prit
l'habit religieux et fit preuve des mêmes dons de l'intelligence et des mêmes vertus qui illustrèrent son frère. L'abbé
des Condamines et la sœur Louise, après avoir été l'un
pour l'autre et pour ceux qui les connurent des sujets d'édification, laissèrent une égale réputation de sainteté.

Adélaïde-Louise naquit à Versailles en 1773. Elle n'avait
pas encore trois ans quand sa mère mourut. Le futur bailli,
devenu veuf à 40 ans, dans la période active de sa carrière
de conseiller à la Cour des Comptes, chargé de cinq enfants
en bas âge, ne pouvait donner à ses filles les soins et la direction qui leur étaient nécessaires. Il garda auprès de lui
ses trois garçons et confia ses deux filles, — l'aînée avait
sept ans, — aux dames chanoinesses régulières de Saint-
Augustin, établies à Versailles.

L'abbé Froment des Condamines va nous dire lui-même

---

(1) L'*Univers* du jeudi, 29 juillet 1852. L'article de M. l'abbé Buquet
vicaire-général de Paris, a été reproduit dans l'*Union Corrézienne*
du 12 août 1852.

(2) L'*Union Corrézienne* du 12 août 1852.

comment se formèrent l'esprit et le cœur de sa sœur, dans quel milieu et dans quelles circonstances se manifesta sa vocation religieuse.

« La suite de la vie de ma sœur, prouve que la semence jetée dans son cœur, au couvent, avait été très bonne, et qu'elle était tombée dans une terre bien préparée.

« A l'âge de treize ans, en 1786, elle dut quitter le couvent, avec sa sœur, plus âgée qu'elle de quatre ans. Elle fut alors remise à une respectable veuve qui joignait à la piété, l'anémité qui la fait aimer et l'expérience qui la rend utile. Cette dame, à la fois institutrice et dame de compagnie, reconnut bien vite les précieuses qualités de sa jeune élève et lui voua un tendre attachement. Adélaïde la payait d'un juste retour. Sa docilité à profiter de ses leçons et de ses avis, sa promptitude à s'y conformer avaient fait de ma sœur et de son institutrice deux amies parfaitement unies de sentiment et de volonté.

« Tout était réglé : le temps consacré aux exercices de piété, les heures de travail, les moments passés en famille, et tout avait lieu en parfait accord. Adélaïde acquit ainsi une connaissance suffisante de ce que doit savoir une jeune personne bien élevée. Elle joignit les arts d'agrément à cette connaissance, surtout le dessin et la peinture, objets pour elle d'un attrait tout particulier.

« Elle s'y perfectionna si rapidement qu'elle put, en peu de temps, saisir la ressemblance dans les portraits avec une promptitude et une perfection extraordinaires. Elle a peint toute la famille ; notre père plusieurs fois, et cela si fidèlement que les animaux domestiques semblaient reconnaître leur maître et le témoignaient à leur façon. Ma sœur a obtenu dans ce genre les succès les plus flatteurs, mais son talent si remarquable était relevé et surpassé par son admirable modestie. Jamais on ne l'entendit dire un mot qui eut trait à ce qu'elle avait exécuté, ni qui put y faire allusion.

« La bonté de son cœur rendait son commerce agréable et facile... elle faisait tout bien comme naturellement ; elle était en tout et pour tout ce qu'il fallait être, et cela sans embarras, sans effort. Parfaite dans ses devoirs de famille, dans les tendres soins dont elle n'a cessé d'entourer les dernières années de la vie de son père, dans son amitié pour son frère et pour sa sœur, dans ses rapports avec les parents ¡et avec les amis, elle charmait toutes les personnes qui l'approchaient par l'aménité de son caractère et par son abord plein de bonté.

« Elle ne s'occupait pas avec moins de succès des soins du ménage dont elle fut chargée après le mariage de sa sœur...

« C'est dans ces dispositions que la grâce divine trouva ma sœur, lorsqu'elle lui inspira le désir d'une vie plus parfaite. Ce qu'elle avait admiré d'exemples de vertu, de zèle, de dévouement dans les deux maisons de Tulle confiées aux soins des Sœurs de la Charité et de l'Instruction Chrétienne de Nevers détermina son choix pour cet institut. Dieu lui-même l'y conduisit comme par la main, en se servant du directeur en qui elle avait mis sa confiance. Sa vocation une fois bien connue, Adélaïde la suivit avec une grande générosité. »

Cette longue citation nous a paru utile parce qu'elle nous permet de suivre Adélaïde-Louise Froment depuis son enfance jusqu'au jour où elle va faire son postulat dans la maison des Sœurs de la Charité de Tulle. Elle nous révèle en outre chez la jeune fille un talent artistique que sa vie religieuse ne lui permit pas de développer. Que sont devenus les portraits de famille, si ressemblants, qu'elle a peints ? Nos recherches à Tulle et à Nevers ne nous l'ont pas appris.

Après la Terreur, le vieux bailli et ses enfants étaient réunis à Tulle dans la maison du Fort-Saint-Pierre. L'établissement de la Miséricorde, fondé dans cette ville par les Sœurs de la Charité et de l'Instruction Chrétienne venait de se rouvrir et la sœur Thècle Dutrieux en avait repris la direction. C'est cette religieuse qui reçut la postulante et, quand elle se fut assurée de ses dispositions, l'envoya au noviciat de Nevers. Mlle Froment des Condamines prit l'habit en 1803 et fit profession, le 27 mai 1804, sous le nom de sœur Louise.

Nommée seconde maîtresse et plus tard maîtresse des novices, elle occupa cet emploi jusqu'à sa mort. Une de ses élèves, qui devint supérieure à la Charité d'Autun, nous apprend, dans une touchante notice, ce que fut, au couvent de Nevers, la vie de notre religieuse.

« En arrivant au noviciat, écrit-elle, je fus fortement impressionnée de l'air de sainteté répandu sur toute la personne de ma chère sœur Louise. Voilà une sainte, me disais-je à moi même, comme je désirais en voir une ! »

Elle avait des extases. « Un jour de la Semaine sainte, où elle faisait l'instruction sur ce sujet (la Passion de N.-S.), son visage s'anima; l'émotion devint telle que, ne pouvant plus s'exprimer ni contenir les sentiments de son cœur, elle éclata en sanglots, les yeux fixement attachés sur un Christ placé devant elle. Longtemps, elle resta immobile, nos larmes se mêlant aux siennes; il nous semblait être sur le Calvaire, tellement nous fûmes saisies! Mon impression fut si grande que jamais je ne pourrai perdre le souvenir de ce qui se passa dans mon âme à ce moment-là! Ma conviction est que notre sainte maîtresse avait une vision de Notre-Seigneur Jésus-Christ en croix: Toutes mes compagnes le crurent aussi. »

Sa nature contemplative, les transports et les ravissements de son âme ne l'empêchaient pas, nous dit son ancienne élève, d'être une très habile maîtresse. « Son talent était merveilleux et son tact exquis dans la formation des novices. Elle connaissait le fort et le faible de chacune d'elles et s'en servait admirablement. » Elle alliait la fermeté à la douceur et ne cessait de donner l'exemple de la soumission la plus parfaite aux règles de la maison et aux volontés de la supérieure générale. L'abbé Froment des Condamines ayant manifesté un jour le désir d'avoir le portrait de sa sœur peint par elle même, la supérieure du couvent de Nevers transmit à sœur Louise la demande de son frère et lui ordonna de se mettre à l'œuvre. « Il lui fallut obéir, nous dit l'auteur de la biographie; mais quelle souffrance! C'était pitié de la voir devant cette glace où s'exprimaient les traits qu'elle

avait à reproduire. Le portrait fut ressemblant, mais en mal. »
Mécontente et sentant bien que l'artiste avait à dessein et
par humilité déparé son visage, la supérieure l'obligea à
recommencer la tâche et lui recommanda d'y apporter tous
ses soins. Cette fois, paraît-il, le portrait fut l'image vraie
de la sainte fille.

Cette petite anecdote de couvent, recueillie pieusement
par les compagnes de la sœur Louise n'est-elle pas sugges-
tive? Elle lève un coin du rideau qui cache aux yeux des
profanes la vie d'un cloître de femmes ; elle nous montre
de quels simples et menus incidents est brodée l'existence
toute unie et toute calme d'une religieuse.

Adélaïde-Louise Froment était, peut-être, une des privi-
légiées parmi ses sœurs ; elle avait assez de maîtrise sur
elle-même pour que sa douceur et sa docilité n'aient jamais
eu la moindre défaillance apparente. On la regardait comme
un modèle, comme une prédestinée.

Le dernier rédacteur du livre de famille des Froment nous
dit qu'elle pressentit sa mort ; et les *Annales* de la maison-
mère de Nevers gardent le souvenir de certaines paroles
d'elle qui pouvaient faire croire qu'elle eut à l'avance la vision précise de son dernier jour et de sa dernière heure.

Elle mourut le 30 avril 1817 à l'âge de 43 ans. Depuis un
siècle, on entretient dans son ancien couvent, avec fidélité
et vénération, la mémoire d'Adélaïde-Louise Froment des
Condamines qui fut une femme artiste et lettrée, une maîtresse pleine de savoir et de sagesse, une religieuse d'une
profonde et intelligente piété.

Les figures du dernier bailli de Versailles et de ses quatre enfants se détachent nettement sur le fond du tableau de
la famille ; mais leur relief ne nuit pas à l'harmonie de l'ensemble. Les talents, les mérites et les vertus de ces personnages sont les mêmes, en effet, qui caractérisaient les
Maruc et les Froment ; ils se sont développés et épanouis.

Au début de notre étude, nous avons vu deux branches

sortir de la souche commune. La branche aînée, représentée par Guillaume Maruc, eut un essor soudain. Guillaume
était entreprenant ; on se rappelle le scandale que causa son
mariage. Il était heureux dans ses entreprises, put accéder
d'emblée aux premières charges de la magistrature, et prétendit à la noblesse. Aujourd'hui on le qualifierait d' « arri-
viste. » Nous n'avons pas suivi sa descendance.

C'est la branche cadette qui nous a occupé, celle qui eut
pour chef Julien Maruc, bourgeois et marchand de Tulle.
Nous avons assisté à son ascension progressive. Au marchand succédèrent tour à tour un avocat, un procureur, un
maître de l'Hôtel du roi. La condition sociale et les allian-
ces, les terres dont il pouvait déjà se titrer, la fortune que
grossissaient les économies du ménage, faisaient de Pierre-
Anne Maruc un quasi-noble. Depuis son mariage, il habitait
le château autour duquel la ville s'était formée. Il était au
premier rang de la bourgeoisie tulliste.

La marche en avant des Maruc ne paraît pas avoir été
déterminée par le hasard du sort ou les efforts de l'ambition.
Si les événements lui ont été favorables, la famille doit surtout son élévation à son intelligence, à son amour du travail
et de l'ordre, à l'union de ses membres et au concert de
toutes leurs volontés. Elle a trouvé dans l'estime publique
la récompense des services rendus.

Lorsque François Froment, par son mariage avec la fille
aînée de Pierre-Anne Maruc, a continué la maison, l'élan
était donné ; il n'avait qu'à suivre la tradition. Nous savons
que ni lui ni son fils n'ont manqué à ce devoir et que deux
générations ont suffi pour produire celui qui devait être
l'illustration de la famille, le bailli de Versailles, dont les
quatre enfants ont si noblement perpétué le nom et les vertus.

René Fage.

Le Planh de Bertran de Born

Dans nos campagnes corréziennes, les « *planhs* » sont, comme l'indique ce nom, les plaintes des cloches, les glas funèbres annonçant aux habitants d'une paroisse la mort de quelqu'un d'entre eux. Ce sont des sons isolés et tristes répétés à intervalles égaux et suivis d'une volée de cloches.

Mais, ce nom de *planh* a servi aussi à désigner, dans les pays de langue d'oc, une sorte de complainte sur la mort de quelque personnage illustre. C'est la tradition continuée, sous une autre forme, des lamentations antiques et des éloges funèbres qui chez les ancêtres Ibères, Ligures, Gaulois et Romains accompagnaient invariablement les funérailles d'un chef de maison.

Au Moyen-Age les troubadours limousins nous ont laissé des exemples remarquables de ce genre de composition lyrique. Tel est notamment le fameux planh de Bertran de Born sur la mort du « Rey Jove » le jeune roi Henri, fils d'Eléonore d'Aquitaine et frère de Richard Cœur-de-Lion.

Mais ce ne sont pas seulement les poétes en renom qui ont composé des planhs. Partout et toujours s'est exhalée de l'âme populaire la plainte discrète des humbles et des petits exprimant avec justesse leurs regrets et leur manière de voir sur les événements de leur temps.

Un de ces planhs populaires, que j'ai entendu à Juillac dans mon enfance, est une lente mélopée dont l'air, imitant la volée d'une cloche, se traîne sur trois ou quatre notes et se reproduit indéfiniment; c'est une berçeuse que chaque mère limousine connaît bien et qu'elle chante à son enfant pour l'endormir ou l'amuser. Qui, chez nous, ne l'a entendue et répétée lui-même ?

Baulin !
Baulan !
Qui ei mort ?
Bertran.
Qui lou planh ?
Sous efans.

Qui lou rit ?
Soun couzi.
Qui lou pura?
Farcidura.
Qui l'enterra?
Lous rats...

Puis cela reprend en s'accélérant, Baulin ! Baulan ! etc.

Ce planh doit avoir eu une grande vogue car il est très répandu, non seulement aux confins de la Corrèze et de la Dordogne, où il a pris naissance, mais encore aux environs de Tulle, par exemple, où on le chante avec quelques variantes :

Baulin !
Baulan !
D'a Courreza,
D'a Sarran...

Ce qui indique des volées de cloches venant à la fois de Corrèze et de Sarran, etc., c'est-à-dire, un planh commun à plusieurs paroisses comme cela avait lieu pour la mort d'un personnage d'importance.

A Tulle il existe encore d'autres variantes. Ainsi l'on dit :

Qui ei mort? Jean de Born ou Jean daus Horts...

Etant enfant, je me suis demandé souvent quel est le sens caché de ces paroles dont la fin me semblait peu claire. Ce n'est que plus tard que je l'ai enfin compris après avoir étudié notre langue et notre histoire limousines.

Tout d'abord le personnage dont il est ici question n'est autre que Bertran de Born lui-même, né près du Dalon, à six kilomètres de Juillac, dans un château maintenant détruit, près de l'Etang et dans la Forêt de Born qui gardent encore son nom. Après avoir fait des planhs pour les autres, Bertran a eu le sien, ce n'est que justice !

Baulin ! Baulan ! prononcez Baoulin ! Baoulan ! c'est la sonnerie des cloches à toute volée, saisie sur le vif et peinte admirablement en deux mots. Rien de plus imagé et de plus expressif.

Qui est mort? C'est la question qui vient naturellement aux lèvres de chacun quand on entend sonner les glas.

La réponse est immédiate : *Bertran*; et elle est claire, surtout aux environs de Juillac. Bertran? il n'y en a qu'un, c'est celui qui chante et se bat fièrement, c'est le guerrier redoutable pour ses pairs, mais généreux et doux aux pauvres gens sans doute, celui qui « aime qu'on donne et qu'on rie »; c'est celui qui toute sa vie a appelé les Limousins aux armes contre l'étranger qui tient le pays ; c'est lui dont on apprendra le nom aux petits enfants, dès le berceau, pour qu'il demeure à jamais dans la mémoire du peuple. Il a fallu bien des siècles pour que nous ayions oublié quel est ce Bertran. Mais, nous allons le reconnaître dans les vers qui suivent.

Qui lou planh? Sous efans, qui le plaint? ses enfants. Cela est bien naturel.

Qui lou rit? Soun couzi. Qui rit de sa mort? son cousin. Ce cousin haineux, nous le connaissons, c'est Constantin de Born, le chef de routiers qui n'a pas hésité à servir l'Anglais. Elevé avec Bertran au château de Born, celui-ci a d'abord tout mis en commun avec lui : « l'œuf et la moëlle » comme il le dit dans un de ses sirventes. Mais Constantin aurait voulu l'héritage commun tout entier et Bertran a dû le chasser d'Hautefort. Maintenant Constantin peut se réjouir... Bertran est mort.

Qui lou pura? Farcidura. Qui le pleure? Farcidure. Farcidura est le nom d'un savoureux mets limousin, c'est une farce faite de farine de maïs ou de froment liée avec des œufs et de menus morceaux de lard, et bouillie à petit feu. Mais, ici, c'est le nom donné par raillerie à quelque gente dame, sans doute d'âge mûr maintenant et de forme replète, mais qui fut accueillante aux exploits du guerrier et le pleure sincèrement. La malice populaire n'est jusqu'ici que plaisante : elle compatit aux faiblesses humaines tout en raillant un peu ; attention cependant ! elle va devenir méchante :

Qui l'enterra ? lous rats... Ici la raillerie tourne à l'insulte. Les rats : ce sont les moines qui enterrent en effet Bertran réfugié parmi eux.

Comment le peuple pourrait-il se rendre compte du savoir et des vertus qui se cachent parfois au fond des couvents ? il ne connaît guère en fait de moines, hélas ! que ceux qui amassent, les seuls qui amassent en ce temps de trouble et de guerre. Ce cri du cœur, c'est la revanche des pauvres gens qu'accablent la dîme et les corvées.

Tel est le *Planh de Bertran de Born* qui se chante encore comme au temps où mourut le guerrier poète, il y a plus de sept cents ans. Si ce planh a survécu si longtemps, c'est parce que chacun de ses traits est juste et fort. Ce n'est pas seulement le glas de la mort du bon troubadour, c'est surtout la protestation timorée mais tenace du peuple, dès le berceau, contre ceux qui l'accablent. A ce titre, *le Planh de Bertran de Born* est un document historique.

Tulle, le 14 octobre 1915

B. Marque.

Annales de Larche

EN BAS-LIMOUSIN

Jusqu'à la Révolution

CHAPITRE ONZIÈME

Le Moulin et le Port de Larche

Le moulin de Larche, sur la rive gauche de la Vézère, à l'embouchure de la Couze, qui lui fournit la force motrice, a une origine fort lointaine et ses possesseurs les plus anciennement connus sont les moines de l'abbaye de Dalon.

Un inventaire, fait en 1643, des meubles et effets délaissés par Jean-Jacques du Pouch, docteur en médecine à Larche, indique parmi les divers papiers trouvés chez lui un « contrat d'arrentement et balhiete faite par le sieur abbé Dalon du moulin de Larche, autres choses signées Champsac du sixième juin mil quatre cent soixante seize escrite en parchemin avec une reconnaissance du même moulin signée Champsac du vingt-huitième novembre mil quatre cent quatre vingt treize, avec autre reconnaissance du susdit moulin fait aud. sieur abbé du premier d'aoust mil cinq cenq dix neuf signé La Jarenne aussy escrit de parchemin. » (1).

Le moulin passa ensuite entre les mains du seigneur du Saillant, à une époque indéterminée et y resta jusqu'en 1569, au plus tard. L'inventaire ci-dessus relate, en effet, un « contrat de revente du moulin de Larche faite par Jacques Robelhiat, seigneur du Salhien en faveur de maître François Pouch du sixième mars mil cinq cent soixante neuf reçu par Conchard notaire. »

Cette date est-elle bien exacte? Il est permis d'en douter et de croire à une erreur du scribe qui a fait la copie de cette pièce. Cette revente a bien dû être faite au mois de mars, mais deux ans plus tôt, c'est-à-dire en 1567 et non en

---

(3) Arch. Marchant, de Bernou.

1569. Car, dans une consultation donnée par le juge de Larche, Pomarel, au sujet d'une contestation entre les divers propriétaires du moulin, on lit que « par contrat de mariage, reçu Valière no^re royal à Larche, le 26 juin 1567, au pied duquel est l'acte d'insinuation faite par M. de Lestang lieutenant général au siège royal de la ville de Brive datée du 5 juillet 1567, signée de Lestang lieut^t general et Sapientis commis au greffe, d'entre Jacques Pouch, fils de François Pouch praticien et de Guilhaumette Giraudon avec Leonarde de Sage, fille (bâtarde sans doute) de Jean Sapientis avocat du roi au bas-Limousin, François Pouch donne à son fils à lui et aux siens plein pouvoir et puissance de moudre son blé à son moulin de Dalon situé sur le ruisseau de Couze avec le passage du port de Larche, sans que lui ni les siens soient tenus de payer aucun droit de moudure ni de passage » (1).

Disons, en effet, que la possession du moulin entraînait celle de ce qu'on appelait le port de Larche, c'est-à-dire du lieu, situé au-devant, où accostaient les bâteaux qui assuraient le passage de la Vézère, moyennant une certaine rétribution. Aussi l'histoire du moulin de Larche se rattache-t-elle intimement à celle du port et si leurs fermiers respectifs ne furent pas les mêmes personnages, les propriétaires de l'un furent toujours en même temps les possesseurs de l'autre.

A partir de 1567, il devient assez facile de suivre les destinées de ce moulin et d'en connaître les divers propriétaires, en même temps que les revenus donnés par les fermiers.

Au moment de sa mort, en 1643, Jean-Jacques du Pouch possédait les neuf dixièmes du moulin, l'autre dixième ayant passé entre les mains des Devin, s^r de Fombal, habitant Latreille, paroisse de Lafeuillade et « le meunier d'alors le tenait à titre de ferme sur le pied de 30 charges de gros blé de moulin, outre la rente dont le fermier était chargé » (2).

Le 27 janvier 1660, par contrat reçu Dupuy, Pierre Pa-

(1, 2) Arch. Marchant, de Bernou.

leyrie, lieutenant de la juridiction de Larche, a acquis
d'Etienne et de Marguerite Jayle, enfants de Jeanne de
de Pouch, fille de Jacques et petite-fille de François Pouch,
le droit de pouvoir moudre son blé gratuitement pour sa
maison et de passer au port sans payer de passage. Mais
Jacques Pouch avait une autre fille, Catherine. Paleyrie
n'avait donc acquis que la moitié du droit de moudre, appartenant à Jeanne, d'où contestations avec les Malevialle, autres co-propriétaires du moulin, qui furent réglées par contrat reçu Maury, le 21 mai 1675, et Paleyrie reconnait qu'il
n'a le droit de moudre que six mois par an. Plus tard, les
Barutel, représentant Paleyrie, dans la famille duquel ils
étaient entrés par mariage, héritèrent de son droit de moudre.

En 1712, par acte reçu Maury le 17 mars, Jean Jaubert,
sieur du Burg, habitant Boissières, paroisse de Saint-Cer-
nin, Jean Leymarie, bourgeois et François Maigne, maître
apothicaire, qui avait épousé la fille de Malevialle, afferm-
ment pour cinq ans à Antoine Lavergnias, menuisier au
Gourd, paroisse de Pazayac, « leur cotité du moulin qu'ils
ont dans le lieu de Larche sur le ruisseau de Couze qui est
pour la cotte dud. s^r du Burg scavoir de bled mestural la
quantité de quarante sept quartons deux picotins et demy,
celle du s^r Maigne de cinquante-sept quartons et demy et
finalement celle dud. s^r Leymarye celle de dix quartons et
demy revenant lesd. cotités à celle de cent quinze quartons
un picotin et demy Led. bled sans son glandaye poussière
ny fallasse aucune et à la mesure de Brive, payable lesd.
portions de trois mois en trois mois, comme aussi sera tenu
led. Lasvergnias de payer aux mêmes pactes de trois mois
en trois mois comme dit est auxd. sieurs du Burg Leymarye
et Maigne la quantité de sept quartons froment et autant de
seigle sauf du dernier quartier qui ne sera que de six quartons et demy de l'un et de l'autre pour payer la rante due
au seigneur de la p^{nte} jurisdiction qu'il a sur led. moulin
led. froment et seigle à la mesure de Larche, bon et marchant, se rezervant au surplus leurs moutures, celle de s^r de

Lavivie et la moytié de celle du sieur Barutel lieutenant dud. Larche » (1).

Jean Jaubert, s^r du Burg, dit le juge Pomarel cité plus haut, « vendit sa part du moulin à Beauregard, par acte du 19 mai 1722, reçu Lescure no^{re} royal, conformément à un double qu'ils avaient passé à Brive le 17 mars 1720, pour le prix de l'amortissement de la rente constituée de 60 livres, pour la somme de 1200 livres et de 15 livres comptés par Beauregard au s^r Jaubert. Cette part était un quart (cheval, bâteau et port) sauf ce qui est dû sur led. quart au s^r Maigne et de la moudure qui est due au s^r Lavivie et Barutel » (2).

Le 19 novembre 1722, par acte reçu Maury, Henry Marchant, sieur de la Maletie, procureur d'office de la juridiction de Larche, achète à Jean Leymarie, bourgeois à Larche le « vingtième du revenu qui luy peut appartenir comme parprenant du moulin de Larche situé sur le ruisseau de Couze et géneralement de toutes les prétantions qu'il peut avoir et prétandre tant sur led. moulin que sur le revenu du port du p^{nt} lieu en quoy que le tout puisse consister à la réserve de la mouture qu'il peut prétandre sur led. moulin pendant un an à conter de la date des p^{ntes}. Lad. vante faite par led. Leymarye pour et moyennant le prix et somme de deux cens quarante et sept livres » (3).

Le 9 août 1723, par acte reçu Maury, les nouveaux propriétaires du moulin, Henry Maschant s^r de la Maletie, François Maigne, m^e apothicaire à Larche et Beauregard, m^e chirurgien à Brive, afferment à Jean Pouncharal et son fils, led. moulin « consistant en trois meulles scavoir une de froment et deux de bled segeral » (4).

Sur le rôle de la taille de 1731, on trouve « Le Munier de Larche » inscrit pour une imposition de cinq livres six sols, plus vingt deux sols pour héritage et, èn outre, « pour le profit du quart appartenant au s^r Bosregard à la décharge de

<hr>

(1) Archives personnelles.
(2) Arch. Marchant, de Bernou.
(3) Étude Beaudenon de Lamaze, de Larche.
(4) Étude Beaudenon de Lamaze, de Larche.

la demoiselle du burg vingt-un sols et pour héritage quatre sols » (1).

Le 3 mars 1733, nouvel acte d'afferme consenti pour cinq ans par les mêmes propriétaires devant le même notaire, à Guillaume Lestrade, d'Audeguil, paroisse de Saint Pantaléon, moyennant 224 quartons de bled mesturet à la mesure de Brive, « led. bled sans gland ny fallasse aucune payable mois par mois ..... comme aussy sera tenu led. Lestrade de payer la rente que led. moulin doit à Monseigneur le duc de Noailles ou autres ayant de luy droit », plus quatre livres annuellement pour les réparations à faire à la chaussée « et sans que lesd. propriétaires soient obligés de payer aucune mouture du bled qu'ils fairont moudre pour l'entretien de leurs maisons » (2).

Le 26 avril 1746, par acte reçu Maury, Pierre Marchant bourgeois, qui avait épousé la fille Devins, s^r de Fombal et avait hérité de la part de celui-ci, François Maigne, s^r de Larochette, m^e apothicaire à Larche, et Antoine Beauregard, m^e chirurgien à Brive, tous trois parprenants au moulin de Larche, l'afferment pour neuf ans, à partir du premier janvier précédent, à Hélie et Jean Valet, père et fils, du village des Escures, paroisse de Terrasson, « moyennant la quantité de deux cens vingt quartons de blé mestural annuellement qui est pour led. s^r Marchant cent dix quartons, lequel bled ils seront tenus comme ils s'y obligent de le payer aud. s^r Marchant pendant quatre ans à raison de cent vingt livres par an, scavoir la présente année à la St Jean-Baptiste prochain et les autres années le premier du mois de mars de chaque année et les autres cinq années en bled comme est dit cy dessus, pendant lesquelles quatre années led. s^r Marchant sera tenu de leur donner une charetée de foin chaque année, et à l'égard desd. s^{rs} Beauregard et Maigne, ils seront tenus de leur payer led. bled tous les mois, scavoir aud. s^r Maigne soixante quartons et aud. s^r Beauregard cinquante

---

(1) Arch. départementales de la Corrèze, C, 253.
(2) Étude Beaudenon de Lamaze, de Larche.

quartons le tout à la mesure de Brive, et du même bled que le moulin gaigne, seront de plus tenus lesd. père et fils de payer la taille qui sera imposée sur led. moulin et la rente due sur icelluy à Monseigneur le duc d'Ayen, sans que lesd. s^{rs} partprenants soient tenus de payer de mouture du bled qu'ils fairont moudre pour l'entretien de leurs maisons, led. bled portable dans les greniers desd. propriétaires, et de payer tous les ans quatre livres pour l'entretien de l'écluze, seront tenus led. propriétaires d'entretenir led. moulin soit pour le futage palages et generallement toutes réparations utilles et nécessaires, et sur les mêmes présentes a été convenu entre Martial Manière et Jean Eymerie beau-père et gendre fermiers du port de la présente ville et lesd. père et fils, ce qui suit, scavoir que lesd. Manière et Eymerie seront tenus de passer et repasser tant les chevaux desd. père et fils que tous autres qui viendront moudre aud. moulin, sans aucune rétribution que six quartons de bled mesturat que lesd. père et fils leur payeront tous les ans et sont aussy tenus de netoyer la chaussée et de laisser en bon état » (1).

· Quelques difficultés s'élevèrent entre les propriétaires du moulin, Marchant, qui dit en posséder la moitié et Pierre Beauregard, procureur au présidial de Brive, qui en a un quart, sur lequel quart, François Joffrenie (2) de la Maletie en a un vingtième. Un procès-verbal d'état fut fait, le 9 février 1754, par Jean Irlande, ancien postulant en la présente juridiction et juge en cette cause; il y avait trois meules tournant : une à froment et deux à moudre le gros blé (3).

Durant l'année 1769, l'entente ne semble pas parfaite entre les possesseurs du moulin et chacun d'eux afferme isolément la part qui lui revient.

Le 23 janvier 1769, par acte reçu Combet, notaire royal à Terrasson, François Gauthier, s^r de Joffrenie, habitant du

---

(1) Archives personnelles.

(2) Gauthier de Jaufrenie, de Beauregard, dont le père, Jean Gau-thier, sieur de la Maletie, en son vivant avocat au parlement, avait épousé Anne Maigne, fille de François Maigne, M^e apothicaire.

(3) Arch. Marchant, de Bernou.

bourg de Beauregard, paroisse de Bersac, afferme à François et autre François Albert frères, l'ainé potier d'étain et le cadet, marchand à Larche, un domaine situé à Bedenas, une maison à Larche et sa *portion de moulin*, situé dane lad. ville de Larche, pour neuf ans et 150 livres par an, avec réserve « qu'au cas où led. sr de Joffrenie viendrait à vendre sa portion qui le complète dans led. moulin ou morceau de jardin y tenant il ne sera tenu à autre indemnité envers lesd. preneurs que de leur rabattre du prix du pnt bail chaque année la somme de cinquante cinq livres » (1).

Cette éventualité se produisit, en effet, et le 23 juillet suivant, eut lieu à Beauregard, par acte reçu Limoges, notaire à Terrasson, la vente à Pierre Beauregard, procureur ès-siéges royaux de Brive et y habitant, de tous les droits que le sieur de Joffrenie avait sur le moulin de Dalon et d'une quartonnée de chenevière y attenant et portion d'une autre chenevière et jardin et portion du port de Larche pour la somme de 1400 livres (2).

Mais, dès le 8 février 1769, par acte reçu Lamaze, Pierre Marchant avait affermé pour cinq ans sa moitié du moulin à François Albert, marchand et à Pierre Boyer, charpentier à Larche, moyennant 85 livres par an, avec « la charge par les preneurs de payer toute la taille tant personnelle que celle du moulin pour ce qui concerne la porsion du bailleur de même que la rente que les anciens fermiers ont coutume de paier et pour le netoyement ou curage du canal dud. moulin a été stipulé qu'il demeurera à la charge desd. preneurs attendu que led. sr bailleur a diminué du prix de lade ferme en cette considération sans quoi il ne l'aurait point laissé aud. prix et pour les grosses réparations dud. moulin elles seront à la charge dud. bailleur et celles d'entretien sur le compte ded. preneurs en leur fournissant les matériaux en place » (3).

---

(1) Arch. Marchant, de Bernou.
(2) Arch. Marchant, de Bernou.
3) Étude Beaudenon de Lamaze, de Larche.

Pierre Beauregard, qui avait acheté la part de Gauthier de Joffrenie et se trouvait ainsi propriétaire de l'autre moitié du moulin depuis le 23 juillet 1769, fit une convention avec le fermier, François Albert, le 10 novembre suivant et, dès lors, chacun d'eux devait jouir le moulin pendant six mois (1).

La brouille survint bientôt entre propriétaire et fermiers au sujet des frais occasionnés par le remplacement des meules et une enquête judiciaire eut lieu à ce sujet en 1771 (2). Le fermier fut remplacé par Pierre Cézac, contre lequel Pierre Beauregard ne tarda pas à introduire une instance auprès du juge de Larche à propos de comptes, en 1772 (3).

Fatigué de tous ces ennuis, Pierre Beauregard cède sa part du moulin à Pierre Marchant et à son fils, Henry, par contrat reçu Lacoste, le 13 juin 1772 (4). Ceux ci, par acte du 27 juin 1773, l'afferment, avec ses dépendances, pour trois ans avec faculté de prorogation d'autres trois ans, à Jean Briat, mᵉ meunier, moyennant chaque année 100 livres d'argent et 100 quartons de blé méture « de la meilleure qui se prendra dans led. moulin », payables l'argent en deux pactes, à la Noël et à la Sᵗ Jean, et le blé tous les mois, à mesure des besoins du bailleur, « à la charge par le preneur de payer la taille tant personnelle que réelle dud. moulin de même que la rente que les anciens fermiers avaient accoutume de paier à la chatellenie de Larche et pour les grosses réparations du moulin elles seront à la charge du bailleur et celles d'entretien seulement sur le compte du preneur. » Le bailleur se réserve par exprès le droit de mouture et « le bled ci-dessus paiable à la mesure de Brive évalué à vingt sous le quarton » (5).

Mais, une inondation était survenue au mois de mai pré-

(1) Arch. Marchant, de Bernou.
(2) Arch. départementales de la Corrèze, B, 1424.
(3) Arch. départementales de la Corrèze B, 1425.
(4) Arch. départementales de la Corrèze, B, 1453.
(5) Arch. Marchant, de Bernou.

cédent et la digue s'était rompue sur une grande longueur, laissant se perdre toute l'eau du canal. Le juge de Larche, Pomarel, se rendit sur les lieux pour constater les dégats en se faisant accompagner d'un charpentier et d'un maçon pour en fixer l'estimation, le premier octobre 1773 (1).

A la suite de quoi, fut adressé à Monseigneur l'Intendant de la généralité de Limoges la requête suivante :

« Supplient humblement Pierre et Henri Marchant avocat en parlement son fils disant qu'étant propriétaires de la moitié du moulin de Larche, à peine eurent-ils acquis l'autre moitié que la digue dud. moulin situé sur la Couse qui est un gros ruisseau, rompit le mois de mai dernier dans une longueur de soixante pieds par où .toute l'eau du canal se perdait en sorte que le moulin a longtemps chommé ; pour cette réparation il a fallu d'abord faire construire un batardeau fort couteux et ensuite élever une batisse d'une grande largeur, sur une profondeur de neuf pieds, toute cette dépense a été évaluée par les maîtres de l'art à une somme de neuf cens livres avec matériaux sur place, ce qui excède une somme de douzs cens livres, sans comprendre l'indemnité exigée par les fermiers dud. moulin pour tout le tems qu'il n'a pu travailler. Cette dépense a été d'autant plus ruineuse pour les supplians que le moulin n'est que d'un petit produit étant un ancien arrentement chargé de cens quartons de rente mesure de Brive tant froment que seigle, envers le seigneur duc de Noailles. Les couts, frais et dépenses ci-dessus mentionnées demeurent constatés par un procès verbal du juge de Larche assisté des maîtres maçon et charpentier.

« Dans ces circonstances les supplians qui sont cotisés personnellement au rolle de Larche Election de Brive art. 76, pour 1772 et la présente année à une somme d'environ quatre vingts livres non compris les vingtièmes ont recours à votre grandeur pour qu'il vous plaise de vos grâces, Monseigneur, à la vue du susd. procès verbal ci joint modérer

---

(1) Archives départementales de la Corrèze, B. 1453.

les impositions des supplians pour les années que votre justice trouvera convenables. Les supplians prieront pour la prospérité de votre Grandeur. »

A la suite, on lit : renvoyé au s^r Salès notre subdélégué à Brive pour vérifier le dommage dont il s'agit et nous en rendre compte avec son avis. fait à Limoges le 2 novembre 1773. Signé : Turgot. Et plus bas : a été fait droit au département pour 1774, signé : de Beaulieu (1).

L'acte d'afferme de 1773 paraît être le dernier consenti par les propriétaires du moulin, qui prirent le parti d'en assurer le fonctionnement au moyen d'un maître meunier. Pierre Marchant était décédé; son fils Henry Marchant, devenu juge d'Appeaux, avait délaissé lui-même le moulin à son fils, Pierre-René, qui devint juge de Larche, en 1783. Celui-ci en tint alors une comptabilité très détaillée dans un registre de 385 pages, qui porte comme titre : *Mon Journal du Moulin* à commencer le treize juin 1780 et finissant le vingt-un septembre 1789, dans lequel on lit les renseignements les plus intéressants concernant les prix des grains à cette époque et ce passage qui nous fait connaître le montant exact de la rente payée annuellement au duc de Noailles, ainsi que le traitement du juge de Larche, qui était à cette époque de vingt quartons de blé : « dans le courant de l'année dernière 1786 j'ai donné à chacun des fermiers de Larche 10 q^{ons} froment et dix q^{ons} seigle mesure de Brive ce qui fait en tout quatre vingts q^{ons} qu'ils ont reçus en payement de ma rente du moulin pour lad^e année 1786. J'ai laissé aussi aud. fermiers depuis que je suis juge ma pension qui est de vingt q^{ons} mesure de Larche savoir 10 q^{ons} froment et dix q^{ons} seigle en payement de la rente que je puis devoir pour le domaine de puimorel, Granger devant payer celle de Bernou qu'il jouit à titre de fermier. C'est un compte que j'ai à faire avec lui. Cette note n'a été faite qu'aujourd'hui 25 avril 1787 » (2).

---

(1) Arch. Marchant, de Bernou.
(2) Arch. Marchant, de Bernou.

Le port de Larche seul continua d'être affermé avec son matériel de bâteaux et les derniers fermiers qu'il y eut avant la Révolution furent Jacques et autre Jacques Sauvignat, père et fils, qui, par contrat reçu Lamaze le 11 juillet 1781 et consenti par Pierre-René Marchant, en donnaient trente-six livres par an, payables en deux pactes, à la Noël et à la Saint-Jean, tout en assurant l'entretien des bâteaux et le passage gratuit pour led. Marchant et ceux de sa maison et pour ses matériaux et denrées.

Ledit bail comprenait « le port de Larche avec les trois barques ou bâteaux de planches de chêne qui si trouvent savoir le grand, presque neuf, le second à demy usé et le petit bateau totallement délabré ce dernier de vingt pied et demy de long sur quatre pied cinq pouces de large mesuré dans le milieu et sur la sole ainsi que le grand et le second bateau. Le grand bateau a trente quatre pied de longueur sur six pied cinq pouces de largeur, assorti d'une chene de fert et d'un cadenat en bon état servant à l'atacher, le second bateau a vingt cinq pied huit pouces de long sur cinq pied cinq pouces de large avec une chene, l'autre bateau a a aussi une chene et l'un et l'autre sont fermés par le même cadenat ou loquet » (1).

Le fermier du port de Larche figure à l'article 24 du rôle des impositions de la paroisse de Larche pour l'année 1784 avec deux livres un sol de taille et une livre trois sols pour la capitation. Même article et mêmes impôts en 1785 ; article 25 et mêmes chiffres en 1786 (2).

Dr RAOUL LAFFON.

(A suivre.)

---

(1) Étude Beaudenon de Lamaze, de Larche.
(2) Arch. départementales de la Corrèze, C. 193.

Société Scientifique, Historique et Archéologique de la Corrèze

Procès-verbal de la séance du 6 octobre 1915.

Le mardi 6 octobre 1915, à 5 heures de l'après-midi, les membres de la Société se sont réunis à l'Hôtel-de-ville à Brive, sous la présidence de M. Philibert Lalande.

ORDRE DU JOUR :

Lecture du procès-verbal ;
Présentation de nouveaux Membres ;
Remise de travaux ;
Composition du prochain Bulletin ;
Communication diverses.

Le Président fait connaître la mort de M. Jean-Baptiste Champeval, qui suivit de près celle de son fils unique tué à l'ennemi, et donne des regrets à la mémoire de cet érudit, un des plus anciens Membres de la Société ; un de nos collègues est prié de faire un article nécrologique, à insérer dans le prochain Bulletin.

Le Secrétaire général donne lecture du procès-verbal de la dernière séance. Outre les Bulletins et Revues des Sociétés avec lesquelles on correspond, il a reçu du Ministre de l'Instruction publique et des Beaux-Arts les livres très intéressants suivants :

1° *Bibliographie générale des travaux historiques et archéologiques*, publiés par les Sociétés savantes de France, par M. Robert de Lasteyrie, membre de l'Institut — 1914 ;

2° *La Science française* (2 vol.) *Exposition universelle et internationale de San-Francisco ;*

3° *Les Allemands destructeurs de cathédrales et de trésors du passé* (documents officiels),

Sont admis comme membres nouveaux : Mlle Marguerite Priolo, reine du Félibrige, et M. le docteur Thiroux
du Plessis, présentés par MM. de Valon et de Nussac.

M. de Valon, Vice-Président, fait connaître ensuite qu'il
a reçu les manuscrits suivants qui méritent d'être insérés :

De M. Champeval : *Suite d'analyse d'actes concernant le
Limousin d'après Dom Pradilhon ;*

De M. Plantadis : *Le Culte de Tutela et des anciens dieux
du Limousin ;*

De M. de Valon : *La famille de Valon à Roc-Amadour ;
ses droits sur les sportelles du pèlerinage ;*

De M. de Nussac : *Cinq Lettres inédites de Latreille à
Brive (1795-1797) ;*

De M. le Colonel de Conchard : *L'Armée et la Capitulation de Metz jugées par les Allemands.*

Le Colonel a non seulement voulu donner dans cette
étude les appréciations concordantes des Allemands (le
grand Etat-Major, le prince Frédéric-Charles, le prince de
Hohenlohe, les généraux de Goeben et de Kretschman)
sur l'armée et la capitulation de Metz, mais encore montrer les agissements de Bazaine et ses relations avec l'ennemi qui devaient fatalement amener la capitulation,
éclairant ainsi d'un jour nouveau ce qu'on appelle vulgairement la trahison de Bazaine.

L'étude de M. de Vallon sur les sportelles de Rocamadour ne donnera pas la description de ces sportelles ou
enseignes du pélerinage, déjà parue dans le Bulletin de
Brive et dans l'ouvrage de MM. E. Rupin sur Rocamadour,
mais le commerce de ces médailles. Les évêques de Tulle
en avaient le monopole comme seigneurs de Rocamadour;
ils en cédèrent la vente au moyen-âge et la rachetèrent,
sauf la part des Valon, quand ce commerce prospéra..
Au xiv⁰ siècle, une transaction intervint entre les Valon et
les évêques de Tulle, pour déterminer les droits de chacun sur la vente des sportelles. Au début du siècle suivant, les droits des Valon furent contestés (c'était l'époque de l'apogée de ce commerce), puis rétablis à la fin du

xv⁰ siècle. Enfin au xvi⁰ siècle, ce commerce périclita tout à fait. M. Viré pensait avoir trouvé les moules des sportelles de Rocamadour (le procès-verbal de l'avant-dernière séance en fait mention); ce sont au contraire les moules d'objets de piété (sifflets, écussons, rosaces, barillets à reliques, grelots et clochettes, etc.), qui se vendaient aux pélerinages aux xiv⁰ et xv* siècles.

Le vice-président donne la composition du Bulletin pour le 1ᵉʳ semestre 1915 :

1⁰ M. Laffon : suite de son travail sur les *Annales de Larche ;*

2⁰ M, Noël-Cadet : *Etude historique sur Antoine de Chabannes, comte de Dammartin (1418-1488)* suite et fin.

3⁰ M. J.-B. Finck : *Etude sur les divers ateliers monétaires du Bas-Limousin depuis les Gaulois jusqu'en 752,* suite.

4⁰ M. Jean de Saint-Germain : *Les aventures de quelques Limousins dans l'émigration.*

5⁰ M. René Fage : *Livre de raison des Maruc et des Froment depuis la XVIᵉ siècle;*

6⁰ *Procès-verbal de la dernière séance.*

En dehors du travail déjà accepté :

Cinq lettres inédites de l'entomologiste Latreille écrites de Brive et adressées à des professeurs du Muséun (1795-1797) :

M. de Nussac présente les travaux ci-après :

2⁰ Une opposition faite par les consuls, syndics et habitants de Brive à une entérinement de lettres royaux pour une réhabilitation de noblesse, document concernant la famille Hamelin de la Sarretie (fin du xviiᵉ siècle).

3⁰ François Sauvage (1778-1874), doyen de la Faculté des lettres de Toulouse et auteur d'un volume de Pensées — première notice, illustrée d'un portrait, d'une série de biographies brivistes concernant ensuite des personnalités comme le docteur Georgès Rouffy, les généraux d'Alton et de Geouffre, les peintres Jules Vialle et Marbeau, etc.

4⁰ Le Cardinal Dubois, prévôt d'Arnac (Pompadour) de 1698 à 1723, notes complémentaires de l'étude sur les chefs de cette prévôté, faite par M. le comte de Lasteyrie, membre de l'Institut, dans le Bulletin de la Société en 1892. Ces notes d'après des documents nouveaux, ont spécialement trait à la gestion du bénéfice et à la succession de son titulaire se reliant à la pièce sur cette succession produite par M. Julien Lalande dans la précédente séance.

A ce propos, M. de Nussac signale une source de documents et lettres dans le cabinet de Mme Charevey, à Paris, relative au Cardinal-Ministre s'intéressant à Brive, son présidial, son collège, son prieuré, ses concitoyens, etc. Il souhaite qu'un collègue actif et érudit, comme M. Léon Lalande, puisse un jour en tirer parti au profit de la Société et du Bulletin.

5° Une description et un historique, en cours d'exécution, des rues et voies publiques de Brive, entreprise avec le concours de MM. J. Lalande et A. de Chauveron. Pour ce travail qui continue les études sur le vieux Brive par le regretté M Louis de Saint-Germain, un appel est fait pour y joindre des documents graphiques, dessins, photographies, vues anciennes et modernes de tous les sites brivistes.

MM. Philibert Lalande et Raphaël Gaspéri offrent les documents iconographiques qu'ils pourront rassembler. M. Gaspéri ajoute qu'il réunit aussi des éléments pour une étude des anciens calvaires du pays.

M. le président de Chauveron fait remise de deux pièces qui sont offertes à la Société par M. Cazalles, coiffeur, rue de la République, à Brive : l'une est une monnaie romaine à l'effigie de l'empereur Claude ; l'autre porte d'un côté l'effigie du roi Louis Philippe, de l'autre le portrait équestre du duc d'Orléans : elle serait une médaille commémorative frappée en 1841 ou 1842, peut-être, suivant une hypothèso émise par le colonel de Conchard, à l'occasion de la création des fameux *diables bleus* qui s'illustrent dans la présente campagne, d'abord dénommés chasseurs d'Orléans, puis chasseurs de Vinçennes, enfin simplement chasseurs à pied. La Société remercie M. Cazalles de son intéressant envoi.

M. de Chauveron fait ensuite part de ses recherches au sujet du saint Graal ou coupe de la Cène à Brive. Il a trouvé que le Bulletin de la Société en avait plusieurs fois parlé et qu'en outre Louis XIII, à son passage en notre ville en 1631, lui avait fait des libéralités, avec lesquelles les chanoines de Saint-Martin avaient fait faire un riche ornement pour recouvrir la châsse qui le contenait. M. Louis Miginiac avait, dans une précédente séance, soumis cette question à M. de Nussac qui répond qu'au point de vue archéologique MM. l'abbé Texier et E. Rupin ont publié des descriptions très précises, mais que pour l'histoire de la relique il existait toute une littérature bibliographique à utiliser.

M. de Nussac signale enfin la brillante conduite en campagne d'un de nos sociétaires, M Léon Lalande. A la suite des récents combats en Artois (fin de septembre), le commandant du 326e a remis sur le champ de bataille la médaille militaire et la croix de guerre avec palme à M. Léon Lalande, de Brive, cité à l'ordre de l'armée et promu caporal avec le motif suivant « Soldat d'un sang froid remarquable; dans une position très exposée a parcouru une longue ligne pour demander l'allongement du tir de l'artillerie; a déployé un zèle et une activité inlassables pour remplacer les gradés disparus, et par son sang froid et son énergie a contribué pour beaucoup au maintien de toutes les positions conquises. » Sur la proposition de M. le commandant Breton de la Leyssonie, l'insertion de la citation est adoptée avec félicitations.

Depuis la dernière réunion, la guerre a également affecté d'autres sociétaires.

M. Charles Lagane a eu la douleur de perdre son fils, le médecin-major Louis Lagane, victime de son dévouement aux blessés et décoré de la croix de guerre sur son lit de mort.

M. le duc des Cars a eu ses deux fils, officiers de cavalerie, blessés, cités à l'ordre du jour et décorés.

Le sergent Pierre Soulié, fils de M. Gabriel Soulié, déjà cité et décoré, a été grièvement blessé, ainsi que le capitaine Pierre de Valon, fils du vice-président qui reçoit les compliments de la réunion pour le rétablissement du vaillant officier.

Le secretaire général,
Colonel de Conchard.

TABLE GÉNÉRALE DES MATIÈRES

Pages

Antoine de Chabannes (1408-1488), sa Famille et ses Souvenirs, à
Dammartin-en-Goële, par Noël-Cadet .... • 5

Histoire d'une famille bourgeoise depuis le xvi⁰ siècle, par M.
René Fage 59, 254

Les Aventures de quelques Limousins dans l'émigration, par
M. Jean de Saint-Germain 87

Les Annales de Larche en Bas-Limousin, par le Docteur Raoul
Laffon.. III, 285

Etudes sur les divers Ateliers monétaires connus de la Basse-
Lemovicensis, par M. J.-B. Fink 141

Nécrologie : M. Champeval, de Vyers, par M. Julien Lalande... 155

Procès-verbaux des séances de la Société, par M. le Colonel Vermeil de Conchard... 158, 296

Biographies Brivistes : François Sauvage (1785-1874), par M.
Louis de Nussac... 161

Le Prieuré et la Collégiale de Turenne, par M. l'abbé Echamel. 172

L'Armée et la Capitulation de Metz jugée par les Allemands, par
le Colonel Vermeil de Conchard 196

Chronique locale ou Annales de la commune de Turenne, de 1830
à 1860, par M. Jean Trespeuch 217

Etude d'une Inscription Gallo-Romaine du Musée de Brive, par
M. B. Marque...... 241

Le *Planh* de Bertran de Born, par M. B. Marque.............. 281

TABLE DES GRAVURES

	Pages
Dammartin vers l'an 1600	16
Portail de l'église Notre-Dame de Dammartin	28
Tombeau d'Antoine de Chabannes	35
Plan du château de Dammartin	41
Etat actuel des ruines du château de Chabannes 47,	50
Aspect des ruines du château de Chabannes, à Dammartin, vers 1910	55
Inscription Gallo-Romaine du Musée de Brive	241

HORS TEXTE

Portrait de François Sauvage